Joel Smolibowski

Das letzte Buch von Jules Verne

Joel Smolibowski

Das letzte Buch von Jules Verne

Shaker Media

Bibliografische Information der Deutschen Nationalbibliothek
Die Deutsche Nationalbibliothek verzeichnet diese Publikation in
der Deutschen Nationalbibliografie; detaillierte bibliografische
Daten sind im Internet über http://dnb.d-nb.de abrufbar.

ISBN 978-3-95631-652-4

Shaker Media GmbH • Postfach 101818 • 52018 Aachen
Telefon: 02407 / 95964 - 0 • Telefax: 02407 / 95964 - 9
Internet: www.shaker-media.de • E-Mail: info@shaker-media.de

Für Anna, weil sie mir in dunkler Zeit ein Licht war.

Für Rebekka, für wunderbare Jahre und ihre Liebe.

Für Stella, weil sie mein größtes Wunder ist.

„Manchmal will auch unser Licht
erlöschen und wird durch ein Er-
lebnis an einem Menschen wieder
neu angefacht. So hat jeder von
uns in tiefem Danke derer zu ge-
denken, die Flammen in ihm ent-
zündet haben."

Albert Schweitzer (1875-1965)

Vorwort

Wenn Menschen anfangen, ihr Schicksal zu umarmen, den Weg zu sich selber anzutreten und konsequent zu gehen, werden Wunder wahr und es geschehen Dinge, die jenseits dessen liegen, was die Vorstellung für möglich hält. Oft werden uns Türen geöffnet, an denen wir achtlos vorbeilaufen, weil wir noch nicht sehen oder noch nicht einsehen wollen, was das Leben für uns bereit hält. Wieder und wieder werden wir dann erneut vor dieselbe Pforte gestellt, bis wir endlich den Mut fassen, hindurch zu gehen, die Aufgaben zu erledigen, die es abzuarbeiten gilt und weiter von Raum zu Raum voranschreiten, um am Ende endlich in unserem Innersten anzukommen. Das Leben ist ein Geschenk, ist Überfluss und Liebe und es will sich uns immer wieder neu offenbaren, jeden Tag so, wie wir es brauchen. Aber unsere Ängste und Zweifel lassen uns blind und taub werden, hetzen uns, wie ein Rudel Wölfe, fort von jeder Tür, die für uns bestimmt ist und die uns immer wieder ein Stück näher nach Hause bringt. Erst, wenn wir das Schicksal dankbar annehmen, wenn wir unser Herz sprechen lassen, schweigen Ängste und Zweifel, kuscht das Rudel der gierigen Wölfe und lässt von uns ab. Der Weg zu uns selber ist wie eine Reise zum Mittelpunkt der Erde, zum Mittelpunkt einer eigenen, einmaligen Welt, die jeder sich selber in Äonen geschaffen hat und die er nun selbst überwinden muss.

Das Leben ist einfach und es ist schön und wenn es nicht so ist, dann ist der Grund dafür, dass wir unsere Dankbarkeit, unseren Glauben oder unseren Mut verloren haben, dass wir uns vom Wolfsrudel treiben und hetzen lassen - dann empfinden wir Schmerz.

Schmerz zeigt uns, dass wir nicht mehr auf dem uns bestimmten Weg sind. Schmerz ist eine Gnade, weil er uns wissen lässt, dass etwas nicht richtig läuft - dass wir nicht richtig laufen und dringend die Richtung ändern müssen.

Während der Schmerz das Korrektiv in unserem Leben ist, ist die Liebe das Licht, das uns den Weg für den nächsten Schritt erhellt. Die Liebe ist ein starkes Licht aber es brennt nur von innen nach außen. Erst, wenn wir die Liebe in uns, zu uns selber entfacht haben, können wir unseren eigenen Weg sehen, andere Menschen mit unserer Flamme anstecken, wirklich lieben. Wenn wir selber nicht von der Liebe entzündet sind, spiegelt sich nur der falsche Schein eines fremden Feuers auf unserer Seele, das nicht für uns bestimmt ist. Dieses Trugbild schafft aber Abhängigkeit und führt uns in die Irre. Denn das Licht, das uns nun den Weg zeigt, ist nicht unser eigenes Leuchten. Dieses Licht zeigt uns den falschen Weg. Wir werden fehlgeleitet und empfinden Schmerzen. Aus Schmerz entsteht Zweifel, aus Zweifel entsteht Trauer, aus Trauer entsteht Angst. Dann hetzen uns wieder die Wölfe, reißen uns und treiben uns immer weiter weg von uns selbst.

Wie oft habe ich mir am fremden Feuer einer Liebe, die nicht aus mir selbst heraus kam, die Seele für einen Moment gewärmt, um dann umso einsamer, in einer selbstgewählten Finsternis umher zu irren und nur noch weiter von mir weg zu kommen, mich noch mehr zu verlieren.

„Mensch erkenne Dich selbst" stand über dem Portal des Tempelbezirks von Delphi. Wer sind wir wirklich? Genau diese Frage ist es, deren Beantwortung uns zu uns selber führt - uns zu einem Menschen macht. Doch es sind nicht kluge und tiefsinnige Worte, die einem die Antwort auf die Frage aller Fragen geben. Die Antwort liegt jenseits jeden Wortes, ist ein Wissen jenseits des Verstandes.

Erst, als ich den Mut hatte, die Flamme in meinem eigenen Herzen zu entzünden, ließ das Rudel der Wölfe von mir ab und hörte auf, zu heulen. Und erst, als ich lernte loszulassen, wurde das Leben leicht. Aber das Loslassen ist schwierig, denn wir unterliegen der Illusion, irgend etwas im Leben wirklich festhalten zu können. Doch nichts können wir festhalten, als das eigene Leben, das eigene Schicksal oder wie es Hermann Hesse sagte: „Wer wirklich liebt,

findet zu sich selbst. Die meisten aber lieben, um sich selber zu verlieren."

Erstes Kapitel

Anna schlug den Laptop zu. Sie war verärgert. Warum konnte dieser Kerl sie nicht verstehen? Ihr Chef ging ihr ziemlich auf die Nerven. „Ich bin im Urlaub!", hatte sie ihm geschrieben nachdem er sie schon an ihrem ersten Morgen mit belanglosen Fragen belästigt hatte. „So wichtig kann gar nichts sein." Und damit war die Sache für sie erledigt. Sie wollte ab jetzt, bis zu ihrer Rückkehr, ihre Mails nicht mehr abrufen. Mochte der Alte doch kochen vor Wut. Irgendwann war auch mal Schluss. Wofür arbeitete sie denn im öffentlichen Dienst?

Ihr Blick schweifte durch das Hotelzimmer. Ein gelbes Licht ergoss sich, wie ein Schwall Honig, aus einer Stehlampe in der Ecke neben dem Fenster und spendete mehr Schatten als Licht. Anna stand auf und ging zum Fenster. Gähnend zog sie den Vorhang zur Seite und öffnete es. Dann schlüpfte sie wieder in ihr Bett. Unten begann langsam das Leben auf der Straße und über den Dächern kämpften sich erste Sonnenstrahlen durch die Wolken. Eine frische Kühle strömte in das Zimmer. Sie schloss die Augen und holte tief Luft - ihr erster Morgen in Paris!

Das sollte eine ganz spezielle Zeit werden. Wie oft hatte sie sich das schon gewünscht: ein paar Tage in Paris - in der Stadt der Liebe...

Eigentlich hatte sie gehofft, Kathi, ihre beste Freundin, würde sie begleiten. Schon lange hatten die beiden überlegt, sich spontan ins Auto zu setzen und loszufahren. Einfach bis zum Eiffelturm - und dann frische Croissants und Milchkaffee zum Frühstück oder Wein und Käse am Ufer der Seine. An vielen Abenden hatten sie zusammen gesessen und gequatscht und geträumt ...

Kathi und sie kannten sich schon ewig. Sie hingen nicht ständig aneinander wie die Kletten, aber jede hätte sich für die andere ein Bein ausgerissen. Sie waren, wie ein Herz und eine Seele und sie teilten alle wichtigen Momente ihres Lebens. Umso trauriger fand es Anna, dass sie die Reise nicht mit ihr machen konnte, obwohl sie den Grund dafür natürlich verstand. Die Vorbereitungen für Kathis kurz bevorstehende Hochzeit nahmen sie zu sehr in Anspruch. Kathi wollte nicht, dass ihr zukünftiger Ehemann den Eindruck bekam, sie würde sich „fünf vor zwölf" aus dem Staub machen und den Druck des Organisationsendspurts, alleine ihm überlassen. Außerdem traute sie ihm nicht zu, alles wirklich nach ihren Vorstellungen zu regeln.

„Wir sitzen sonst bei Currywurst und Pils auf Bierbänken", hatte sie lachend gesagt und pathetisch die Augen verdreht. Anna verstand; natürlich war ihre Hochzeit etwas ganz Besonderes und es war klar, dass Kathi nicht mitkommen konnte. Am Ende, so gestand sie sich ein, musste sie alleine mit sich und ihren Problemen klar kommen; und da sonst im Moment kein anderer ihrer Freunde in Frage kam, der ihre Gemütslage hätte auffangen können, hatte sie sich entschieden, alleine zu fahren. Vielleicht war es auch das Beste so. Auf jeden Fall wusste sie, dass sie einfach einmal raus musste und zwar jetzt - Tapetenwechsel. Der Tod ihrer Mutter und alles, was sonst noch Schlimmes in den letzten Monaten passiert war, hatten sie sehr mitgenommen.

Anna war eine Frau, die Familie brauchte, Nähe und klare Verhältnisse. Sie genoss es, mit den Kindern ihres Bruders zu spielen, Abende mit Freunden zu verbringen.

Sie erinnerte sich schwermütig an den letzten Adventskaffee. Zusammen mit ihrer Schwägerin hatten sie den Tisch dekoriert und danach hatten sie alle zusammen einen Spaziergang gemacht, den Letzten ….

Anna musste schlucken.

An dem Abend hatte sie ein langes Gespräch mit ihrer Mutter. Beide hatten viel geweint. „Letzte Gespräche sind etwas Schreckliches", dachte sie bei sich. „Man hat nie das Gefühl, alles gesagt zu haben."

In dieser Zeit gab es viele letzte Dinge, die zu tun und zu sagen waren, die ihr Herz immer schwerer werden ließen. Anna hing sehr an ihrer Mutter.

Einen Monat später war sie tot. Und dieser Verlust war nur das Ende eines Jahres, das Anna mehr als gebeutelt hatte. Zwei schlimme Ereignisse hatten ihr Leben auf den Kopf gestellt. Bei dem einen war ihre Mutter gestorben, bei dem anderen die Liebe in ihr - so kam es ihr jedenfalls vor. Seitdem war sie wie betäubt gewesen und nur langsam kämpfte sie sich wieder ans Leben heran. So verging ein Monat nach dem nächsten, ohne dass sie wirklich aus ihrem Schneckenhaus, ihrer inneren Flucht vor einer Realität herausgekommen war, die sie nicht wirklich wahr haben, nicht an sich ran lassen wollte.

Aber damit sollte es jetzt ein Ende haben. Das Leben musste weiter gehen und das ging nur, wenn sie Abschied nahm. Abschied von ihrer Mutter und von anderen Dingen, vor allem, von falschen Hoffnungen. Nun, so hatte sie beschlossen, wollte sie endlich anfangen, alles richtig zu verarbeiten, abzuschließen und nach vorne zu schauen, den Kopf frei bekommen und einfach einmal die Seele baumeln lassen. Und wo konnte man das besser als hier, in Paris?

Entschlossen schlug sie die Bettdecke hoch und arbeitete sich aus dem großen Doppelbett. Gähnend schlurfte sie in das Badezimmer und freute sich über die exklusiven Duschgels und Bodylotions, die das Hotel zur Verfügung gestellt hatte. Alles duftete so herrlich frisch nach Zitrusfrüchten, dass sie sich entschied, heute noch ausgiebiger zu duschen und sich dann von oben bis unten einzucremen.
„Endlich mal richtig gutes Zeug", dachte sie und stieg leise pfeifend in die Dusche.

Nach schier endlosen zwanzig Minuten kam sie aus dem dampfenden Badezimmer, trocknete sich ab und föhnte sich im Schlafzimmer. Die Spiegel waren immer noch beschlagen. Außerdem wollte sie, während sie sich fertig machte, aus dem Fenster schauen und das Treiben auf der Straße beobachten.

Die Architektur der gegenüberliegenden Häuserzeile war so typisch für Paris, dass sie dachte, in einem kitschigen Film zu sein. Winzig kleine Balkone boten vor bodentiefen Sprossenfenstern einen kleinen Austritt. Die Balkongitter waren schmiedeeisern und zierlich gearbeitet. Sie hoben sich mit dem schwarzen Anstrich wie filigrane Schriftzeichen auf feinem Pergament von der hellen Sandsteinverblendung ab. Die grauen Mansardendächer saßen auf den Häusern, wie die strenge Frisur einer französischen Gouvernante. Anna genoss die wunderbare Aussicht - so hatte sie sich Paris immer vorgestellt. Es fehlte nur noch der Eiffelturm und die Seine. „Was für ein schöner Morgen." Anna strahlte, „Und das, trotz dieser blöden Mail."

Als ihre wilde blonde Mähne endlich trocken war und sie sich angekleidet hatte, ging sie zum Frühstück. Statt der Treppe, nahm sie den kleinen Aufzug, in den sich in der zweiten Etage noch vier Chinesen hinein quetschten. „Das nächste Mal gehe ich zu Fuß!", schwor sie sich. Die Chinesen lächelten.

Das *Ampère*, in der *Avenue de Villiers*, war eine Empfehlung von Jan gewesen. Zufällig war sie, als sie nach einer Unterkunft für Paris recherchierte, über eine alte Nachricht von ihm gestolpert. Hier war er mal abgestiegen, hatte ihr sogar Bilder geschickt und da sie keine andere Idee hatte, wo sie sonst unterkommen sollte, hatte sie sich hier eingebucht. Die Fotos und was Jan erzählt hatte, hatten ihr damals schon gefallen und warum etwas buchen, was man nicht kennt. Anna war jemand, der jedes Risiko so minimal wie möglich hielt, insbesondere, wenn es um den Wohlfühlfaktor ihres Urlaubs ging - und das Hotel enttäuschte sie nicht. Schon bei ihrer Ankunft versprühte die familiäre und etwas schrullige Atmosphäre genau den Charme, den sie sich erhofft hatte. Alles war liebevoll arrangiert, charmant und so schön verwinkelt.

Der Fahrstuhl hielt im Erdgeschoss. Nachdem die Chinesen dauer-lächelnd, aber unverhofft energisch, an ihr vorbei hinaus gestürmt waren, betrat sie die Lobby. Sie blickte durch die Tür hinaus auf die Straße und erkannte sofort den Grund für die Eile. Vor dem Hotel parkte ein Reisebus und ein ziemlich genervter, älterer Herr mit Namensschild am Revers seines dunklen Anzugs, ließ keinen Zwei-fel daran, dass er das Zuspätkommen der Vier nicht besonders schätzte. Während er Ihnen eine Standpauke hielt, zeigte er immer wieder wütend mit den Finger auf seine Armbanduhr. Mit hekti-schen Verbeugungen versuchten sie, mit zerknirschtem Gesicht, den verärgerten Mann wieder zu besänftigen.

„Das ist der Grund, warum ich Gruppenreisen nicht ausstehen kann", dachte sie bei sich. Nun musste sie lächeln und hatte fast ein wenig Mitleid mit den „Langschläfern".

Der Frühstücksraum war über einen schmalen Korridor und dann um zwei Ecken zu erreichen. Ein sehr gut gelaunter Hotelangestell-ter fragte sie nach der Zimmernummer und brachte ihr, nachdem sie sich gesetzt hatte, umgehend eine Kanne frischen Kaffee an ih-ren Tisch.

Anna hatte an einem bodentiefen Fenster Platz genommen, das den Blick in einen kleinen Innenhof freigab. Hier konnte man auch im Freien essen. Dunkelgrüne Holztische und Stühle boten einen wun-derschönen Kontrast zu den hellen Kieseln. Anna hatte kurz über-legt, ob sie doch vielleicht draußen Platz nehmen wollte, sich aber dafür entschieden, im warmen und hellen Innenraum sitzen zu bleiben und nicht in dem wirklich netten, aber doch sehr schatti-gen, Hinterhof zu frieren.

Sie schaute sich um. Am anderen Ende des Raumes saßen drei älte-re Damen, die sofort fröhlich ihren Blick erwiderten und lachend „Good morning" wünschten. Alle drei hatten die, für amerikanische Touristen so typischen, Schattenspender auf ihren silbernen Dauer-wellen sitzen.

Anna direkt gegenüber, frühstückte an einem etwas größeren Tisch, eine chinesische oder japanische Familie. Die drei Kinder mussten zwischen vier und zehn Jahre alt sein. Die Kleinen waren äußerst lebhaft, streitsüchtig und kaum am Tisch zu halten. Immer wieder fingen sie an, sich gegenseitig Essen, Besteck oder Spielzeug weg zu nehmen, um sich dann, mit großem „Hallo", zwischen Tischen und Stühlen zu jagen. Die genervte Mutter hechtete im Minutentakt den impulsiven Sprösslingen hinterher und blickte anschließend entschuldigend im Raum herum, wenn sie alle wieder eingefangen hatte. Den Vater schien das alles nicht zu interessieren. Er schlürfte und schmatzte Croissants, Rühreier und Brötchen, als gäbe es kein Morgen. Anna bemitleidete die Frau und spürte, dass sie den Typen nicht besonders leiden konnte.

„Wie kann er sich einfach so dahin setzen und sie muss die ganze Zeit den Aufpasser spielen? Unglaublich! Und warum lässt sie das mit sich machen?"

Anna musterte den Mann abschätzig. Solche Kerle mochte sie ganz und gar nicht.

Das Buffet war allerdings umso erfreulicher: frisches Obst, Käse, Marmelade, Lachs, Gebäck und Brötchen, Baguette, Rührei und frisch zubereitete Crêpes. Annas Herz lachte - und vor allem ihr Bauch. Sie stand auf und schlenderte durch den Raum, um sich ihr Frühstück zusammenzustellen.

Bei Croissants, frischen Crêpes und Kaffee mit viel Milch stöberte sie in ihrem Reiseführer, um sich inspirieren zu lassen, was sie heute machen wollte. Doch immer wieder musste sie aufschauen und konnte nicht glauben, welche Geräusche ein Mensch beim Essen von sich geben konnte.

Auch die amerikanischen Damen waren sichtlich amüsiert und irritiert über die, für westliche Ohren eher unübliche, akustische Kulisse, die der hungrige Asiate schuf. Anna versuchte, sich nicht ablenken zu lassen, doch die konsternierten Blicke der amerikanischen

Ladies und das Schmatzkonzert entbehrten nicht einer gewissen Komik. Sie kicherte und ertappte sich dabei, wie auch sie anfing, ihren Kaffee zu schlürfen. Es war einfach zu skurril.

Während sie die Seiten ihres Reiseführers blätterte, schaute Anna immer wieder herüber zu den drei Amerikanerinnen. Anscheinend waren auch sie dabei, das heutige Besichtigungsprogramm zu planen. Aus den aufgeschnappten Wortfetzen konnte sie sich zusammenreimen, dass sie ausgiebig auf den *Champs Élysées* shoppen gehen wollten. Immer wieder lächelten sie freundlich zu ihr herüber. Anna fand die alten Damen auf Anhieb sympathisch und sie stellte sich vor, wie es bei ihr wohl wäre, wenn sie alt werden würde. Würde sie dann auch mit Ihren Freundinnen da sitzen und Pläne zur Erkundung einer Stadt schmieden oder würde ihr dasselbe Schicksal wie ihrer Mutter beschieden sein? Sie zwang sich, diesen Gedanken nicht weiter zu spinnen, stand auf, holte sich noch etwas zu trinken und noch ein Croissant, das sie begann, in ihren Kaffee zu stippen.

Schon auf der Hinfahrt hatte sie überlegt, was sie alles unternehmen wollte. Sie hatte angefangen, in ihrem Buch zu blättern, doch dann war sie eingeschlafen und als sie aufwachte, war sie fast am *Gare Du Nord* angekommen. Die Fahrt im Thalys war viel zu schnell vorbei gegangen.

Nach der dritten Tasse Kaffee beschloss sie, zu Fuß loszuziehen. Sie wollte erst bis zum großen Stern, dann auf die *Champs Élysées,* um sich, jenseits der Touristenmassen, nach rechts, Richtung Eiffelturm, durchzuschlagen. Dann wollte sie sich einfach treiben lassen, vielleicht in einem der Cafés sitzen, einen Wein trinken - auch und gerade mitten am Tag - und Paris an sich vorbei ziehen lassen. Außerdem könnte sie auch bei Chanel vorbei. Sie ertappte sich bei dem kitschigen Gedanken sich dort einen Miniflakon Chanel Nr. 5 zu besorgen. Schließlich war es dieses Parfum, dem sie ihren Spitznamen verdankte: „Coco".

Verträumt lächelnd schlug sie den Reiseführer zu, trank den Rest aus ihrer Tasse und strich sich die Krümel von der Hose. Dann verabschiedete sie sich von den älteren Damen - die asiatische Familie hatte den Raum schon früher verlassen - packte alles ein und schlenderte, den langen verwinkelten Korridor entlang, durch die Lobby, ins Freie. Der blaue Himmel mit den Schäfchenwolken, die Spätseptembersonne und die frische Luft, waren wie eine verheißungsvolle Kulisse für ihre Reise zu sich selbst.

Zweites Kapitel

Anna war beschwingt und freute sich auf alles, was der Tag bringen würde. Schon nach kurzer Zeit merkte sie, dass sie die Entfernungen doch völlig falsch eingeschätzt hatte. Der Weg zog und zog sich. „Gut, dass ich meine Turnschuhe angezogen habe", dachte sie bei sich, als sie tapfer die nicht enden wollenden Straßen in Richtung *Etoille* hoch stapfte.

Jede Metro Station, jede Haltestelle und jede Seitenstraße schienen den ganzen Morgen unablässig, in kurzen Abständen, einen Schwall an Menschen auszuspeien. Den ganzen Weg über strömten ihr Heerscharen entgegen, die zu ihrer Arbeitsstätte eilten. Vor 10:00 Uhr würde allerdings keines der wirklich guten Geschäfte öffnen. Aber teure Boutiquen waren ohnehin nicht ihre Welt. Anschauen, ja, staunen und wundern - und vielleicht ein wenig träumen.

Ein erster frischer Herbstwind strich durch ihre blonden Haare und rechts und links verwöhnte wunderschöne Architektur ihr Auge. Sie fühlte sich von der Stadt umarmt und sie nahm sich vor, jede Minute zu genießen.

Am *Arc de Triomphe* angekommen, verlor sie keinen Blick auf das monumentale Bauwerk, sondern steuerte schnurstracks, die Straßenseite wechselnd, ein kleines Stück den *Champs Élysées* folgend, in die *Rue de Presbourg*. Ihr fiel auf, wie hügelig Paris eigentlich ist. Die Straße machte einen Bogen. Anna entschied, bei nächster Gelegenheit links abzubiegen.

Die *Rue Nemo* war eine winzige Gasse, kaum drei Meter breit. Außer ihr, schien sich niemand hierher verirrt zu haben. Rechts und links reihte sich ein kleines Geschäft mit wunderschönen Schaufenstern und kunstvoller Dekoration an das Nächste. "Jugendstil", dachte sie bei sich. "Wie wunderschön. Diese Straße muss ich mir merken." Langsam schlenderte sie von Geschäft zu Geschäft und blieb schließlich vor einem Buchladen stehen. Die mit Holz verkleidete Fassade war wie gemalt. Grüne Holzrahmen gaben trüben Scheiben halt, die kaum Licht in das Innere ließen. Die Tür war kunstvoll gearbeitet. In der Mitte sah sie ein Emblem, auf dem zwei stilisierte Schwäne im Schilf zu sehen waren. Als sie eintrat, gab der Schellenbaum an der Tür ein helles Klingeln von sich. Kein Mensch war zu sehen. „Seltsam", dachte sie bei sich. Der Laden kam ihr unheimlich vor. Aber irgendetwas zog sie an, stieß sie förmlich in das Geschäft.

Mit zaghaften Schritten, arbeitete sie sich Meter um Meter vor, vorbei an hohen, uralten, hölzernen Regalen, die bis an die Decke reichten und deren Böden sich unter der Last der Bücher bogen. Als sie fast am Ende des langen Raumes angekommen war, hörte sie ein Rascheln, wie von einem Windhauch. Sie fuhr herum und erstarrte.

Auf dem Boden stand eine riesige Katze von der Größe eines Hundes. Das Tier fixierte sie mit gelben Augen. Unwillkürlich machte sie einen Schritt zurück, stolperte und fiel rücklings in einen Stapel Bücher.
Anna schaute erschrocken. „Pardon."
"Lewis!" Eine tiefe Stimme ließ sie den Blick von dem Tier abwenden. Anna kniff die Augen zusammen. Gegen das Licht, das durch die Scheiben eindrang und mühsam den Raum erhellte, zeichnete sich der Schatten eines Mannes ab. Langsam kam er auf sie zu.
"Pardon, Madame. Ich habe mich zu entschuldigen. Lassen sie die Bücher bitte liegen."
Immer besser konnte sie seine Züge und seine Kleidung erkennen. Er musste weit über 70 oder sogar 80 Jahre alt sein. Sein spitzes Gesicht wurde durch einen weißen Bart eingerahmt. Sein Haar war streng zurück gekämmt und hinten zu einem Pferdezopf zusammen gebunden. Mit besorgter Miene, redete er auf Anna auf Französisch ein, bis er merkte, dass sie kein Wort verstand. Mit einer energischen Bewegung, verscheuchte er das große Katzentier, das, mit einer für seine Masse unglaublichen Eleganz, auf eines der Regale sprang und nun, von weit oben, die Szenerie beobachtete. Freund-

lich lächelnd bot er ihr seine Hand. Trotz seines Alters, schien er sehr gut bei Kräften zu sein. Mit einem Ruck, zog er sie nach oben.
"Sie kommen aus Deutschland, habe ich recht?"
Seine Augen zwinkerten. Ohne eine Antwort abzuwarten, redete er mit starkem französischem Akzent weiter. "Ich muss mich für meine ungezogene Katze entschuldigen. Aber wir haben selten Besuch - sehr selten..."
Er hielt kurz inne und musterte sie. Anna war immer noch so verdutzt, dass sie kein Wort herausbrachte. Ihr Blick wechselte ständig von der Katze zu dem alten Mann und dann zur Tür. Langsam sortierten sich ihre Gedanken. Das alles behagte ihr überhaupt nicht und sie überlegte, wie sie am schnellsten zum Ausgang gelangen und dieser Situation entkommen könnte. Der alte Mann folgte ihrem Blick und lächelte.
"Oh, gehen sie nicht, Madame!" Er schien ihre Gedanken erraten zu haben. Anna hielt inne.
"Kein Mensch kommt ohne Grund an diesen Ort."
Annas Kopf fing an, zu rotieren.
„Was war das hier? Ein schlechter Scherz? Sicher so ein Esoterik Spinner..."
Sie zwang sich, ebenfalls zu lächeln.
"Wie meinen sie das?", erwiderte sie und war froh, spontan eine so belanglose Frage gefunden zu haben, die ihr Zeit verschaffte, weiter nachzudenken und sich langsam Richtung Ausgang zu bewegen.
"Ich habe, was sie suchen", sagte der alte Mann und winkte sie zu sich heran. Anna war verwirrt. Sie hatte keinen Wunsch geäußert und eigentlich, hatte sie auch keinen. Fragend schaute sie ihn an.
„Kommen Sie! Bitte!" Er drehte ihr den Rücken zu und fing an, eine kleine Leiter heraufzusteigen. Aus einem Regal, kramte er umständlich ein, in einen Lappen gewickeltes, Paket aus einem Stapel hervor. Energisch blies er den Staub vom Filz und stieg die Stufen herab. Auf einem Tisch, in der Mitte des Raums, packte er seinen Schatz aus.
"Dies ist es."

Stolz präsentierte er ein altes Buch. Der Einband musste aus Leder sein. Ein Riemen hielt die Seiten zusammen. Auf dem Deckel waren in schwarz und gold, mit zierlicher Feder, zwei Schwäne gezeichnet. "Der Schinken muss über hundert Euro kosten", schätzte Anna. Ihr kam dieser ganze Zirkus sehr ominös vor. „Und mit Sicherheit werde ich nicht so viel Geld ausgeben."

"Ich gebe es ihnen für zehn Euro." Der Alte schien wieder Ihre Gedanken erraten zu haben. Mit fragenden, zu Schlitzen verengten Augen, blickte er langsam auf und suchte Annas Blick. Anna musterte das Buch. Sie liebte diese Art von Einbänden. Außerdem hatte sie, wenn sie es kaufte, einen Grund, den Laden schnell zu verlassen.

„Wer weiß, ob er mir, wenn ich ablehne, nicht noch stundenlang was anderes andrehen will. Wenn ich zuschlage, ist er zufrieden und ich kann schnell abhauen", überlegte sie.

"Ich nehme es", sagte sie hastig und lächelte ihn gequält an.

Der Mann schien plötzlich sehr ernst zu werden und blickte ihr fest in die Augen. "Dieses Buch ist ihr Schicksal, Madame. Hüten Sie es und seien Sie vorsichtig!"

Anna schluckte. Ihr wurde es langsam unheimlich. Hektisch zog sie ihr Portemonnaie aus der Tasche, legte einen zehn Euro Schein auf den Tisch und nahm ihr Buch. Verwirrt und etwas verängstigt, schaute sie zuerst dem alten Mann ins Gesicht, dann zur Katze herauf. Mit einem leisen: „Natürlich, ich werde aufpassen....au revoir", verabschiedete sie sich vom Händler und verließ, ein wenig verstört, den Laden. Der lange Weg entlang der Regale bis zur Tür kam ihr wie eine Ewigkeit vor. Sie befürchtete, jederzeit von dem riesigen Katzenvieh von hinten angefallen zu werden. Vielleicht würde es sich dieser bärtige Kerl doch noch anders überlegen und hinter ihr her rennen, um ihr doch noch etwas anderes aufzuschwatzen.

Verheißungsvoll kam das milchige Tageslicht, das durch die Fenster fiel, immer näher - Schritt für Schritt. Mit einem Seufzer der Erleichterung, öffnete sie die Tür und trat hinaus. Das helle Klingeln der Schellen war wie der Weckruf aus einem seltsamen Traum. Draußen empfing sie warmes Licht und mit schnellen Schritten und dem Buch in ihren Händen, verließ sie die *Rue Nemo* und bog, ohne sich noch einmal umzublicken, nach wenigen Metern rechts ab.

Anna atmete auf. Im nächsten kleinen Café, so hatte sie es sich überlegt, wollte sie Halt machen und das Buch untersuchen.
"Mal sehen, was ich da für ein Schätzchen aufgetan habe", dachte sie bei sich, strich über den alten Ledereinband und steckte ihr besonderes Souvenir sorgfältig in ihre Tasche.

Wenn sie gewusst hätte, was es wirklich mit dem Buch auf sich hatte, wäre es ihr, trotz der warmen Spätsommersonne, kalt den Rücken herunter gelaufen. Das Buch sollte ihr ganzes Leben auf den Kopf stellen.

Drittes Kapitel

Eine Dreiviertelstunde war Anna nun schon durch die Straßen gelaufen. Irgendwie war ihr klar, dass sie vollkommen die Orientierung verloren hatte; trotz oder vielleicht gerade wegen ihres kleinen Stadtplans in ihrem Reiseführer. Sie konnte beim besten Willen nicht mehr nachvollziehen, wo sie sich gerade befand. Eigentlich hätte sie ja ihr Handy und google maps nutzen können aber sie hatte erst kürzlich ihren Vertrag gekündigt und war auf prepaid umgestiegen. Dies, so stellte sie nun fest, war im Ausland äußerst unpraktisch. Bei Ihrem Tarif würde sie innerhalb kürzester Zeit, all ihr Guthaben aufgebraucht haben.

Dafür, so sagte sie sich, war sie an einigen wunderschönen Boutiquen vorbeigekommen, die alle die Marken führten, für die Frauen, vor allem reiche Frauen, nach Paris kommen: Chanel, Sézanne, Yves Saint Laurent... Allerdings traute sie sich nicht, einfach einen der Läden zu betreten und sich umzusehen. Sie war sich sicher, dass sie die Bodyguards, die vor jeder Tür standen, kurz taxieren, als nicht finanzkräftig oder bekannt genug einstufen und ihr freundlich, aber bestimmt, den Eintritt verweigern würden. Und so schaute sie nur verlegen in die kleinen Schaufenster und lief einfach weiter.

Als sie die nächste Kreuzung erreichte, stellte sie fest, dass sie unvermittelt an der *Seine* angekommen war. Mit verklärtem Blick, überquerte sie die letzte Straße, die sie vom Ufer trennte. Am Geländer hing ein großes Schild von „*Bateau Mouche*", einem Anbieter für Schiffsfahrten durch Paris. Anna photographierte die Tafel mit den Kontaktdaten und den Anlegepunkten - eine Seinefahrt wollte sie ja noch unbedingt machen - und schlenderte über die nächste Brücke. Als sie mitten auf der *Pont d'Alma* stand, lehnte sie sich über die Brüstung und schaute versonnen in den Fluss. Gerade in dem Moment fuhr unter ihr eines der Besichtigungsboote vorbei. Einige der zahlreichen Touristen schauten durch das gläserne Panoramadach hoch und winkten. Anna winkte zurück und lächelte. Ihr Blick folgte dem Schiff noch eine Weile, dann drehte sie sich um.

Zur rechten Seite konnte sie den Eiffelturm sehen, der imposant zwischen den mehrstöckigen Häusern heraus zu wachsen schien. Anna war bezaubert und knipste schnell ein Bild. Der Eiffelturm - den musste sie sich einfach aus der Nähe anschauen. Eigentlich waren es nur noch einige hundert Meter Luftlinie bis zum Marsfeld. Doch das immer lauter werdende Grummeln ihres Magens zwang sie, sich auf die Suche nach etwas Essbaren zu machen. Nach einem leckeren Mittagessen, wollte sie ihre Besichtigungstour fortsetzen und dann, gestärkt, den Aufstieg auf den Eiffelturm wagen, um Paris von oben zu betrachten.
„Wie schön wäre es, wenn jetzt Kathi hier wäre", dachte sie. Sie wäre mit ihr die Stufen hinauf gestiefelt, sie hätten Fotos und Selfies gemacht, gelacht und geredet. Kathi fehlte ihr gerade sehr.

Ein erneutes, energisches Rumoren ihres Magens, holte sie aus ihren Gedanken zurück.
„Ich brauche dringend was zwischen die Kiemen." Außerdem wollte sie unbedingt einen genaueren Blick in ihr neues Buch werfen.
„Was hatte der Alte noch einmal gesagt? Das Buch ist ihr Schicksal, Madame."
Anna wusste nicht, ob sie darüber lachen oder sich ernsthafte Gedanken machen sollte.

Verloren schaute sie sich um. An der Ecke war eine nette Patisserie aber essen, konnte man dort nicht; und wieder ein Geschäft neben dem nächsten. Wo aber waren denn die Cafés und Restaurants, wenn man sie brauchte? Ratlos studierte Anna wieder ihren Stadtplan, in der Hoffnung, einen Anhaltspunkt für eine Gastronomie in der Nähe zu bekommen. Nach wenigen Minuten schien ihr jetzt zwar klar zu sein, wo sie sich befand, sie hatte aber immer noch keine Ahnung, wo sie ihren immer stärker werdenden Hunger stillen konnte. Die Croissants von heute morgen hielten auf jeden Fall nicht lange vor. Sie entschied sich, einfach der nächsten Straße zu folgen.

„Wird ja irgendwo mal ein Café oder Restaurant kommen."

Vor Antritt des Rückweges allerdings, so schwor sie sich, würde sie in jedem Fall rechtzeitig jemand Vertrauenswürdigen nach dem Weg fragen; und wenn sie sich mit Händen und Füssen verständlich machen müsste. Oder sie würde direkt ein Taxi nehmen. Es war allemal besser, als sich auf diesen doofen Faltplan zu verlassen. Noch einmal hatte sie keine Lust, orientierungslos in den Straßen von Paris umher zu irren. *Rue Nemo* - den Namen hatte sie sich gemerkt. Von da aus würde es dann ein Leichtes sein, auch ohne fremde Hilfe, wieder auf die *Champs Élysée* und dann den Weg zum Hotel zurück zu finden.

Immer wieder hielt Anna Ausschau nach jemanden, den sie um Auskunft bitten konnte. Nach kurzer Zeit sah sie gegenüber, auf der anderen Straßenseite, eine Familie mit Kindern.

„Die wissen bestimmt, wo man hier ein Restaurant findet", dachte sie. "Alleine schon wegen der Kids. Die müssen ja ständig aufs Klo." Anna lächelte. Sie kannte das von zahlreichen Ausflügen mit der Familie ihres Bruders.

Anna wartete den Verkehr ab und wechselte die Straßenseite. Schon wenige Meter, bevor sie die Familie erreichte, die sich gerade zu einem Foto versammelt hatte, hörte sie, wie sie auf Deutsch miteinander diskutierten, wer neben wem stehen sollte. Anna war erleichtert.

„Dann brauche ich mir wenigstens keinen auf Französisch abzubrechen...."

„Darf ich für sie das Foto machen? Dann sind sie auch alle drauf." Anna sprach die junge Frau an, die verzweifelt versuchte, ihren Mann, die drei Jungs sowie Oma und Opa auf das Bild zu bekommen. Dankbar, lächelte sie zurück.

„Das ist aber nett. Vielen Dank, gerne."

Sich das Haar zurecht und die Kleidung glatt streichend, suchte sie einen Platz zwischen ihrem Mann und der Oma, umarmte ihn und strahlte. Ihr Mann nahm sie auch in den Arm und küsste sie.

Anna machte ein Foto nach dem anderen. Sie war bezaubert von dieser spontanen Nähe, dieser Intimität, die dieses Paar vermittelte. Beide strahlten ein Glück und eine Vertrautheit aus, die Anna wie aus einer anderen Welt vorkam. So viel war passiert, so viel Schlimmes. Auch sie hatte einmal genau diese Vertrautheit besessen, dieses Glück gespürt und dann...

„Vielen Dank!" Die Stimme der Frau riss sie aus ihren Gedanken.
„Nun haben wir endlich den Beweis, dass wir tatsächlich gemeinsam in Paris waren." Der Mann lachte. „Aber wir hätten ja ansonsten deine Eltern als Zeugen gehabt."
Sorgsam, packte er den Fotoapparat weg, den Anna ihm zurückgegeben hatte.

Fast hätte sie vergessen, warum sie die Familie überhaupt angesprochen hatte. Doch ein leises Knurren ihres Magens, erinnerte sie wieder daran, dass sie nach dem Weg zu einem Restaurant fragen wollte.
„Können sie mir vielleicht sagen, wo ich hier etwas zu essen bekomme, ein Café vielleicht? Irgendwas in der Nähe?"
Die junge Frau nickte, überlegte kurz, gab zwischendurch ihrem Mann und dem Opa Anweisungen, wie sie auf die wilden Jungs aufzupassen hätten und erklärte Anna den Weg. In fünf Minuten würde sie endlich ihren Magen besänftigen und einen genaueren Blick auf das Buch werfen können.

Als Anna sich auf den Weg machte, hatte sie mit einem Mal das Gefühl, dass ihr jemand nachstellen würde. Aber absurd. Wer sollte ihr denn folgen? Und warum? Trotzdem blickte sie sich immer wieder um. Sie hätte schwören können, dass da jemand war, doch sie konnte niemanden entdecken.

Viertes Kapitel

Es dauerte ein wenig, bis sie endlich das kleines Restaurant fand, das ihr die junge Frau empfohlen hatte. Irgendwie musste sie eine Straße zu früh abgebogen sein.

„Egal, Hauptsache ich sitze endlich."
Anna nahm an einem Tisch am geöffneten Fenster Platz.
"Wie lustig", dachte sie, als sie die geflochtenen Korbstühle betrachtete, die alle, wie im Theater oder einem Kino, mit Blick zur Straße ausgerichtet waren.
"Jan hätte jetzt sicher irgend einen dummen Kommentar parat", schoss es ihr in den Kopf, wischte den Gedanken an ihn aber schnell wieder beiseite. Er war jetzt nicht der, mit dem sie sich beschäftigen wollte; aber irgendwie dachte sie in letzter Zeit viel zu oft an ihn.

Das kleine Lokal war trotz der Mittagszeit nur mäßig gefüllt. An den Zweier- und Vierertischen saßen insgesamt nur sechs Leute. Ein Paar fiel ihr auf, das überaus elegant gekleidet und mit zahlreichen Tüten diverser Modeschöpfer in der hinteren Ecke bei einem Glas Rotwein verliebt turtelte.

Dann waren da noch drei junge Frauen. Augenscheinlich Touristen, die sich bei einer Cola über einen Stadtplan beugten.

Vor ihr, in der „Theaterbestuhlung" auf der Straße, hatte es sich ein Herr im Anzug, der Zeitung las, bequem gemacht. Er hatte sich anscheinend ein zweites Frühstück bestellt. Zu seinen Lachsbrothäppchen ließ er sich einen Weißwein schmecken.

Mit einem Seufzer fing sie an, in ihrer Handtasche nach dem Handy zu nesteln. Sie wollte Kathi eine Nachricht schreiben und von dem seltsamen Ereignis berichten. Endlich fand sie es und begann zu tippen. Anna war keine Frau vieler Worte.

"Es waren auch zu viele Worte gewechselt worden", dachte sie und musste wieder an Jan denken. Sie atmete tief ein und schickte die Nachricht los.

Aus dem Augenwinkel bemerkte sie, wie sich am Nebentisch, in diesem Moment, zwei Männer niederließen, die ihr aus irgendeinem Grund sofort auffielen und seltsamerweise in ihr sehr ungute Gefühle auslösten. Sie trugen schwarze Anzüge und ihre Augen waren hinter dunklen Brillen versteckt.
„Wie Killer oder Mafiosi - oder beides", mutmaßte Anna und erschrak über ihre eigenen Gedanken.
„Lächerlich", versuchte sie sich selbst zu beruhigen. „Bestimmt, sind es Geschäftsleute bei einem vorgezogenen Businessessen." Aber irgendwie stimmte irgendetwas mit den beiden nicht. Annas Innerstes schrie. Aber es gab nichts, woran sie ihr mulmiges Bauchgefühl festmachen konnte.

Sie ließ ihre Serviette fallen, um einen Grund zu haben, zur Seite zu schauen und einen genaueren Blick auf die beiden zu werfen, ohne dass es auffiel. Doch als sie verstohlen hinüber lugte, ließ sie sie vor Schreck erneut fallen. Beide fixierten sie unverhohlen und anscheinend unablässig. Dass Männer sie anstarrten, war ihr nichts Neues. Aber das hier war etwas ganz anderes. Das war nicht das schmachtende oder gierige Stieren von Testosteronopfern. Dieses Starren hatte etwas Lauerndes, Gefährliches.
"Was wollen die von mir? Was sind das für Typen?" Während tausend Fragen in ihrem Kopf Karussell fuhren, nahm Sie die Speisekarte zur Hand und ärgerte sich, dass sie nicht genug Französisch sprach. Als nach kurzer Zeit der Kellner vor ihr stand, bestellte sie aus reiner Verzweiflung einen Salat Nicoise und einen Bordeaux.

Noch bevor sie das Buch zur Hand nehmen konnte, um es näher zu untersuchen, kam der Wein und die Antwort von Kathi. Sie habe keine *Rue Nemo* finden können, schrieb sie. Anna hatte Kathi gebeten, für sie nach der Straße zu suche, um ihr Telefonguthaben zu entlasten. Google, so hatte Kathi geschrieben, kannte diese Straße nicht und sie habe sie auf keinem Stadtplan finden können.

"Vielleicht war sie einfach nur zu klein", versuchte sie sich selbst eine plausible Erklärung zu geben und bemerkte wieder, wie sie immer noch unverhohlen angestarrt wurde. Sie nahm allen Mut zusammen und mit einem genervten Blick drehte sie den Kopf zur Seite. Normalerweise würden jetzt die meisten Männer verlegen zur Seite schauen. Doch diesmal war es anders. Keiner der beiden schien sich auch nur annähernd ertappt zu fühlen. Sie kamen ihr vor wie Wölfe, die zum Sprung auf ihr nächstes Opfer ansetzen.

Anna lief es kalt den Rücken herunter.

"Was wollen diese Typen nur?" Immer stärker stieg eine nicht näher definierbare Unruhe und ein ungutes Gefühl einer latenten Gefahr in ihr auf. Als der Salat kam, stocherte sie unruhig in ihm herum und bat den Kellner kurze Zeit später um die Rechnung. Immer mehr wurde ihr klar, dass sie einfach nur noch weg musste. Keine Minute wollte sie länger hier verbringen. Aus irgendeinem Grund war sie auch froh, das Buch nicht ausgepackt zu haben. War doch etwas dran an dem, was der alte Mann gesagt hatte?

Beim bezahlen wagte sie einen erneuten Blick zur Seite. Immer noch saßen die Kerle da und ließen sie nicht aus den Augen. Anna überlegte kurz und wandte sich zum Kellner: "Taxi? Gibt es hier irgendwo Taxis?"

Der junge Mann nickte, um dann schnellen Schritts hinter der Theke zu verschwinden. Sie bemerkte, wie er telefonierte und lächelnd zu ihr herüber blickte. Mit beiden Händen gestikulierte er: "Dix minutes, Madame."

Sie lächelte zurück. "Merci".

Der Kellner strahlte. Er würde sich noch lange an ihre wunderschönen blauen Augen und diesen unglaublichen Schmollmund erinnern.

Fünftes Kapitel

Das Taxi kam früher als erwartet und Anna, froh endlich den unheimlichen Kerlen entkommen zu können, nahm den kürzesten Weg aus dem Lokal; stieg durch das bodentiefe, geöffnete Fenster und zwängte sich zwischen den eng gestellten Tischen und Stühlen vor dem Café bis zur Straße. Beim Rausgehen stolperte sie fast über die am Boden stehende Aktentasche des Businessmannes, der eben noch seine Lachsbrote gegessen hatte. Nun spürte sie die Blicke der „Wölfe", wie sie die beiden nun nannte, in ihrem Rücken brennen.

Das war nun schon das zweite Mal an diesem Tag, dass sie eine mehr als unangenehme Begegnung hatte. Aber während die erste noch eher wunderlich war, war diese hier nur bedrohlich, Anna war es mehr als mulmig zumute.

Glücklicherweise, hatte keiner auch nur ansatzweise Anstalten gemacht, aufzustehen und ihr hinterher zu gehen; beide saßen lässig aber lauernd, auf ihren Stühlen. Und obwohl sie ihr nicht folgten, pochte Ihr Herz immer lauter, Adrenalin schoss ihr ins Blut, ihr Atem ging flach und schnell. Hastig stieg sie in das, vor dem Restaurant wartende, Taxi, nahm auf dem Rücksitz Platz und schlug heftig die Tür zu. Der Fahrer guckte verdutzt in den Rückspiegel. Ohne von ihm Notiz zu nehmen, schaute sie erneut hinüber ins Lokal. Zu ihrer großen Erleichterung stellte sie fest, dass die seltsamen Männer immer noch an ihrem Platz saßen. Endlich war sie die Gaffer los. So dachte sie jedenfalls.

Als Sie dem Taxifahrer die Adresse ihres Hotels nannte, stellte sie zu ihrer großen Überraschung fest, dass er ziemlich gut Deutsch sprach.

Das *Ampére*, so ließ er direkt wissen, war ihm gut bekannt. Eine Schwester seiner Frau arbeitete dort. Man kam schnell ins Gespräch.

Während der ersten Minuten der Fahrt, schaute sich Anna immer wieder nach verdächtigen Fahrzeugen um. Als sie am *Etoile* waren, war sie sich endlich sicher, nicht verfolgt zu werden. Sie atmete tief durch und lehnte sich entspannt zurück.

„Ist alles in Ordnung?", fragte der Fahrer und schaute sie besorgt durch den Rückspiegel an. Anna versuchte zu lächeln.

„Ja, alles ist wunderbar" Sie schnaufte noch einmal durch.

„Sind sie sicher, Madame? Irgendetwas scheint sie zu bedrücken."

„Nein, wirklich, alles in Ordnung", beruhigte sie ihn.

„Sagen sie, können sie mir irgendwas Besonderes empfehlen, das ich mir in Paris anschauen sollte?"

Anna versuchte, mit einer belanglosen Frage von sich und ihren Sorgen abzulenken.

Der Mann schaute verwirrt.

„Das ist nicht ihr Ernst, Madame. Sie wissen nicht, was Sie in Paris anschauen sollen?" Er lachte. „Entschuldigen Sie aber das ist mir auch noch nicht passiert."

Anna merkte gerade, dass diese Frage nicht besonders schlau gewesen war.

„Nein, so meinte ich das nicht." Sie lächelte gequält. „Ich meinte, was lohnt sich wirklich, was ist wirklich sehenswert? Was bedeutet Paris für Sie?"

Der Gesichtsausdruck des Mitfünfziger - so alt schätzte ihn Anna - schien sich zu entspannen. Bei der Möglichkeit, über „sein" Paris zu erzählen, strahlten seine Augen und er schenkte ihr ein breites Grinsen. Anna fiel sofort die große Lücke zwischen seinen Schneidezähnen auf.

„Nichts lieber als das, Madame."

Er entpuppte sich als wahre Schatzkiste an Informationen zu allen bekannten und unbekannten Orten in Paris und schien wirklich mit jedem Stein, der in Paris verbaut worden war, „per Du" zu sein.

„Kennen Sie das Buch „*Das Sakrileg*"?", er schaute begeistert in den Spiegel. Anna nickte.

„Folgen sie doch auch der „Blutlinie".. besuchen sie die großartige Pyramide vor dem *Louvre*...gehen sie aber nur hinein, wenn sie wirklich ein bestimmtes Bild sehen wollen…sie stehen sonst Stunden… und dann besuchen sie *Notre Dame*.…Madame, Sie müssen *Notre Dame* besuchen. *Notre Dame* ist nicht nur eine Kirche…sie ist viel mehr als das. Wenn sie Paris verstehen wollen, dann schauen sie sich Notre Dame an. Die Kirche steht auf dem Fundamenten einer der ältesten Kirchen, die es in Frankreich gab, die *Cathedrale Saint Étienne, aus dem* 6. Jahrhundert - dann erst kam *Notre Dame* im 12. Jahrhundert."

Der Fahrer war wie ein lebendes Lexikon und auf jeden Fall unterhaltsamer, als jedes Buch über Paris. Annas Augen leuchteten und er schien es sichtlich zu genießen, seinem attraktiven Fahrgast sein ganzes Wissen offerieren zu können.
„*Notre Dame*", so schwärmte er, „…das ist die Kirche, das ist die Revolution, das ist Victor Hugo und der Glöckner und tausend Mysterien und Legenden."
Der Taxifahrer hatte sich fast in Rage geredet.
„*Notre Dame* ist alles, wofür Paris steht.. "
Anna rutschte im Sitz nach vorn.
„Was denn für Mysterien und Legenden?"
„Man erzählt sich", raunte er, „dass die Architekten der Kirche über ganz besonderes Wissen verfügt haben." Er machte eine bewusst theatralische Pause und wartete auf Annas Reaktion.
„Welches Wissen?" Nun war er höchst zufrieden, seinen Fahrgast „angefixt" zu haben. Mit verschwörerischer Stimme fuhr er fort: „Als die Architekten den Auftrag für den Bau erhielten, war es der Kirche daran gelegen, ihre Gläubigen möglichst gefügig zu halten. Das war schon immer so." Ein süffisantes Lächeln umspielte seine Lippen.
„Aber was diese gemacht haben, war genial. Um die Wirkung des berauschenden Weihrauchs noch zu verstärken, haben sie diese riesige Rosette geplant und eingebaut."
„Aber wie soll denn eine Rosette die Wirkung von Weihrauch verstärken?" Anna war verwirrt.
„Sie wissen, dass in Weihrauch derselbe Wirkstoff wie in Haschisch ist? Wenn sie Menschen gefügig machen wollen, müssen sie in ihr

Unterbewusstsein eindringen. Das können sie am besten, wenn sie berauscht sind. Und jetzt kommt der Clou: Die Rosette wirkt wie ein Hypnotiseur. Man sagt, dass sie ihr drittes Auge öffnet und so noch empfänglicher für Suggestionen und magische Handlungen macht."

Anna staunte. „Sie wissen wirklich alles von Paris, oder?"

Der Fahrer lachte sichtlich zufrieden." Ich bin hier geboren Madame - und ich komme rum..."

„Ich liebe solche Orte", erwiderte Anna, „und solche Geschichten." Versonnen schaute sie aus dem Fenster.

„Wenn sie einen wirklich skurrilen Ort sehen wollen, Madame, besuchen sie die Katakomben von Paris. So etwas haben sie noch nie gesehen...alors...salot..."

Der Taxifahrer stieg unvermittelt „in die Eisen" gestikulierte wild und hupte, weil ein anderes Auto vor ihm urplötzlich ausscherte. Anna wurde in ihren Gurt geschleudert.

Sichtlich ungerührt über diesen beinahe Unfall und seinen kurzen Wutausbruch, fuhr er fort, als sei nichts geschehen.

„Tausende und abertausende Knochen, Madame - unglaublich. Und manche Irre veranstalten da unten auch Partys oder schwarze Messen."

Anna war belustigt. Sie hatte schon von den Katakombe gehört und nahm sich vor, auch diese Attraktion auf ihre Liste der hippen Orte zu nehmen.

„Die haben sogar die Knochen schön sortiert; in Mustern." Der Taxifahrer lachte schallend.

„Wie alt sind die Katakomben denn, haben die Römer die angelegt?"

Anna dachte an Rom und war überzeugt, dass auch die Pariser Katakomben ein Überbleibsel der römischen Besatzung waren.

„Oh nein, Madame, die sind noch nicht so alt. Ende des 18. Jahrhunderts", erklärte der Fahrer, „gab es ein riesen Problem in Paris. Die Stadt explodierte - war damals die größte Stadt in Europa - es gab Seuchen und Hungersnöte. Hier war nirgendwo eine Kanalisation; muss wirklich schlimm gewesen sein."

Der Taxifahrer holte Luft und putzte sich die Nase, als ob er selbst den unglaublichen Gestank der Exkremente in den Straßen riechen konnte.

„Die Pariser Friedhöfe waren überfüllt. Immer mehr Gräber mussten vorzeitig geräumt werden. Da war es auch egal, ob die Leichen erst halb verwest waren."

Er schaute zurück und hoffte, dass seine gruseligen Erzählungen ihre Wirkung bei Anna nicht verfehlten. Zufrieden über den entsetzten Ausdruck auf ihrem Gesicht, fuhr er fort.

„Man hatte einfach keinen Platz mehr, alle unter die Erde zu bekommen." Anna schauderte es wirklich und sie stellte sich das ganze Elend dieser Menschen vor; das Leiden und die Qualen.

„Kein Wunder, dass es die Revolution gab", dachte sie bei sich und lauschte weiter den Erzählungen dieses wandelnden Parislexikons.

„Man erzählt sich, dass im Jahr 1779 sogar einige Bewohner der *Rue de Lingerie* am Gestank des benachbarten *Cimitière des Innocents* erstickten." Der Fahrer machte ein gurgelndes Geräusch, um dem Gesagten noch mehr Nachdruck zu verleihen. Dann lachte er auf.

„Auf jeden Fall mussten die Behörden jetzt handeln und so wurden dann alle Toten ausgebuddelt und in ehemaligen Steinbrüchen wieder versenkt. Die haben dafür extra einen Schacht in der *Avenue René-Coty* gegraben. Jedenfalls war das Problem damit erstmal vom Tisch."

Anna musste grinsen. Ihr gefiel, mit welcher Inbrunst dieser Mann seine Stadt liebte und wie er mit ihr verwachsen war.

„Wissen sie auch etwas über die *Rue Nemo?* Ich war heute da. Eine wunderschöne Straße. Aber ich finde sie nirgends; auf keinem Stadtplan."

Erschrocken schaute der Fahrer sie durch den Rückspiegel kurz an und starrte dann angestrengt und verbissen auf die Fahrbahn.

"Ich kenne keine solche Straße", presste er kaum hörbar zwischen spärlich geöffnete Lippen hervor.

„Aber sie müssen sie kennen", warf Anna verwundert ein.
„Sie geht von der *Rue Presbourg* ab - direkt bei den *Champs-Élysées.*"
Der Taxifahrer war auf einmal wie zugeknöpft.
„Tut mir leid, Madame. Je ne sais pas."

Die Miene des Mannes hatte sich binnen Sekunden versteinert. Mit einem Mal mied er jeden Blickkontakt mit Anna und es schien, als ob er seine Fahrt noch mehr beschleunigte. Immer öfter verschlug es ihr bei rasanten und riskanten Manövern den Atem und mehr als einmal war sie sich sicher, dass es nun unweigerlich zu einem Zusammenstoß kommen musste. Die gelöste Atmosphäre war einer eisigen Angespanntheit gewichen und Anna spürte, dass weitere Nachfragen zwecklos und unerwünscht waren.

Und wieder beschlich sie dieses ungute Gefühl. Irgendetwas stimmte hier wirklich ganz und gar nicht.

Als sie am Hotel ankam war es erst früher Nachmittag. Eigentlich wollte sie ja zum Eiffelturm, aber die Ereignisse hatten sie ihren Plan umschmeißen lassen. Seit sie in diesem Laden war, geschahen mehr als seltsame Dinge und irgendwie, schien alles mit ihrem Einkauf zusammen zu hängen. Sie musste als erstes das Buch untersuchen; in aller Ruhe und auf ihrem Zimmer.

Sie wusste nicht, wie gut sie daran tat.

Sechstes Kapitel

Niemand in dem kleinen Ort nördlich von London nahm es zur Kenntnis, als sich gegen Mittag die große Maschine in Bewegung setzte. Wie auch. Sie war versteckt in dem alten Anwesen, das ohnehin jeder mied. Das Haus sei verflucht, sagte man.

Immer wieder hatte der Stadtrat den Abriss beschlossen aber immer wieder kam irgendein Ereignis dazwischen, was das Vorhaben verhinderte. Seit über 50 Jahren hatte es keine Administration geschafft, die Villa dem Erdboden gleich zu machen. Unter den Einwohnern kursierte das Schauermärchen, das Haus sei in irgendeiner Art lebendig - und würde sich wehren.

Oft schon hatten Bewohner des Ortes berichtet, an bestimmten Tagen hell erleuchtete Fenster gesehen zu haben, obwohl niemand seit Jahrzehnten hier wohnte oder auch nur einer von Ihnen gewagt hätte, einen Fuß in das alte Gemäuer zu setzen. Einige berichteten sogar von Stimmen und Geräuschen, die sie glaubten, gehört zu haben. Manche wollten sogar drei Männer beobachtet haben, die in regelmäßigen Abständen das Haus „heimsuchten". Die Villa bot auf diese Art immer wieder Anlass für rege Diskussionen im Dorf. Allerdings verebbte das Interesse dann auf seltsame Weise immer wieder ganz schnell. Am Ende hatte man wichtigere Dinge, um die man sich kümmern musste und wer wusste schon, ob die ganzen Berichte nicht doch nur auf ausgiebige Besuche im Pub und übermäßigen Alkoholkonsum der Geschichtenerzähler zurückzuführen waren.

Bei der Dorfjugend gehörte es jedenfalls zu den größten Mutproben, sich durch die verbogenen Stangen des verschlossenen Eingangsportals zu zwängen und irgendeine „Trophäe" aus dem verwilderten, riesigen Garten zu stehlen oder gar den langen Kiesweg bis zur Tür zu laufen und den Knauf der Eingangstür anzufassen. Selbst den vor der Einfriedung Wartenden lief jedes Mal ein wohliger Schauer des Grauens über den Rücken, wenn einer der Ihren den schier endlos erscheinenden, geschlängelten Weg zum Eingang auf sich nahm. Wer es wirklich schaffte und nicht auf halbem Weg vor lauter Horror zurückkehrte, war ein „Teufelskerl" und konnte sich der Bewunderung der restlichen Freunde gewiss sein. Das Haus zu betreten, galt als lebensmüde. Das hatte noch keiner gewagt.

Stoke Morangie, so hieß das Anwesen, hatte vor über hundert Jahren einem verrückten Franzosen gehört. Damals, so erzählte man sich, waren auch immer fremdartige Menschen dort gesehen worden und jetzt würden wohl deren Geister in dem Gemäuer weiter spuken.

Sowohl das Eine - dass das Anwesen einem Franzosen gehörte, als auch das Andere - das viele Fremde dort waren - war dann für die Meisten Erklärung genug, dass es nun in dem Haus nicht mit rechten Dingen zugehen musste. Oft hatten sich die Dorfbewohner im Pub bei ausreichend Guinness den Kopf heiß geredet. Ein Wort gab dann das Nächste und so entstanden mit der Zeit immer mehr düstere Legenden. Vor allem die wilden Geschichten über die alten Bewohner waren es, die den Einwohnern jedes mal einen Schauer über den Rücken laufen ließen, denn von Mal zu Mal, wurden aus den drei Männern immer größere Monster - Psychopathen und womöglich Mörder - Kindermörder, deren Seelen keine Ruhe finden und für immer an dem Ort ihrer Schandtaten festgekettet sind.

Während Einige wirklich fest an die Existenz dieser „Geister" glaubten, machten sich andere heimlich über all das Gerede lustig.

Der Bürgermeister wiederum, war ein Pragmatiker. Er hatte die Idee gehabt, aus der Geistervilla eine Touristenattraktion zu machen. „Warum auch nicht?", hatte er im Stadtrat argumentiert, „England ist bekannt für seine „heimgesuchten" Orte und warum sollen wir nicht auch davon profitieren?"

Das Stadtmarketing hatte daraufhin Prospekte ausgearbeitet, Parkplätze ausgewiesen und sich zusammen mit dem Bürgermeister bereits insgeheim die Hände gerieben. Sie hofften auf viele hundert Besucher, die mit Bussen *Stoke Morangie* besuchen und viel Geld im

Ort lassen sollten. Der Bürgermeister war sich sicher, so den steten Verfall seiner Stadt aufhalten und zu einer prosperierenden Zukunft führen zu können - und außerdem wäre dann seine Wiederwahl mehr als gesichert.

Aber auch in diesem Fall verlief das Projekt im Sande und am Ende wollte kein Investor mehr etwas von dieser Idee wissen.

Wie jeden Samstag, so saß auch an diesem Abend das halbe Dorf im Pub zusammen. Erst gestern, so machte es die Runde, wurden angeblich wieder Personen in dem Anwesen gesehen

Die Kinder von John Pettigrew waren auf ihrem Weg nach Hause an der Villa vorbeigekommen. Stan, der Mittlere, wollte seinen Geschwistern beweisen, dass er keine Angst hatte und eine Minute den Griff der Eingangstür festhalten könnte, bevor er zurückkommen wollte. Damit würde er den Rekord der Geschwister mehr als verdoppeln. Als er sich gerade, mit vor Angst fast überschlagendem Herzen, durch die Stangen zwängte, bemerkte er, wie im ersten Stock ein Licht anging. Zu Tode erschrocken, hatten er und seine Geschwister zunächst das Fenster angestarrt und waren dann, in panischer Angst, davon gerannt. Dabei hatte sich Stan, der an einem Draht am Tor hängen geblieben war, die ganze Hose zerrissen. Nachdem sie ihren Eltern erzählt hatten was passiert war und dass sie ganz deutlich die Umrisse von Menschen erkannt haben wollten, bekam Stan vom Vater eine gewischt und drei Tage Stubenarrest.

Auch der alte McAlister, der angeblich kurze Zeit später an der Villa vorbei gekommen war, hatte den ganzen Tag jedem im Ort, der es hören wollte oder nicht, berichtet, dass er ganz deutlich mindestens drei Männer am Fenster dieser unheimlichen Behausung gesehen habe.
„Sie sind zurück", raunte er und tat dabei so, als sei er der Prophet einer kurz bevorstehenden Apokalypse.

Doch McAlister nahm ohnehin niemand so ganz ernst. Wenn man die Leute im Dorf über ihn reden hörte, so war man sich auf jeden Fall darüber einig, dass man ihn das letzte Mal am Tag seiner Taufe nüchtern gesehen hatte.

Allerdings ließen die Beobachtungen der Kinder einige Anhänger der Geistertheorie wieder Morgenluft wittern, und auch die, die diese „Spukgeschichten" strikt ablehnten, wussten nicht genau, was man davon halten sollte. An den Tischen und an der Theke im örtlich Pub gab es an diesem Abend nur noch ein Thema: *Stoke Morangie*.

„Was habe ich da gehört?", rief Tom als John, der Vater der drei Kinder den Pub betrat. „Deine Kids haben wen in der Villa gesehen?"

Tom lachte lauthals und sehr gewollt. "Vielleicht haben die auch einfach nur was Falsches geraucht."

Es war offensichtlich, dass er John reizen wollte. Irgendwie war ihm heute wieder danach und wie es schien, hatte er auch Erfolg. John wurde wütend.

„Ich geb' dir gleich „rauchen". Meine Kids kiffen nicht und keiner von denen lügt; was man von deinem Balg nicht gerade sagen kann."

Tom lachte nur noch lauter. Jetzt begann ihm das alles erst richtig Spaß zu machen.

„Was soll der ganze Quatsch? Ich glaube dir und deiner Brut kein Wort." John stieg die Zornesröte ins Gesicht.

„Tom, du bist und bleibst ein Arsch! Gib mir ein Bier, Cedy!"

Missmutig und übel gelaunt quetschte er sich zwischen anderen Gästen an die Theke, um sein Glas in Empfang zu nehmen, das der hünenhafte, fast zwei Meter große Wirt ihm frisch gezapft hatte.

„Ich glaube deinen Kids", raunte ihm der alte McAlister zu. "Das Haus ist verflucht!"

Tom lachte wieder laut auf.

„Das Haus gehört abgefackelt", rief auf einmal einer aus der hinteren Ecke und zahlreiche Beifallsbekundungen ließen erahnen, dass viele für eine endgültige Lösung des Geisterproblems waren. Während die einen im Weiteren lauthals forderten, sofort zu dem Anwesen zu ziehen und es endgültig dem Erdboden gleich zu machen, lachten die anderen nur und besetzten einen langen Tisch am Ende des Raumes. Tom, der am Kopfende des Tisches saß, lugte immer wieder lauernd und feixend zu John herüber. Er war nach wie vor darauf aus, sich Streit zu suchen.

Andere begannen derweil, die Idee mit dem Geistertourismus wieder aufzugreifen.

„Warum machen wir nicht Geld mit dem scheiß Haus?", brüllte Jack. „Warum sollen wir es abreißen? Das Ding kann eine Goldgrube sein. Ich habe es euch schon einmal gesagt und ich habe es genau durchgerechnet. Woanders kommen sie sogar vom Kontinent, um sich das anzuschauen. Wir könnten ein Hotel bauen. Souvenirs verkaufen..."

„Ach, halt die Fresse!" Tom war aufgestanden und hatte mit hochrotem Kopf auf den Tisch gehauen. „Ich kann den Scheiß nicht mehr hören. Ihr habt alle entweder zu viel oder zu wenig Märchen gehört - oder das Falsche geraucht"

Wieder blickte er giftig und in Erwartung irgendeiner erneuten, wütenden Reaktion zu John - und das war sein Glück, denn nur so konnte er dem Glas ausweichen, das dieser in genau dem Moment in seine Richtung geschleudert hatte und das ihn unweigerlich am Kopf getroffen hätte. Mit lautem Krachen, zerbarst das Gefäß an der Wand und Bier und Splitter spritzen den am Tisch Sitzenden in den Rücken und an die Beine. Jetzt eskalierte die Stimmung.

„Komm her, du Arsch!", brüllte Tom, reckte die Fäuste und war froh, dass er endlich seinen Tagesfrust in einer handfesten Keilerei abreagieren konnte. Auch Einige, der an der Wand sitzenden Männer, waren von jetzt auf gleich „auf hundertachtzig" und bereit, diesem Idioten eine Abreibung zu verpassen.

Cedric, der Wirt, war alarmiert. Schon öfter waren solche Situationen aus dem Ruder gelaufen und hatten zu einer nicht unerheblichen Beschädigung des Mobiliars geführt. Er wusste, dass nun schnelles und energisches Eingreifen nötig war. Laut läutete er eine, an der Theke hängende, Glocke und hechtete an den Tisch. Drohend baute er sich hinter Tom auf.

„Du bleibst sitzen...und ihr auch!" Mit zornigem Gesicht und blitzenden Augen zeigte er auf die an der Wand stehenden Männer deren Hosen, triefend von Bier, an ihren Waden klebten. „Und John", Cedric drehte sich um. „für dich ist jetzt Ende. Du gehst! Sonst fliegst du. Hast du mich verstanden?"

Mit einem Mal war es still geworden. John war aufgesprungen, doch starke Arme hielten ihn fest und führten ihn zur Tür. Mit hochrotem Kopf ließ er sich unter lautem Protest aus der Kneipe führen.

„Ihr seid alles Ärsche", rief er.

„Und dich Tom, dich nehme ich mir noch vor. Da kannst du sicher sein."

Tom wollte laut los lachen, doch mit einem Blick auf Cedric schluckte er weitere höhnische Äußerungen herunter und setzte sich hin.

Als John draußen war und die Streithähne getrennt, löste sich langsam die gereizte Stimmung wieder.

Während Cedrics Frau, Mary, die Scherben mit einem Besen versuchte eilig wegzukehren, wurden schon die nächsten Runden geordert. Wieder fingen sie an, zu diskutieren.

„Jemand muss einfach mal einen kleinen Film mit seinem Handy machen", meinte Frank. "Den können wir dann bei Youtube einstellen und endlich berühmt werden. Wir können auch eine Homepage basteln. Mein Sohn hat das schon für seine Uni gemacht. Der kann das bestimmt auch für uns machen."

„Ja, ja", unterbrach ihn Chester, "dann lass ihn mal basteln. Wann geht eigentlich das Spiel los?"

Mit einem Mal war das Thema „Geistervilla" vom Tisch. Gleich sollte das Derby beginnen: Gunners gegen Tottenham.

„Lass uns das morgen besprechen", rief Frank noch in die Runde.

"Du hast Recht. Cedy, machst du die Glotze an?"

Der riesige Cedric stellte ein Glas beiseite, das er gerade gespült hatte.

„Aber nur, wenn ihr euch auch benehmt! Wer wieder Stress macht, der fliegt. Ist das klar?"

„Ay", rief Tom, „Mach schon an! Geht doch jetzt los."

Während in der Gaststätte das Bier floss und sich die Pubbesucher mittlerweile mehr über Tore und Schiedrichterentscheidungen, als über vermeintliche Geister aufregten, nahm im Keller des Gebäudes, ohne das irgendjemand etwas mitbekam, eine wundersame Maschine seine Arbeit auf.

Mehr als hundert Jahre war es her, seit sie zum ersten Mal gelaufen war.

Aber dann, was war schon Zeit?

Siebtes Kapitel

Anna war froh, auf ihrem Zimmer zu sein. Endlich konnte sie in Ruhe das Buch untersuchen und ein wenig ihre Gedanken ordnen. Eigentlich sollte das ein Urlaub werden, um Abstand und innere Ruhe zu gewinnen. Der Vormittag war so ganz anders, als geplant verlaufen und sie hatte keine Ahnung, warum das so war. Sie fühlte sich aufgewühlt, gehetzt und verfolgt.

Das Taxi hatte sie direkt vor dem Hotel abgesetzt. Die Atmosphäre war bis zum Schluss frostig und der Fahrer hatte kein Wort mehr mit ihr gesprochen. Warum hatte er so seltsam auf die *Rue Nemo* reagiert? Irgendetwas musste es damit auf sich haben. Mit rasendem Herzen war Anna, nachdem sie bezahlt hatte, ohne nach rechts und links zu schauen, direkt in das Hotel gestürmt, hatte nicht einmal auf den Fahrstuhl warten wollen, sondern war, schnellen Schrittes, die Treppe in den dritten Stock gehechtet. Und auch jetzt schlug ihr Herz noch wie wild.

Heilfroh, endlich die Tür ihres Zimmers hinter sich schließen zu können, ließ sie sich zu Boden gleiten und blieb erst einmal im Eingang sitzen. Sie wusste nicht, was genau da abging aber seit sie in diesem blöden Buchladen war, lief einiges schief.

Anna versuchte, ihre Gedanken zu sortieren. Nach und nach wollte sie sich den ganzen Vormittag Minute für Minute ins Gedächtnis rufen. Alles musste mit diesem vermaledeiten Buch oder dieser *Rue Nemo* zu tun haben oder war es doch nur Einbildung? Vielleicht waren es ja auch nur ein paar dumme Spinner, denen sie, wie sie fand, am Ende doch sehr elegant entkommen war. Und der Alte? Bestimmt auch nur ein einsamer, verhärmter Mann, der sich wichtig machen wollten.
„Dieses Buch ist ihr Schicksal, Madame."
„Ein bisschen viel Pathos", dachte sie bei sich und schüttelte alle wilden Gedanken ab, die in Ihrem Kopf anfingen, Gestalt anzunehmen.

„Da haben aber Einige ganz schön dick aufgetragen heute", stellte sie für sich fest, „Und natürlich: alles Männer."
Anna versuchte, das Ganze unter der Rubrik „seltsame Kerle und eine verrückte Katze", abzuhaken und zu untersuchen, was für ein Schätzchen sie da an Land gezogen hatte.

Obwohl sie sich einredete, dass sie sich alles nur eingebildet hatte, nahm ihre innere Unruhe immer mehr zu. Sie stand auf, ging zum Fenster und zog hektisch die Gardine zu.
„So ein Scheiß!", ärgerte sie sich und begann, unruhig weiter im Zimmer umher zu rennen.
"Waren vielleicht doch irgendwelche Typen hinter ihr her?"

Vorsichtig lugte sie zwischendurch immer wieder durch die Vorhänge, stellte aber beruhigt fest, dass keiner ihrer „Wölfe" vor dem Hotel auf sie wartete. Anna dachte nach.
„Es muss doch alles Einbildung sein", beruhigte sie sich wieder.
„Wer wollte schon etwas von ihr, Anna Meier, Sachbearbeiterin im Sozialamt von Dortmund? Lächerlich."
Den Kopf schüttelnd, stellte sie das Fernsehen an, um sich selbst die Illusion von Gesellschaft zu geben und ein wenig optische Ablenkung zu bekommen. Langsam kam sie zur Ruhe.

Mit einem Seufzer, ließ sie sich aufs Bett fallen, streifte sich einen Schuh mit dem anderen vom Fuß und nahm ihren Einkauf zur Hand. Es dauerte ein wenig, bis sie den Knoten im Lederband geöffnet hatte. Sorgsam legte sie den Riemen auf den Nachttisch. Dann öffnete Sie den Einband.

Achtes Kapitel

Varanasi glich einem Glutofen. Es war heiß und die Luft schien in den Straßen zu stehen. Kühe wühlten in Müllbergen, die sich auf den Wegen auftürmten und suchten in all dem Unrat nach Nahrung. Auf dem glühenden Asphalt schlängelte sich ein, nicht enden wollender, Bandwurm aus bunt bemaltem Autos, Rikschas, Fahrrädern, Bussen und Motorrädern. Ohrenbetäubender Lärm aus Motoren, Hupen und Stimmen mischte sich mit einem Gestank aus Benzin und Unrat. Hunde suchten japsend nach Schatten.

Am Ganges waren bereits seit Morgengrauen die Gläubigen Hindus zu rituellen Waschungen zusammen gekommen. Barbiere standen bereit, den Männern den Kopf sauber zu rasieren, Yogimeister saßen in kleinen Holzverschlägen, meditierten, rezitierten alte Verse und waren bereit, jeden Zahlungskräftigen für ein paar Rupien zu segnen und ihn mit einer Blumenkette zu behängen.

Varanasi ist ein ganz besonderer Ort. Dies liegt zum einen an einer geographischen Besonderheit. Auf den gesamten 3000 km, von der Quelle bis zur Mündung, fließt der Fluss nur an einer Stelle, nämlich genau hier, auf einer Länge von knapp fünf Kilometern, von Süden nach Norden.

Er ist aber auch ein heiliger Ort. Für viele Hindus, ist er der heilige Ort schlechthin. Ein Bad ist gerade hier ganz besonders Glück verheißend und spirituell reinigend. Dem Ganges, dem bedeutendsten der sieben heiligen Flüsse, wird darüber hinaus noch eine ganz besondere Kraft zugeschrieben; für jeden Gläubigen steht fest, dass sein Wasser ein Unsterblichkeitselexier enthält, der Heilung von Krankheiten dienlich ist und vor allem die Chance auf eine glückliche Wiedergeburt und ein besseres Leben erhöht. Und all diese Kräfte wirken in Varanasi auf ganz besondere Weise.

Deshalb strömen so viele Menschen aus ganz Indien hierher, nehmen die größten Strapazen auf sich und scheuen keine Kosten, um

Erlösung von ihrem Karma zu finden. Jeder gläubige Hindu, der es sich leisten kann, kommt in diese Stadt, um seine letzten Tage an dieser heiligen Stätte zu verbringen, um hier zu sterben und am Ufer verbrannt zu werden und dann endgültig seine Ruhe zu finden.

Dennoch steht die dem Fluss zugeschriebene, reinigende Wirkung in einem krassen Gegensatz zu dem unglaublichen Müll und Unrat, in dem das Gewässer schier zu ersticken scheint. Das Wasser ist eine dunkle, trübe und unbeschreiblich dreckige Suppe; die Abwässer der meisten Ortschaften am Ganges gehen ungeklärt in den Fluss.

Und trotz allem, steigen jeden Tag hunderte, manchmal tausende nach Glück und Erlösung Suchende, in ihren weißen Dodies, windelartigen um die Lenden gewickelten Tüchern, die hellen Steintreppen zum Fluss hinab, um dann, zwischen Müll und Dreck, einzutauchen und sich von ihrem Karma zu befreien. Dabei rezitierten sie uralte Gebete, wie dieses, aus dem Epos Ramayana:

> *O Mutter Ganga!*
> *Du bist der Halsschmuck auf dem Kleid der Erde.*
> *Du bist es, durch die man den Himmel erreicht.*
> *O Bhagirathi! Ich bitte dich, möge mein Körper vergehen,*
> *nachdem er an Deinen Ufern gelebt und dein reines Wasser*
> *getrunken hat;*
> *nachdem ihn Deine Wellen geschaukelt und er Deines Namens gedacht hat.*

Jan stand oberhalb einer gewaltigen Treppenanlage, die, wie ein Amphitheater, den Weg zum heiligen Fluss herabführte. So oft hatte er das Schauspiel nun schon miterlebt, die religiöse Inbrunst der Betenden bewundert - und immer wieder schüttelte es ihn bei dem Gedanken, hier ein Bad zu nehmen.

Er wartete auf Ayushi, die Assistentin von Professor Dubey. Sie hatte ihm versprochen, heute eine kleine Bootsfahrt auf dem Ganges zu machen. Ayushi war eine junge Frau, Anfang dreißig, die ihn immer wieder mit ihrer freundlichen aber äußerst resoluten Art mehr als positiv überrascht hatte. Ihre herzliche Gastfreundschaft hatte Jan schon bei seinem ersten Besuch erleben dürfen. Er hatte ihre Familie getroffen, war zum Essen eingeladen worden und hatte ihren Charme und ihr unwiderstehliches Lachen genossen. An dem Abend waren sie Freunde geworden, hatten sich oft geschrieben und Fotos von sich und der Familie ausgetauscht und oft telefoniert.

Ayushi hatte ihm sogar einen Dodie schenken wollen, wenn er einmal selbst im Ganges eintauchen würde und ihn dabei frech angegrinst. Jetzt musste er auch lächeln. Doch unwillkürlich dachte er an die Bilder von zerfressenen und rekonstruierten Darmausgängen, die er in der Chirurgie des Unikrankenhauses der Banaras Hindu University gesehen hatte; die Folgen von schlimmen Wurmerkrankungen, die sich viele der frommen Menschen in dieser Kloake einfingen.

Ihn schauderte es, als er sah, wie ein Mann mittleren Alters untertauchte und als er wieder den Kopf aus dem Wasser streckte, mit der dunklen Brühe ausgiebig gurgelte und ihn mit strahlend weißen Zähnen anlachte.

Eigentlich wollte er sich, nachdem er mit Ayushi von seiner Boottour zurück war, in ein kleines Restaurant, ein paar Stufen oberhalb der Straße setzen - dort, wo er immer hin ging, wenn er in Varanasi war, um alle die Bilder in sich einzusaugen, die die Stadt im bot, einfach nur die Bilder einer anderen, bunten und geheimnisvollen Welt zu genießen. Er wollte einen Mango Lassi trinken und eine Kleinigkeit essen.
Aber gerade jetzt, da er an den Fluss und die Krankheiten dachte, war ihm ein wenig der Appetit vergangen - er würde schon rechtzeitig wiederkommen.

Für 15:00 Uhr hatte sich Raj angekündigt, um über die stockenden Vertragsverhandlungen zu sprechen. Das war der weit weniger angenehme Teil des Tages.

Jan zog sein Handy aus der Tasche und betrachtete das Sperrbild, auf dem das Foto einer jungen, blonden Frau zu sehen war. Ob sie auch noch an ihn dachte? Lange, hatte er nichts mehr von Anna gehört oder gelesen. Einige Monate war es nun her. Sie waren gut befreundet, hatten sich ihr Herz gegenseitig ausgeschüttet, sich erforscht und getröstet - aber nie gesehen. Es war eine seltsame Art der Beziehung, aber sie war intensiv und sie hatte ihm gut getan. Als Anna ihm nicht mehr schrieb, dachte er sein Herz sei gebrochen, aber es pochte weiter - und mit der Zeit nahm der Schmerz ab und nun stand er hier. Wieder einmal.

Er blickte auf das braune, brackige Wasser des Flusses und die Plastikflaschen, Tüten, Holzstücke und Schrott, die im Takt der Wellen immer wieder gegen die Uferbefestigung schlugen.

Auf einmal schossen wieder tausend Gedanken an Anna durch seinen Kopf. Er dachte an den Tag, an dem sie ihm sagte, dass es nie etwas mit ihnen werden würde. Es war kurz nachdem ihre Mutter gestorben war. Er hätte sie einfach in Ruhe lassen sollen. Aber er fing an, zu klammern, schrieb ellenlange Nachrichten, argumentierte, kämpfte, wie ein Anwalt in eigener Sache...

Aber die Liebe lässt sich nicht herbeireden, man kann nicht halten, was nicht für einen bestimmt ist. Diese Lektion musste er lernen.

Noch einmal fiel sein Blick auf seinen Display, dann steckte er sein Handy weg. Ayushi wartete schon am Ufer und winkte ihn herbei. Sie hatte eines der langen, schmalen Ruderboote samt Ruderer angemietet. Jan lächelte und stieg die letzten Treppen zum Ufer hinab. Über Müll steigend, kletterte er an Bord.

Verträumt ging sein Blick hinaus auf das andere Ufer. Ayushi schaute ihn lange an. „Kummer?", fragte sie. Jan schaute auf. Er nickte stumm. „Ein wenig." Er quälte sich ein Lächeln ins Gesicht.

„Es hat doch hoffentlich nichts mit diesem Geschäft zu tun."

Jan schüttelte den Kopf.

„Nein. Geschäft ist Geschäft. Das ist was anderes."

Ayushi nickte.

„Es ist eine Frau, habe ich recht? Was ist passiert? Hat sie dich verlassen?"

Wieder nickte er, ohne seinen Blick von der Szenerie abzuwenden. Leise plätscherten die Paddel in dem dunklen Wasser des Flusses.

„Das ist nicht gut. Warum bist du traurig?"

„Na, weil sie mich verlassen hat.", erwiderte Jan etwas verwirrt über die Frage.

„Aber war es denn eine so schlimme Zeit?" Wieder fand er die Frage mehr als seltsam.

„Nein. Eben darum bin ich ja traurig."

„Du bist traurig darüber, dass du eine wunderbare Zeit mit ihr hattest? Das verstehe ich nicht."

„Nein, ich bin traurig, weil es nun vorüber ist, weil ich nicht bei ihr sein kann."

Ayushi schaute ihn wieder ruhig an.

„Aber jetzt bist du doch hier und selbst wenn du mit ihr zusammen wärst, könntest du nicht bei ihr sein. Also für heute macht es keinen Unterschied, ob du mit ihr zusammen bist, oder nicht. Auf jeden Fall unter diesem Aspekt."

Nun schaute Jan sie nachdenklich an. Irgendwie war das verdammt richtig, was sie sagte.

"Aber wenn ich zurückkomme, wird es nicht mehr so sein, wie es war. In der Zukunft ist sie weg."

„Wenn du es so willst, dann wird es so sein."

Jan war höchst unzufrieden mit dieser Antwort.

„Was meinst du damit, wenn ich es will? Wenn es nach mir ginge, dann wäre sie nicht weg."

„Du verstehst mich nicht, Jan", zwinkerte sie ihm zu.

„Ich kann dir nur sagen: vertraue auf das Leben! Es weiß schon, was gut für dich ist. Am Ende kommt es nur darauf an, dass du mit dir im Reinen bist, weißt du? Das ist alles, was zählt."
Jan war verblüfft. So hatte er Ayushi noch nie reden hören. Er blickte auf den Fluss, in dem sich die Sonne in tausend Reflexionen spiegelte und brach. Dann blickte er auf, nickte leicht und lächelte.
Ayushi war eine unglaublich kluge Frau.

„Wusstest du eigentlich, dass meine Ehe arrangiert war?"
Jan schaute auf.
„Nein." Er war erstaunt. Vor allem deswegen, weil Ayushi dieses Thema so unvermittelt ansprach. Irgendwie schien es ihr aber auf der Seele zu brennen.
„Ich dachte, so etwas gibt es gar nicht mehr."
„Oh, doch", erwiderte sie lachend, „vor allem in den angesehenen Familien, die auf Tradition großen Wert legen. Da läuft das immer so ab."
Jan schaute Ayushi an. „Das habe ich nicht gedacht. Ich meine, du hast studiert, bist emanzipiert..."
Ayushi lachte wieder laut auf.
"Bitte, verstehe mich nicht falsch! Das ist jetzt nicht abwertend...", er schaute betreten und war selbst erschreckt über das, was er gesagt hatte - und über das, was Ayushi gesagt hatte.
„Ich weiß, Jan. Es ist schwer für euch zu verstehen, aber bei uns ist es normal."
„Liebst du ihn?" Ayushi schaute irritiert..."Liebst du deinen Mann?"
Sie wich seinem Blick aus. „Natürlich. Er ist ein guter Mann. Er sorgt für mich und er macht mich glücklich."
Jan merkte, dass er einen wunden Punkt getroffen hatte. Vielleicht war es genau der Grund, warum sie das Gespräch gesucht hatte. Er blickte sie an, doch sie erwiderte seinen Blick nicht. Er wollte nicht weiter bohren.

„Aber wie läuft das ab? Ich meine...diese Kuppelei?"
Ayushi war sichtlich erleichtert, dass das Gespräch eine für sie angenehme Wendung genommen hatte und ein wenig überrascht und

amüsiert darüber, dass der Umstand ihrer vereinbarten Hochzeit Jan so zu bewegen schien.

„Also, um das nochmal klar zu machen: bei angesehenen Familien gehört es zum guten Ton. Da gibt es keine Hochzeiten, die nicht abgesprochen sind."

„Aber warum?"

„Weil Hochzeiten wichtig sind. Da kann man doch nichts dem Zufall überlassen. Vor einer Hochzeit werden die Stammbäume der Familien überprüft und dann werden sehr ausführliche Horoskope erstellt. Das ist eine Wissenschaft für sich. Keine Familie, die etwas auf sich hält, überlasst das einfach dem Zufall!" Sie lachte und ihr Lachen klang so selbstsicher, dass er fast daran zweifelte, dass Paare sich wirklich „einfach nur so" finden konnten.

Vielleicht, war ja ihre westliche Art der Partnerfindung sehr naiv; zwei Menschen sollten sich aus heiterem Himmel kennen lernen und dann sollte das noch ein Leben lang halten. „Waren die Inder da doch weiter?", Jan lächelte über sich und seine Gedanken. „Nein, das war dann doch ein wenig zu abstrus", stellte er für sich fest.

„Kommst du heute Abend mit in den Tempel?"

Ayushis Frage riss ihn aus seinen Gedanken. „Wir treffen uns mit zwei anderen Freunden am großen Tempel auf dem Unigelände. Warst du schon dort?"

„Nein." Jan schüttelte den Kopf. Tatsächlich hatte er es noch nicht geschafft, dieses wunderbare Bauwerk zu besichtigen. Ihm wurde wieder bewusst, dass er trotz seiner zahlreichen Besuche, erst einen Bruchteil des Campus hatte für sich entdecken können und wie wenig er über Varanasi und Indien wusste. Ständig, war er in irgendwelchen Gesprächen und Terminen eingebunden.

„Heute Abend um acht Uhr?" Sie blickte ihn fragend an.

„Gerne", Jan strahlte.

„Den Tempel wollte ich schon die ganze Zeit einmal sehen."

Es war ein wolkenloser Tag. Auf dem Fluss waren sie der Sonne ungeschützt ausgeliefert und so war Jan trotz des wunderbar vertrauten Gesprächs mit Ayushi froh, als der alte Mann langsam zurück zum Ufer ruderte und sie an derselben Stelle wieder an Land ließ, an der sie eingestiegen waren.

Jan half Ayushi aus dem wackeligen Kahn, bedankte sich bei ihr für die Zeit und ihre Worte, die ihm auf eine ganz besondere Art zu Herzen gegangen waren. Gemeinsam stiegen sie die Ufertreppen hinauf, dann verabschiedeten sie sich.

Ein paar hundert Meter weiter, huschte, mit schnellem Schritt, gerade in diesem Augenblick, ein, für sein Alter sehr agiler Greis durch die Hintertür eines Ladens, durchquerte einen kleinen Innenhof und kletterte eine schmale Treppe, die zu einem Kellerraum führte, hinab. Umständlich kramte er nach einem Schlüssel, öffnete die Tür und zog sie sorgsam hinter sich zu.

Wenig später vernahm Rajid, ein sechsjähriger Junge, beim spielen auf dem Hof hinter dem Haus in dem er wohnte, ein seltsames Vibrieren und hörte Geräusche, die er vorher nie gehört hatte. Beim Verstecken spielen hatte er sich in dem Kelleraufgang des Nachbargebäudes verkrochen. Als er es am Abend seiner Mutter erzählte, nahm diese es gar nicht wirklich wahr, sondern widmete ihre ganze Aufmerksamkeit dem Abendessen. Es sollten schließlich noch Gäste kommen.

"Heute ist also der Tag", dachte sich der alte Mann, als er die Stufen wieder heraufkam und zurück in seinen Laden schlurfte.

Neuntes Kapitel

Das konnte nicht sein! Anna schüttelte den Kopf. Sie musste sich vertan haben oder das Ganze war ein schlechter Scherz. Ihre Gedanken fuhren gerade Achterbahn. Da stand in zierlicher Schrift auf dem Inneren des Buchdeckels: „Jules Verne" und die Jahreszahl „1899".

Immer wieder hatte sie auf den Namenszug auf der ersten Seite des Buches gestarrt, hatte die vergilbten Seiten mit wachsendem Erstaunen durchgeblättert. „Jules Verne! Das war doch einfach nicht möglich. Das Buch muss ein Vermögen wert sein."
Jedenfalls war es etwas ganz Besonderes für sie. Da hatte sie wirklich ein Schätzchen aufgetan. „Aber warum sollte das Buch denn mein Schicksal sein?"

Die Worte des Alten spukten in ihrem Kopf. „Irgendetwas muss es ja mit dem Schinken auf sich haben", überlegte sie. Doch auch bei genauerem studieren der Seiten hatte sie nichts gefunden, was unmittelbar mit ihr zu tun gehabt hätte.

Als Erstes waren ihr sehr detaillierte und präzise gezeichnete Skizzen ins Auge gesprungen. Es war offensichtlich, dass sich Verne, wenn er es denn wirklich war, sehr ausgiebig mit der großen Pyramide von Gizeh beschäftigt haben musste. Aber da waren auch andere Gebäude zu sehen und Zeichnungen von Maschinen - seltsamen Maschinen. Sie sahen aus wie Trafos oder Elektromotoren. Auch eine Weltkarte hatte sie ausfindig machen können, auf der bestimmte Punkte durch Geraden miteinander verbunden waren. Die Punkte mussten irgendwelche Städte oder wichtigen Orte rund um den Globus sein. Und zu allen Bildern gab es ausführliche, in einer feinen Handschrift verfasste Texte. Warum nur zum Henker, konnte sie nicht genug Französisch! Es war zum Haare raufen. Wie gerne hätte sie herausgefunden, was da geschrieben stand.

Anna nahm ihr Handy, fotografierte den Umschlag, die erste Seite mit dem Namen und zahlreiche Zeichnungen und schickte es Kathi. Dann wählte sie ihre Nummer. Die Dinge schienen sich hier ein wenig zu überschlagen. Sie brauchte jetzt jemanden, dem sie vertrauen und mit dem sie reden konnte. Aber Kathi nahm nicht ab. Sie sprach ihr auf die Mailbox und legte das Handy auf den Nachttisch. Dann griff sie wieder zum Buch. Erneut blätterte sie jede Seite um, als unvermittelt ein Zettel neben das Bett fiel. Der Zettel war vom gleichen Papier wie die übrigen Seite - genauso vergilbt. Zuerst dachte sie, eine Seite wäre lose und herausgefallen. Auf dem Bauch liegend, griff sie nach dem Blatt, nahm es auf und betrachtete es. Sie wollte das Papier wieder an den richtigen Platz im Buch einlegen und nahm sich vor, zukünftig weniger schwungvoll vorzugehen.

Die eine Seite des Blattes war leer, doch als sie es umdrehte, stockte ihr wieder der Atem. Der Zettel war ein Brief, datiert auf den 20. September 1899 und der Adressat war sie, Anna Meier. Sogar die Adresse stimmte. Wie war das möglich? Das war nicht möglich. Ihr Magen krampfte sich zusammen. Ihr Atem ging schneller, ihre Gedanken rasten. Was sollte das alles? Wieder griff sie zum Handy. Aber bei Kathi meldete sich immer nur die Mailbox. Verärgert schaute sie fassungslos und mit vor Aufregung zitternden Händen auf das Display. Konnte diese dumme Ziege nicht mal endlich ran gehen. Das hier war wirklich wichtig.

Sie schnaufte durch und nahm sich erneut den Brief. Zu ihrer noch größeren Verwunderung, war er auf Deutsch geschrieben.

Zehntes Kapitel

Jan war die vielen Stufen am Gangesufer mit Ayushi zusammen zur Straße hinauf gestiegen und dann, nachdem sie sich verabschiedet hatten, dieser einige hundert Meter stromaufwärts gefolgt. Die Gebäude auf der Stadtseite schienen über dem Strom zu schweben, mächtige Tempel, Yogischulen und uralte Häuser thronten pastellfarben über dem Fluss. Jan stieg die engen Treppen einer schmale Gasse zu seinem Lieblingscafé hinauf. Hier wollte er sich mit Raj treffen. Das kleine Lokal schmiegte sich auf zwei Ebenen an den Hang und bot einen atemberaubenden Blick auf den Ganges und das Treiben am Ufer.

Er hatte es sich auf einem der wenigen, klapprigen Stühlen gemütlich gemacht, die in Zweier oder Dreiergruppen um kleine runde Tische standen. Der Kellner hatte ihm seinen Mango Lassi gebracht, den er genüsslich mit Blick auf die traumhafte Szenerie trank.

Gleich würde Raj kommen. Sie hatten noch einiges zu besprechen. In der Uni hätten sie im stickigen Büro von Professor Dubey gesessen. Unter der niedrigen Decke staute sich dort die Hitze. Auch der alte Ventilator quirlte nur die stickige, feuchte Luft durch die Arbeitsräume, schaffte es aber nie, für angenehme Temperaturen zu sorgen. Hier, unter einem Blätterdach und an der frischen Luft, redete es sich viel angenehmer.

Die Banaras Hindu University war ein wunderschöner, fast hundert Jahre alter Bau, der ihn jedes Mal verzauberte. Die Universität war für ihre Medizinische Fakultät und hier vor allem für den Bereich der uralten indischen Heilkunst berühmt. Einer der wichtigsten Lehrkräfte des Landes war Professor Dubey. Als große Ehre und Anerkennung seiner überragenden wissenschaftlichen Tätigkeit, war ihm eine lebenslange Professur verliehen worden. Er war darüber hinaus ein guter Freund und Berater des Ministerpräsidenten und ehemaliger Lehrer des jetzigen Ministers für AYUSH. Professor Dubey war eine Instanz in Indien und es gab nur sehr wenige Entscheidungen, die die Gesundheit und vor allem die traditionelle indische Medizin betrafen, in denen er nicht ein entscheidendes Wort mitzureden hatte. Trotz seines hohen Alters und seiner fortschreitenden Krankheiten war er immer noch ungebrochen und voller Energie. Sein Geist sprudelte nur so von Ideen, wie man die Dinge in seinem Land zu einem Besseren bringen konnte. Jan bewunderte diesen Mann und seine innere Kraft und es war ihm eine Ehre, mit ihm zusammen zu arbeiten. Mochte auch sein Körper nach und nach den Dienst versagen, sein Wille war ungebrochen - und der Wille ist es, der Berge versetzt.

Zusammen hatten sie Großes vor, Jan und Professor Dubey. Sie wollten neue Kliniken errichten und gemeinsam die Forschungsergebnisse der Universitäten, an denen er arbeitete, endlich monetär verwerten und für Indien nutzbar machen. Jan und er hatten schon einige konkrete Projekte vereinbart und mit den Ministerien abgesprochen, die sie alsbald umsetzen wollten.

"Jan, Sir, wie geht es ihnen?" Eine Stimme riss ihn aus seinen Gedanken. Es war Raj. "Sie mögen den Ganges?"
Raj hatte gesehen, wie Jan verträumt auf den Fluss geschaut hatte.
"Die Aussicht ist phänomenal. Aber ich verstehe euch Inder nicht. Ihr lasst euren heiligsten Fluss zur größten Kloake der Welt verkommen. Und eure heiligste Stadt ist ein Müllberg!"
Raj lächelte verlegen.
"Das ist Indien. Jeder hält sein eigenes Haus, seine eigene Wohnung peinlich sauber. Aber draußen, außerhalb der eigenen vier Wände, ist jedem alles egal. Die Leute gehen vor die Tür und werfen ihren Müll einfach drei Meter zur Seite. Das stört niemanden. Und der Dreck in den Straßen, im Fluss, überall, wird von den meisten gar nicht mehr wahr genommen. Er war schon immer da und wird immer da sein."
„Aber das ist doch keine Entschuldigung", warf Jan ein.
„Sie haben ja recht. Es muss etwas getan werden und wir sind ja schon dabei", fügte er fast entschuldigend hinzu. „Unsere Regierung hat schon viel geschafft. Sie hat Müllentsorgungs- und Aufräumpro-

gramme aufgesetzt. Außerdem ist die ganze Uferpromenade erst vor kurzem von Grund auf gereinigt worden und es gelangt jetzt nicht mehr so viel ungeklärtes Wasser in den Fluss."

Raj seufzte, als er in Jans fragendes Gesicht schaute. Fast resigniert fuhr er fort. „Aber sie sehen ja, wie nachhaltig das ist... Es ist wie ein Kampf gegen Windmühlen. Kaum war alles sauber, fingen die Leute wieder an, alles zuzumüllen."

Er verdrehte die Augen, streckte sich aus und bestellte beim Kellner ebenfalls ein Getränk.

„Kennen Sie eigentlich die Geschichte des Ganges?"

Raj beugte sich vor und redete weiter, ohne auf eine Antwort zu warten.

„Vor langer Zeit - so erzählt eine uralte Legende, wollten Meeresdämonen die Erde verwüsten. Die weise Agastya verschlang aber den Ozean und mit ihm alle Dämonen. Damit war die Gefahr zunächst gebannt.

Aber ohne Wasser blieb die Erde öde, trocken und unbewohnbar zurück, denn sie hatte nicht nur die Ozeane geschluckt. Die Hitze in ihrem Bauch war so stark, dass auch alles andere Wasser auf der Erde auf der Stelle verdampfte.

Zu dieser Zeit lebte der halbgöttliche Weise Bhagiratha. Dieser meditierte tausend Jahre lang. Als dies der asketische Gott Shiva sah, gewährte er Bhagiratha einen Wunsch. Der erbat sich die Niederkunft der Göttin Ganga, damit die Erde wieder fruchtbar und ertragreich werde. Ganga aber warnte Shiva. Ihr Wasser sei zwar segensreich und lebensspendend, aber die Kraft und Wucht ihrer gewaltigen Wassermassen würde die Erde in ihren Grundfesten erschüttern und am Ende alles Leben hinweg spülen.

Als Gott Shiva das hörte, bändigte er die Urgewalt Gangas, indem er die herabstürzende Wassermassen mit seinem Kopf auffing. Seiner zerstörerischen Gewalt beraubt, entspringt der Fluss nun im Himalaya unterhalb der drei Bhagiratha-Schwestern; strömt sanft in die indische Ebene herab und schenkt Menschen, Tieren und Pflanzen das Leben bringende Nass.

Seitdem steht Ganga, für Wohlstand, Erlösung, Gesundheit und Überfluss. Ganga verheißt auch Hoffnung auf das nächste Leben und eine Reinkarnation in Nähe der Gottheiten.
Es heißt aber auch, dass Ganga zwar auf die Erde kam aber gleichzeitig im Himmel blieb und dort als der himmlische Fluss, die Milchstraße zu sehen ist.

Es gibt viele Mythen rund um den Ganges und seine Ufer zählen zu den am dichtesten bevölkerten Regionen dieser Welt. Auch ich habe mich früher immer gefragt, wie man einen so schmutzigen Fluss nur als heilig betrachten kann - aber Jan, Sir, es gibt mehr Dinge zwischen Himmel und Erde, die wir nicht sehen können. So sagt man doch bei euch?" Schelmisch zwinkerte er zu ihm herüber.

Er nippte an seinem Getränk, das ihm der Kellner während ihres Gesprächs serviert hatte, schaute kurz auf das Treiben am Ufer und erzählte weiter. "Ich habe erfahren dürfen, wie besonders dieser Fluss ist, Sir. Und das nicht nur bei meinen Meditation. Inzwischen bin ich überzeugt davon, dass Ganga nicht nur eine besondere mystische Kraft hat sondern ich weiß auch um ihre göttliche bzw. hochschwingende Natur. Wir haben sogar besonders starke, elektromagnetische Felder feststellen können. Sie umspannen den ältesten Teil der Stadt wie ein Zelt. Wussten sie, dass Varanasi zu den ältesten Städten der Welt gehört? Und wussten sie, dass das Zentrum dieser Strahlung nur ein paar hundert Meter von hier liegt?"

Elftes Kapitel

Der Brief warf tausend Fragen auf. Das war doch alles gar nicht möglich, wie konnte sie eine Nachricht aus der Vergangenheit bekommen?

> „Liebe Anna,
> Ich weiß, dass Du diesen Brief finden wirst. Wenn die Zeit reif ist, werden wir uns sehen, verliere nie den Mut und habe Vertrauen. Hilfe ist immer nah.
>
> J.“

Wieder und wieder las sie die Zeilen. Wer war dieser "J"?
"Wenn die Zeit reif ist? Was soll das? Und warum soll ich den Mut nicht verlieren und vertrauen? Was zum Henker geht hier gerade ab?"

Ihr war, als würde sich unter ihr alles drehen, ihr war schwindelig und sie war froh, bereits auf ihrem Bett zu liegen. Völlig konsterniert und fassungslos wälzte sie sich auf den Rücken, starrte mit glasigen Augen die Decke an und versuchte, mit aller Gewalt, ihre Gedanken zu sortieren. Doch diese fuhren gerade Achterbahn und ihre Nerven vibrierten, als würde Jimmy Hendrix ein Solo auf ihnen spielen. Diese Situation war so absurd, so irre.

Anna merkte, wie ihre Hände zitterten. Sie hatte das Gefühl, dem Ganzen irgendwie nicht gewachsen zu sein. Warum nur war Kathi nicht hier? Aber auch die, so musste sie sich eingestehen, hätte ähnlich planlos reagiert. Kathi wäre jetzt auch keine wirkliche Hilfe gewesen. Gegen ihre Ängste ankämpfend, fasste sie eine Entscheidung, nahm ihr Handy und schrieb eine Nachricht.

Zwölftes Kapitel

Jan starrte auf den Fluss. Das geschäftliche Gespräch mit Raj war nicht besonders erfreulich verlaufen. Es ging wieder einmal um die besondere Art der Inder, mit Verträgen umzugehen. Es war mit mitteleuropäischer Logik nicht zu erklären. Er konnte die, für viele Außenstehende wirr scheinenden, Gedankenmuster irgendwie nachvollziehen. Aber seine amerikanischen Partner würden für derlei kulturbedingte Irritationen wenig Verständnis zeigen; zumal sehr viel Geld im Spiel war. Es schien, als seien die Fronten komplett verhärtet. Jetzt musste tatsächlich das Department of State eingeschaltet werden; und als letzte Konsequenz würden sie klagen müssen. "Alles dumm und unnütz. Aber vielleicht kommen sie ja noch zur Besinnung", hoffte er und trank den Rest von seinem drittem Mango Lassi. Er überlegte sich, noch ein Getränk zu bestellen, vielleicht einen guten Single Malt, um den Frust runter zu spülen, den Sonnenuntergang zu genießen und dann langsam zurück zum Gästehaus der Uni zurück zu fahren. Heute Abend wollte er sich ja noch mit Ayushi treffen und Morgen würde wieder ein anstrengender Tag werden; ein Termin jagte dann den Nächsten. Aber jetzt saß er hier und ließ es sich gut gehen. Das kam nicht oft vor, wenn er in Varanasi war; umso wertvoller waren ihm diese Momente.

Die Beine nach vorne gestreckt, lehnte er sich zurück. Die tief stehende Abendsonne wurde von den ocker- und pastellfarbenen Gebäuden zurückgeworfen und ließ den Ganges aussehen, als wäre er flüssiges Gold. Die drückende Hitze wich langsam einer angenehmen Wärme. Der sanfte Wind streichelte sein Gesicht und fühlte sich an wie Samt.

Jan nahm sein IPad und wollte gerade seine Lieblingsbilder von Anna anschauen, als ihn die Nachricht erreichte, die sein Leben ebenfalls vollständig auf den Kopf stellte.

"Bin in Paris. Hotel Ampere. Bitte komm. Anna"

Wie vom Blitz getroffen, durchzuckte es ihn. Anna wollte ihn sehen? In Paris? Er konnte es nicht glauben. Immer und immer wieder starrte er auf den Bildschirm. Wie in Trance stellte er das Glas zur Seite, nahm sein Handy, sagte alle weiteren Termine ab und buchte den nächsten Flieger Richtung Paris. Er würde Anna sehen, in Paris - nach all der Zeit. Es war unglaublich.

Als er bezahlte und das Café verließ, schossen tausend Gedanken durch seinen Kopf - die Dinge, die ihm Ayushi über seine Beziehung gesagt hatte, arrangierte Ehen und dann die Nachricht - nach mehr als einem Jahr. Was für ein Tag.

Gedankenverloren machte er sich auf den Weg durch die Altstadt. „Was konnte der Grund dafür sein, dass Anna ihn nach so langer Zeit endlich sehen wollte?"
Er hatte nicht weiter nachfragen wollen.
„Wenn sie mir mehr hätte sagen wollen, hätte sie es geschrieben", dachte er. „Es wird noch genug Zeit sein, für Fragen, Antworten und Gespräche."

Es war mittlerweile dunkel geworden. Gespenstisch warfen die Lichter der Straßenlaternen ein fahles Licht in die engen Gassen. Steile Stufen führten zu uralten Türen. Die Häuser standen so eng beieinander, dass man kaum den schwarzen Himmel sehen konnte. Von Haus zu Haus spannten sich elektrische Leitungen, wie das Netz einer riesigen Spinne. Die Wege waren voll von Urin, Kot und Unrat. Die Hitze des Tages und die Wärme der Nacht ließen alles, was irgendwie organisch war, umgehend fermentieren. Der Gestank war da, wo der Müll sich in zerfetzten Tüten auftürmte oder in ramponierten riesigen Containern vor sich hin rottete, nicht auszuhalten. Hunde huschten verstohlen an ihm vorbei. Ratten kreuzten fiepend seinen Weg. Immer wieder sah er Gruppen von Hindus und Muslimen, strikt getrennt nach Religion - und an jeder Ecke hatten sich Soldaten mit schussbereiten Gewehren positioniert. Die Altstadt war ein Pulverfass.

Als er das Gewirr der verwinkelten Gassen verlassen hatte, nahm er auf der nächsten größeren Straße eine der Fahrradrikschas. Er wollte die angenehme Frische des frühen Abend genießen und nicht die kurze Strecke zur Uni in einem der stickigen und wenig Vertrauen erweckenden Taxis zurücklegen.

Jetzt, da die lähmende Hitze des Tages einer leichten und kühleren Brise gewichen war, schien das Leben außerhalb der eigenen vier Wänden erst richtig zu erwachen.

Kaum war er dem dunklen Labyrinth der Altstadt entschlüpft, empfing ihn der Lärm und das bunte Treiben einer hektischen, grellen und bunten indischen Geschäftsstraße. Die Gehsteige waren mit Lebensmitteln, Spielsachen, Kleidung und Haushaltsgegenständen voll gestellt. Grelle, blinkende Lampen ließen jedes Geschäft erstrahlen, wie einen amerikanischen Weihnachtsbaum. Cafés boten Snacks an, die in abenteuerlichen Konstruktionen auf der Straße zubereitet wurden. Auf dem Gehsteig hockte ein alter Mann, barfuß inmitten von Säcken mit diversen Zutaten. Vor sich hatte er zwischen seinen Knien eine Schüssel Öl mit einem Gaskocher zum Sprudeln gebracht. Keine zwanzig Zentimeter hinter seinem Rücken fuhren Autos, Räder und Rikschas, kreuzten Passenten die Fahrbahn oder nutzen den kleinen Rest des verbliebenen Bürgersteigs. Eine einzige, unbedachte Rempelei, eine einzige falsche Bewegung und das siedend heiße Öl würde sich über seinen Körper ergießen. Die Folgen wären grauenhaft. Jan lief es bei dem Gedanken eiskalt den Rücken herunter. Nur einige Meter weiter sah er, wie drei Männer mit Turban nebeneinander standen und ganz selbstverständlich gegen eine Wand urinierten auf der, in einer Reihe, Swastika aufgemalt waren. Und tatsächlich war es ganz selbstverständlich, dass Männer sich da erleichterten, wo es ihnen gerade passte.

Nach knapp zwanzig Minuten fuhren sie durch das große Tor zum Unicampus. Der Weg zum Tempel führte ihn an dem Gästehaus und Professor Dubeys Büro vorbei. Wieder und wieder bestaunte Jan die wunderschöne Anlage der Universität. Es war, wie ein Reise durch die Zeit.

Die Rikscha hielt unmittelbar vor dem Tempel. Hier herrschte großer Andrang. Hunderte Studenten schienen die Abendstunden zu einem Treffen und der spirituellen Erbauung zu nutzen. Ayushi wartete bereits mit zwei anderen Doktoranden von Professor Dubey. Als er bezahlte und ausstieg sah sie ihn und winkte ihn heran.

„Magst du etwas trinken?" Jan merkte, dass er wirklich durstig war. „Gerne" antwortete er.

"Lass uns da etwas besorgen!" Ayushi zeigte zu einem Stand, an dem Erfrischungen in kleinen, roten Tonbechern verkauft wurden. Das Getränk entpuppte sich als starker Tee. Er schmeckte nach Milch, Kardamom und anderen Gewürzen, die Jan nicht wirklich erkennen konnte.

Um sie herum standen Studenten in Gruppen beisammen. Viele hatten ein Zeichen auf die Stirn gemalt oder einen Blumenkranz um den Hals. Überall war man in Gespräche vertieft, begrüßte sich oder nahm Abschied. Jan war bezaubert von den Gerüchen, den Geräuschen, der wunderbaren Kulisse.

„Gehen wir hinein! Du musst aber die Schuhe auszuziehen!", bemerkte Ayushi, als sie sich dem Eingang näherten.

„Du kannst sie hier abstellen."

Sie zeigte auf mehrere Nischen in der Wand, in der schon zahlreiche Paare standen.

„Sie kommen schon nicht weg", versicherte sie ihm, als sie sein fragendes Gesicht sah.

Jan streifte seine Schuhe aus und ging auf Socken die glatten Steinstufen zum Tempel hinauf. Die Anlage entpuppte sich größer als er zunächst angenommen hatte. Ein Säulengang umfasste einen weitläufigen, mit Steinplatten ausgelegten Innenhof. Auf der Stirnseite lag der eigentliche Tempel.

Sie durchquerten den Hof und betraten das mehrstöckige Gebäude. Jede Etage war einer anderen Gottheit geweiht.

„Hier ist der Tempel des Shiva", erklärte ihm Ayushi. „Kennst du Shiva?"

Jan schüttelte den Kopf. „Ich weiß so gut wie nichts über eure Religion."

„Shiva ist bei uns der wichtigste Gott. Einige sehen in Shiva die höchste Manifestation des Einen. Sie nennen ihn auch *Mahadeva*, „der große Gott". Außerdem ist Shiva der Gott der Asketen."

„Der Asketen? Wieso das?"

„Der Sage nach, hat er auf dem Berg Kailish in tiefster Meditation verharrt. Ziemlich lange sogar."

Ayushi zeigte auf eine Figur, die den Gott in Meditation versunken abbildete.

„Shiva ist aber auch der Gott der Gegensätze."

„Der Gott der Gegensätze? Shiva scheint ja sowas, wie eine „Allzweckwaffe" zu sein", Jan grinste breit.

Ayushi lächelte zurück.

„Shiva bildet einerseits mit Parvati und Ganesha die *Heilige Familie* - ja, die haben wir auch." Ihr breites Lächeln wurde zu einem erfrischenden Lachen. „Andererseits erscheint er aber auch, wie schon gesagt, als großer Asket und Einzelgänger. Shiva verkörpert die Zerstörung und gleichzeitig sehen wir in ihm den allgegenwärtigen Gnädigen, der das schlechte Karma der Gläubigen tilgt."

„Das ist ja interessant", bemerkte Jan. „Ein Gott, der das Gute und Schlechte miteinander vereint."

„Ja, so kann man das sehen", erwiderte Ayushi. „Aber was ist „gut" und was ist „schlecht"? Am Ende wissen wir es nie und ständig ist das, was zuerst als das schlimmste Unglück erscheint, plötzlich der Grund für das größte Glück. Glück und Unglück sind nur Ansichten, die wir aufgrund eines flüchtigen Moments von einer Sache, einem Umstand haben. „Gut" und „Schlecht" ist wie eine Fahne im Wind."

Jan nickte. Er war begeistert von den Ausführungen und Gedanken Ayushis.

„Erzähl mir mehr!", bat er sie, als sie durch die Halle schlenderten. In der Mitte saß ein Guru und segnete alle sehr geschäftig - in der Erwartung einer entsprechenden Geldspende.

„Aha", dachte sich Jan. „Am Ende läuft es auch hier in der Realität immer auf das Gleiche hinaus."

Als sie den Brahmanen, der auf einer Art Lotusthron inmitten eines Springbrunnens saß, hinter sich gelassen hatten, fuhr Ayushi mit ihren Erklärungen fort: „Einer anderen Legende nach ist Shiva auch Vater von Ganesha. Das ist der Gott mit dem Elephantenkopf. Sein Tempel ist direkt hier drüber." Ayushi zeigte mit der Hand zur Decke. „Du hast ihn auch im Eingang vom Hotel gesehen. Er ist so gut wie in jedem Hotel und im Krankenhaus von der SRM, direkt im Eingangsbereich, erinnerst du dich?" Jan nickte.

„Ganesha wurde eigentlich zunächst von Shivas Gattin Parvati während dessen Abwesenheit erschaffen und zum Leben erweckt, damit sie eine eigene Wache habe, während sie badete. Als sich Shiva Sina nähern wollte, verwehrte Ganesha ihm aber den Zutritt zu ihr. Shiva war so erbost, dass er Ganesha im Zorn den Kopf abschlug. Allerdings empfand er bald Reue über seine Tat und erweckte ihn wieder zum Leben, indem er einen Elefanten töten ließ und dem Knaben dessen Haupt aufsetzte."

„Du weißt wirklich Bescheid." Jan blickte anerkennend zu Ayushi herüber. „Ich könnte dir den ganzen Abend zuhören." Langsam gingen sie weiter. Während ihre Begleiter ihnen bis hierhin stumm gefolgt waren, verabschiedeten sie sich nun. Sie wollten ein Stockwerk höher, um für eine gute Note in ihrem Abschlusskolloquium zu bitten.

Ayushi führte Jan durch einen kleinen Gang zu einem Austritt. Hier waren sie alleine. Sie lehnte sich gegen die Wand und blickte Ernst in die Dunkelheit.

„Ja", sagte sie, „das sind alles nette Legenden und sie alle sagen mir etwas aber da gibt es eine, die mich immer gefesselt und die mein Leben bestimmt hat."

Ayushi klang ganz gegen ihre Gewohnheit fast zerbrechlich und die Art, wie sie sprach, verriet ihm, dass die Geschichte noch viel mehr für sie bedeutete, als sie ihm sagen wollte.

„Shivas Gattin", so fing sie wieder an zu erzählen, „war nicht immer Parvati. Der Legende nach, war er in erster Ehe mit Sati verheiratet gewesen. Sein ungewöhnlicher Lebensstil als Asket missfiel aber

Satis Vater Daksha. Also lud Daksha Shiva und Sari nicht zu einem Opferfest ein. Das war ein riesengroßer Affront und Sati war dadurch in ihrem Stolz als Ehefrau so gekränkt, dass sie sich bei lebendigem Leib verbrannte, um die Ehre ihres Mannes wieder herzustellen. Danach wurde sie von der Erde verschlungen und unter dem Namen Parvati wiedergeboren. Shiva hatte sich unterdessen in der Amarnath Guva, die keiner betreten konnte, in eine ewige Meditation versenkt. Als aber Parvati vor der Höhle stand, kam sie herein und sah Shiva. Sie weinte vor ihm. Da erwachte Shiva aus seiner tiefen Meditation und als der Liebesgott Kamdev ihn mit einem Liebespfeil erwecken wollte, öffnete Shiva sein drittes Auge und vernichtete Kamdev. Danach weigerte er sich standhaft, Parvati zu erkennen, obwohl er wusste, dass seine wiedergeborene Sati vor ihm stand.

Parvati weinte und entschloss sich, um Shiva wieder zu gewinnen und aus Liebe zu ihrem Mann, ebenfalls in Meditation zu versinken. Sie erstellte einen Shivalinga aus Eis, setzte sich vor ihn und fing an, für ein Jahr zu meditieren. Als das Jahr um war, war sie ganz zerbrechlich geworden und hatte keine Kraft mehr. Als Shiva in die Höhle kam und sie so sah, erwachte auch seine Liebe zu ihr wieder. Er gab ihrem Körper das Leben zurück und sie wachte auf.

Endlich hatte Parvati Shiva wiedergewonnen. Doch nun war sie kein Mensch mehr, sondern die Gemahlin von Shiva, für den Rest ihres Lebens und somit auch ein Gott."

Als Ayushi fertig war, schien es Jan für einen Moment, als habe sie Tränen in den Augen. Aber dann, als würden Sonnenstrahlen durch eine dunkle Wolke brechen, lächelte sie ihn an. Doch dieses Lächeln war anders - alles in ihrem Gesicht strahlte - nur nicht ihre Augen.

„Diese Geschichte erinnert mich immer daran, dass ich als Frau stark sein soll und dass ich auch stark bin", fügte sie am Ende fast trotzig hinzu.

Jan schaute sie von der Seite an, während sie durch den Tempel schlenderten.

„Das weiß ich, Ayushi. Du bist stark."

Er hatte diese Frau immer als äußerst resolut und tatkräftig in Erinnerung. Wenn sie den Raum betrat, konnte sie sogar gestandene Männer einschüchtern; und das tat sie auch. Jan hatte es erlebt; mehr als einmal. Aber sie war auch verletzlich und auf eine Art traurig, die Jan nicht deuten konnte. Das war die andere Seite von Ayushi die zerbrechliche und verletzliche Kehrseite ihres strahlenden Lächelns und gewinnenden Lachens.

Dreizehntes Kapitel

In Venedig war ein sonniger Tag zu Ende gegangen. Die Touristenströme ließen die Stadt in einer zauberhaften Ruhe zurück. In den
Gassen war nun kaum ein Mensch zu sehen. Das brackige Wasser
der Kanäle verströmte einen modrigen Geruch, der es erlaubte, den
morbiden Charme der Serenissima mit allen Sinnen zu erleben. Nur
noch wenige Besucher saßen auf den Stühlen, die vor dem Café Florian weit in den Platz hinein gestellt waren. Der Flügel, auf dem
sonst in regelmäßigen Abständen ein verschrobener älterer Mann
mechanisch in die Tasten griff, war längst abgedeckt. Die Sonne
stand tief und die Schatten der gegenüberliegenden Gebäude zogen
sich lang über den ganzen Platz. Immer wieder flogen Schwärme
von Tauben auf und ließen sich dann wieder einige Meter weiter
nieder. Gegenüber dem Dogenpalast dümpelten schwarze Gondeln
an ihren Anlegestellen und warteten vergebens auf zahlungskräfti-
ge Kundschaft.

Mit dem letzten Flieger waren zwei ältere Herren angekommen. Sie
hatten das Bootsshuttle vom Flughafen genommen. Am Markusplatz stiegen sie aus. Ihr Ziel war das berühmte Hotel Danieli.

Ohne ein Wort miteinander zu wechseln, legten sie die wenigen
Meter zu ihrem Ziel zurück. An der Rezeption schien man sie schon
erwartet zu haben.
"Signori, willkommen im Danieli. Alles ist so, wie sie es gewünscht
haben. Die Unterlagen liegen für sie bereits in ihren Suiten. Die anderen Herren werden in den nächsten Tagen erwartet. Auch für
ihre speziellen Gäste ist bereits alles vorbereitet. Wissen sie schon,
wann sie eintreffen werden?"
Der ältere der beiden blickte kurz auf. Dann schüttelte er den Kopf.
"Nein, Guido, das weiß ich noch nicht. Aber sie werden kommen."

Mit einem Lächeln verabschiedeten sich beide und gingen auf Ihre
Zimmer. "Das große Spiel hatte begonnen", dachte der Jüngere.

"Wenn es denn wenigstens nur ein Spiel wäre. Aber es hing so viel davon ab."

Vierzehntes Kapitel

Anna war aufgewacht. Draußen dämmerte es gerade. Wie lang mochte sie geschlafen haben? War es Abend oder schon Morgen. Sie war verwirrt, schaute auf die Uhr und stellte fest, dass sie den kompletten Nachmittag verschlafen hatte. Aber ihr Schlaf war alles andere als erholsam gewesen. Es war schrecklich. Überall hatte sie Augen gesehen. Augen, die sie anstarrten und beobachteten. Es war, als würden sie in sie hinein schauen, sie auf seltsame Art und Weise durchleuchten und befragen.... intime Fragen ..... Fragen, die sie sich nicht stellen wollte, nicht jetzt oder besser nie. Doch die Augen bohrten und bohrten und Anna kam sich verloren vor, ausgeliefert und hilflos.

Sie setzte sich auf und hielt ihren Kopf in ihren Händen. Sie hatte fürchterliche Kopfschmerzen. Benebelt krabbelte sie von ihrem Bett und wühlte in ihrer Handtasche. Irgendwo musste sie doch noch Aspirin haben. Nachdem sie den kompletten Inhalt auf dem Bett ausgeschüttet hatte, fand sie noch zwei Tabletten, die sie hastig mit Wasser herunterspülte. Bald sollten die Schmerzen nachlassen. Sie stolperte zum Fenster, um frische Luft herein zu lassen, erinnerte sich aber, vorsichtig zu sein und spähte zunächst kurz zwischen den Gardinen hindurch auf die Straße. Niemand Verdächtiges war zu sehen. Sie öffnete das Fenster auf Kippe und sog die erste kühle Brise durch ihre Nase in ihre Lungen. Dann ging sie ins Bad und wusch sich das Gesicht.

Als sie wieder richtig zu sich kam und die Kopfschmerzen langsam abgeklungen waren, war es draußen dunkel geworden. Verschwommen kam ihr wieder in den Sinn, dass sie Jan eine Nachricht geschrieben hatte. Ausgerechnet ihm. Sie konnte sich auch nicht erklären, was in sie gefahren war. Sie hatte doch vor einigen Monaten den Kontakt zu ihm endgültig abgebrochen, ihn überall blockiert, ihm nach ihrem Umzug die neue Adresse nicht mitgeteilt und allen Freunden eingeschärft, nichts über ihren neuen Wohnort zu verraten.

Es war nicht, dass er ihr wirklich etwas getan hatte, sie hatten sich ja nie gesehen. Auch wusste sie, dass er ihr nie im Leben etwas antun würde - ganz im Gegenteil. Trotzdem war es ihr, als würde er sie erdrücken.

„Es war damals das Richtige.", bestätigte sie sich selber. Auch wenn ihr Jan ein wenig leid getan hatte. Aber es musste sein und es gab für sie keine Alternative. Deshalb erschrak sie nun fast über sich selbst. Sie war sich damals sicher, ihn nie, nie, nie mehr zu sprechen, geschweige denn zu sehen. Aber jetzt war es irgendwie anders. Mit einem Mal. Sie brauchte jemand und irgendwie hatte sie das Gefühl, dass sie ihn jetzt brauchte.

„Verrückt, absolut verrückt"

Sie wusste, dass er ihr helfen konnte.

"Wenn sich einer mit seltsamen Situationen auskennt, dann er - aber trotzdem - komplett bescheuert, was ich da mache", hatte sie sich zunächst über sich selber geärgert und und dann doch gelächelt.

Zum ersten Mal seit langem.

Sie schaute auf ihr Handy.

"Ich lande morgen um 21:30 Uhr, werde dann gegen Mitternacht da sein. Ich freue mich."

Anna nahm die Nachricht zur Kenntnis, antwortete aber nicht. Was sollte sie auch schreiben? Sollte sie ihm von ihrem Traum erzählen? Ausgeschlossen. "Er ist noch früh genug da. Dann werden wir sehen."

Sie schaute auf die Uhr. Es war jetzt kurz nach 20:00 Uhr. Sie rang mit sich, ob sie ihren Bummel durch die Straßen von Paris nun nachholen sollte, entschied sich aber, ihrem Bauch zu folgen und lediglich den Aufzug zu nehmen, um im Erdgeschoss an der Bar einen Snack zu bestellen. Das bisschen Salat, das sie gegessen hatte, hielt nicht lange vor und ihr Bauch beschwerte sich über extreme Vernachlässigung.

Anna warf rasch einen Blick in den Spiegel, stellte fest, dass ihr Äußeres noch zu ihrer Zufriedenheit war, nahm die Zimmerkarte aus dem Schlitz neben der Tür und stieg in den Aufzug.

"Morgen Nacht ist er da", dachte sie bei sich. "Was für ein bescheuerter Urlaub."
Anna wollte sich ein Sandwich mit aufs Zimmer nehmen und ihre durchaus noch vorhandene Bettschwere zum schnellen Einschlafen nutzen.

Als sie in der Lobby angekommen war, war diese von einer großen Gruppe Asiaten überfüllt. Alle Sitzgelegenheiten waren besetzt. Sie alle warteten offenbar darauf, dass jemand die Erlaubnis gab, den vor der Tür wartenden Bus zu betreten. Anna entdeckte die vier „Langschläfer" wieder, die beim letzten Mal die Abfahrt offensichtlich nicht unerheblich verzögert hatten.

Ein wenig genervt, kämpfte sie sich durch die Menschenmenge hindurch zur Bar. Auch hier war, ganz anders als am Morgen, einiges los. Mindestens fünfzehn Leute, überwiegend Männer, drängelten sich in dem kleinen Raum und quetschten sich hinter die Theke. Einige saßen gelangweilt auf Barhockern, starrten ihr Bier, ihre Erdnüsse oder eine der zwei Frauen an, die sich außer Anna im Raum befanden. Anna fragte sich, wo diese Leute morgens waren? Sie hatte sie noch nie im Hotel gesehen weder in der Lobby noch im Frühstücksraum.

Hinter dem Tresen begrüßte sie ein äußerst charmanter Mittdreißiger mit schwarzem Haar und gestärktem Hemd. Anna nahm die Karte und bestellte sich ein croque madame. Während sie, an die Wand gelehnt, auf ihr Essen wartete, merkte sie, dass sie die Aufmerksamkeit einiger der anwesenden Männer auf sich gezogen hatte.
„Das war ja mal wieder klar. Als wenn ich heute von glotzenden Kerlen nicht genug gehabt hätte."

Anna bemühte sich, die teilweise sehr gierigen Blicke, zu ignorieren. Angestrengt schaute sie abwechselnd auf den Boden und die Zapfvorrichtung an der Theke. Aus dem Augenwinkel beobachte sie, ob ihre Bestellung fertig war.

Als die smarte Bedienung mit einem strahlenden Lächeln ihren croque brachte, bat Anna den jungen Mann, dass man ihr das Essen einpacken möge.

Abgesehen davon, dass sie ohnehin vorhatte, auf ihrem Zimmer zu essen, hier wollte sie - allein schon wegen der Kerle - auf keinen Fall länger bleiben als notwendig. Zufrieden, endlich etwas gegen ihren Hunger tun zu können und der Fleischbeschau entkommen zu sein, schlenderte sie gemütlich Richtung Lobby, zum Aufzug. Zahlreiche enttäuschte Augenpaare folgten ihr.

Der Eingangsbereich war wieder leer. Die Asiaten waren anscheinend mittlerweile in den Bus gestiegen und losgefahren. Anna schmunzelte. Was wohl aus ihren „Langschläfern" geworden war?

Im Aufzug meldete sich wieder ihr Magen. „Gut, dass ich gerade alleine bin", lachte sie. Auf dem Zimmer angekommen, setzte sie sich aufs Bett, nahm die Fernbedienung und zappte durch das Programm, während sie gierig einen Bissen nach dem nächsten herunterschlang. Als sie alles bis auf den letzten Krümel gegessen hatte, ließ sie sich zufrieden in die Kissen sinken.

Die deutschen Nachrichten brachten einen Bericht über den ersten Herbststurm, der über Schleswig Holstein hinweg gefegt war und zahlreiche Bäume entwurzelt hatte. Ein zerzaust aussehender Reporter stand auf einer Deichkrone und hielt ein Mikrophon in der Hand, das aussah, als habe man einen Flokati darüber gestülpt. Anna überkam für einen Moment das verrückte Bedürfnis, das Mikrophon streicheln zu wollen. Mittlerweile sah die Frisur das wackeren Journalisten ebenso wild aus, wie sein Mikrophon. Anna hatte überhaupt nicht mehr zugehört. Sie musste selbst über ihre Gedanken schmunzeln.

Nach den Nachrichten kam eine Sitcom, die sie als Hintergrundgeräusch laufen ließ, während sie weiterhin versuchte, Kathi zu erreichen. Sie schrieb ihr einen, für ihre Verhältnisse, langen Text. Kathi sollte wissen, was alles passiert war. Sie erklärte ihr die Situation, was sie erlebt hatte und von ihrem Traum. Dann schloss sie ihr Handy an ein Aufladekabel an, legte es weg, schlüpfte in ihre Nachtwäsche und versuchte einzuschlafen. Als ihr schließlich die Augen zufielen, wälzte sie sich im Schlaf hin und her. Mitten in der Nacht, wachte sie wieder auf. Der Fernseher lief immer noch und das Licht brannte. Anna schleppte sich zum Badezimmer, schaute sich im Spiegel an und schloss für einen Moment die Lider. Wieder war es, als würde das ganze Zimmer Karussell fahren. Wieder, sah sie die Augen - stechend, bohrend und überall und wieder war es, als würden sie in ihr Innerstes schauen.

Fünfzehntes Kapitel

Das abhörsichere Stahl-Glaskonstrukt stand in der Mitte des großen Konferenzsaales wie ein Aquarium. Der Raum war mehrfach von Spezialisten auf Wanzen und versteckte Kameras untersucht worden. Selbst die Fenster wurden mit einer Spezialfolie überklebt, die ein Abhören unmöglich machte. Jeder Mitarbeiter des Danieli hatte eine Verschwiegenheitserklärung unterzeichnen müssen und alle, die in die Nähe des Raumes kommen würden, waren einer besonderen Überprüfung unterzogen worden. Der Direktor des Hauses war geschmeichelt und ein wenig enttäuscht zugleich. So einen Aufwand hatte er noch nie erlebt und er war stolz, eine solche Veranstaltung beherbergen zu können - und diese Leute bezahlten verdammt gut. Was ihn aber richtig ärgerte war, dass ihm keiner den Grund für all das nannte - und er war extrem neugierig.

Vor der Tür hatten die bewaffneten Sicherheitsleute eine Schleuse errichtet und einen Nacktscanner aufgestellt. Jeder der Männer, die den Raum betraten, musste sich einer aufwendigen Kontrolle unterziehen, ehe sie an dem Konferenztisch in der Mitte des "Aquariums" Platz nehmen konnten.

Als alle Stühle besetzt waren, ergriff ein untersetzter Mann mittleren Alters das Wort: „Meine Herren, sie alle wissen, warum wir uns hier versammelt haben. Das Buch ist wieder aufgetaucht und wie wir hörten, haben sich die Maschinen wieder in Bewegung gesetzt. Es ist Zeit, zu handeln. Wir müssen es in die Hände bekommen, bevor es zur Katastrophe kommt."

"Wenn ich die Unterlagen richtig verstanden habe, geht es um eine neue Energiequelle", unterbrach ihn ein Herr mit scharf gescheiteltem, weißen Haar. Der Untersetzte drehte sich zur Seite.
"So kann man es sagen, ja. Aber im Vergleich hierzu war die Entdeckung der Kernenergie eine Lappalie. Lange Zeit haben wir angenommen, dass alles nur eine dusselige Geschichte war. Ich meine,

Jules Verne....", der Mann räusperte sich, rollte die Augen und lächelte gequält. Einige Einige Männer schmunzelten ebenso.

"Aber die Fakten sprechen eine klare Sprache und es gibt nun keinen Zweifel mehr. Monsieur Verne hat etwas entdeckt, was besser nie entdeckt worden wäre."

Mit festen Blick schaute er jedem Einzelnen in die Augen.

"Sie sind sich im Klaren, was das bedeutet? Wenn das Buch in die falschen Hände gerät, hätte das fatale Folgen. Wir müssen es unter allen Umständen bekommen. Ich verlange, dass sie alle notwendigen Maßnahmen ergreifen, dass das Buch umgehend in den Besitz der Organisation gelangt!"

Wie elektrisiert, folgten die Anwesenden den Ausführungen des Mannes. Die Atmosphäre war gespannt und am Ende der Sitzung war jedem klar, dass diese Mission die Aufgabe ihres Lebens war. Jeder wusste nun, was er zu tun hatte und an einen Misserfolg, dachte niemand im Raum. Die Organisation kannte keinen Misserfolg. Es gab möglicherweise das tragische Scheitern Einzelner - aber am Ende gab es nichts, was sie vom Erreichen ihrer Ziele abhalten konnte. Wenige hatten es versucht - von ihnen sprach nun niemand mehr.

Das Buch würde ganz schnell seinem Weg in den Schoß der Organisation finden. Und mit ihm und dem, was in ihm stand, würde ihre Macht ins Unermessliche wachsen. Dessen war sich jeder sicher. Und jeder von ihnen würde alles dafür geben und im Gegenzug reichlich belohnt werden.

Zur selben Zeit, lenkte Ariana, ein junge Auszubildende, ihre Schritte eilig Richtung Küchentrakt. Ariana war erst seit wenigen Wochen im Danieli. Sie genoss die mondäne Atmosphäre, den Luxus und die besonderen und oft höchst sonderbaren Gäste. Das war eine Welt, von der sie immer geträumt hatte, die sie aber nur aus den Societyseiten von Hochglanzzeitschriften kannte.

Mittlerweile hatte sie sich mit Georgio aus der Küche angefreundet. Georgio fand Ariana von Anfang an sympathisch und hatte sich umgehend in sie verliebt. Immer wieder nutzte er die Gelegenheit,

Ariana bei großen Veranstaltungen den Rest des Buffets zuzustecken. Er genoss es, wenn sie ihn dann dankbar anschaute; und letztens hatte sie ihm sogar einen Kuss auf die Wange gegeben.

Georgio war im siebten Himmel gewesen. Und auch heute wollte er seinem Herzblatt wieder ein Paket zusammenstellen. Nach Arianas Dienst trafen sie sich, wie immer, vor der großen Küche.
„Hast Du die neuen Gäste gesehen?", fragte er Ariana. „Wo kommen die eigentlich alle her? Alle aus Amerika?"
„Ich weiß es nicht. Niemand weiß etwas über diese Menschen", antwortete sie und übernahm die Tüte mit dem duftenden Essen. „Alles um sie ist geheim und geheimnisvoll. Sie sprechen mit niemanden. Niemand darf in ihre Zimmer, ohne die ausdrückliche Genehmigung des Direktors. Wir dürfen nicht einmal ihre Namen wissen."
„Und wenn wir etwas für sie zubereiten, steht immer einer von denen in der Küche. Als wenn da der Präsident persönlich dabei wäre. Lächerlich."
Giorgio machte eine abschätzige Handbewegung.
Ariana schaute Giorgio kurz an, dann blickte sie in die Tüte.Heute würde sie in ihrer kleinen Zweizimmerwohnung wieder speisen, wie eine Königin. Sie bedankte sich, umarmte Georgio und küsste ihn. Doch dann verdüsterte sich ihre Miene.
„Die Gäste machen mir Angst, Georgio. Das ist alles so unheimlich." Ihre Stimme wurde dünn.
„Sie sind wie Wölfe."

Sechzehntes Kapitel

Es war schon hell, als Anna erwachte. Durch die geschlossenen Scheiben drang gedämpft das Geräusch von fahrenden Autos empor. Irgendjemand schien die Mülleimer zu entleeren. Anna quälte sich aus den Laken und tapste ins Bad. Auf ihrem Nachttisch lag noch das Handy und die Alufolie, in der ihr abendlicher Snack eingepackt war.

Mit halb geschlossenen Lidern lugte sie auf ihr Handy. Es war kurz nach neun. Dann stieg sie in die Dusche. Sie wollte ihren Traum, diese Augen, aus dem Kopf bekommen. Nach einer gefühlten Ewigkeit, in der sie sich das Wasser auf den Kopf prasseln ließ, kleidete sie sich an, nahm das Buch und den Reiseführer und stieg in den Fahrstuhl zum Frühstücksraum. Es war schon relativ spät, als sie sich an ihrem Platz am Fenster niederließ. Da sie der einzige Gast war, der noch frühstückte und das Personal eifrig damit beschäftigt war, drei andere Tische von Geschirr und Essensresten zu befreien, nahm sie an, dass sowohl der „Schmatzer", als auch die „Ladies' schon gefrühstückt hatten. Müde schlurfte sie zum Buffet, während der Kellner ihr eine Kanne Kaffee auf den Tisch stellte. Koffein und Croissants weckten langsam wieder ihre Lebensgeister und die Aussicht auf einen erlebnisreichen Tag in Paris ließen sie die fragenden Augen langsam vergessen und die Gedanken an ihre Alpträume verfliegen.

Siebzehntes Kapitel

"Business Class ist angenehm", dachte sich Jan. Vor allem auf langen Flügen. Nach einem kurzen Stopp in Delhi war er in die Maschine nach Paris gestiegen. Er dachte an die Zeit, als er in der Economy Class auf langen Strecken eingequetscht zwischen zwei, viel zu eng montierten Sitzen, für Stunden nicht wusste, wohin mit seinen Beinen. Schlafen war da ebenfalls nicht möglich. Mit einem Lächeln ließ er sich in seinem breiten Sitz nieder und atmete durch.

Obwohl seine Gedanken die ganze Zeit bei Anna waren, ging ihm das Gespräch mit Raj nicht aus dem Kopf. Nicht wegen der dummen Verträge - das war *business as usual* - was ihn interessierte, war diese Sache mit der Strahlung. Er hatte schon von solchen besonderen Orten gehört: *Stonehenge*, die Pyramiden, die Osterinseln. Er nahm sein tablet, begann zu googlen und sich Notizen zu machen. Erdstrahlung, magnetische Felder - das Internet schien voll von Artikeln zu diesem Thema. Aber wie sollte er die Spreu vom Weizen trennen, wie konnte er erkennen, ob ein Beitrag geniale Gedanken enthielt oder nur der Ausfluss eines Wirrkopfs war? Grundsätzlich war ihm schnell Folgendes klar: Es gibt ein Erdmagnetfeld - das schien wissenschaftlich fest zu stehen. Es umgibt und durchdringt die Erde und schützt sie vor allem vor der gefährlichen Sonnenstrahlung. Dabei werden 95 % des Magnetfeldes vom sogenannten Geodynamo im flüssigen, äußeren Erdkern erzeugt. Dieser Anteil unterliegt allerdings langsamen zeitlichen Veränderungen, d.h. das er über zehntausende Jahre an der Erdoberfläche annähernd die Form eines magnetischen Dipols - mit einem Nord- und einem Südpol - darstellt, der leicht schief zur Erdachse geneigt ist. Dazwischen erfolgen geomagnetische „Wanderungen" dieser Pole auf einer Zeitskala von Jahrhunderten, die zu sogenannten Polsprüngen, das heißt einer Umkehr von magnetischem Nord- und Südpol führen können.

Ein zweiter Anteil des Erdmagnetfeldes entsteht durch elektrische Ströme in der Ionosphäre und der Magnetosphäre. Er trägt an der Erdoberfläche etwa 1 bis 3 % zum Gesamtfeld bei.

Der dritte Anteil variiert räumlich stark, ist also punktuell an verschiedenen Orten der Welt unterschiedlich stark ausgeprägt. Zeitlich verändert er sich nur in geologischen Zeiträumen. Je nach Stärke können diese Felder sogar mehrere Prozent des messbaren Gesamtmagnetfeldes ausmachen.

Und plötzlich kam ihm wieder ein Gespräch in den Sinn, dass er bei seinem letzten Besuch in Chennai mit einer Professorin, bei einem gemeinsamen Mittagessen, ebenfalls zu diesem Thema geführt hatte. Sie hatte ihm von magnetischen Strahlungen erzählt, dass Varanasi - anders als Chennai - ein heiliger Ort sei, an dem dieser Erdmagnetismus besonders stark sei. Wie ein Netz, so hatte sie ihm erklärt, spanne sich dieses Feld über einen Teil der Stadt - und das Zentrum sei der alte Shiva Tempel.

Ähnliche Texte las er auch über das Plateau von Gizeh und zahlreiche andere Orte, z.B. in Südamerika, China oder Europa. *Machu Picchu, Gizeh, Petra*, die Osterinseln. Gedankenverloren zog er eine Gerade durch all die Punkte und stutzte. Wie die Perlen auf einer Kette waren sie alle auf einer Linie aufgereiht, die in einem Winkel von 30 Grad zum Äquator verlief - und das Zentrum schien Gizeh zu sein.

Jan stöberte weiter. Jetzt war er richtig neugierig geworden. Das konnte kein Zufall sein - oder doch?

Immer tiefer versuchte er sich, die Wirkungsweise des Erdmagnetismus zu ergründen. Er ärgerte sich, über sein viel zu geringes Wissen in Physik und Mathematik. Wie gerne hätte er all die Fachartikel wirklich verstanden, Formeln und Gleichungen wirklich nachvollzogen. Genervt schaltete er sein tablet aus, ließ seinen Sitz in eine bequeme Lounge Position gleiten und machte es sich gemütlich. In wenigen Stunden würde er in Paris landen. Wenigstens dieser Umstand ließ ihn am Ende zufrieden lächeln. Kurze Zeit später war Mittag. Die sehr zuvorkommende Stewardess hatte ihm den in seiner Lehne eingebauten Klapptisch ausgezogen und dar-über ein strahlend weißes Tischtuch entfaltet. Jan hatte sich ge-freut, dass ausgerechnet Kamal Kofta auf der Speisekarte von Air India zu finden war, sein Lieblingsessen. Irgendwie konnte es gera-de nicht besser laufen. Nach einer viel zu süßen Nachspeise, von der er nur die Hälfte essen konnte, genoss er noch den Rest seines Weins. Die Sache mit dem Erdmagnetismus und den heiligen Stät-ten ging ihm nicht mehr aus dem Kopf. Er musste unbedingt mehr darüber erfahren. Aber jetzt wollte er erst einmal ein wenig die Au-gen schließen. Das Leben war wunderbar. Er atmete sein Glück in vollen Zügen und merkte, wie ein Samen der Hoffnung in ihm an-fing zu sprießen.

Achtzehntes Kapitel

Anna kam vom Frühstück zurück und war geschockt. Sie konnte es nicht fassen. Ihr Zimmer sah aus, als hätte man es geschüttelt und auf den Kopf gestellt. Ihre Kleidungsstücke waren aus dem Schrank gerissen und lagen wild verstreut im Raum herum. Die Matratze war vom Bett geworfen und die Laken abgezogen worden. Sämtliche Schubladen standen entweder offen oder lagen auf dem Boden. Irgendjemand hatte etwas gesucht.

Sofort fiel ihr Blick auf ihr Handy, das aber immer noch auf dem Nachttisch lag. Auch ihr Laptop war noch da. Ihr Portemonnaie hatte sie bei sich. Anna hechtete zu ihrem Koffer und kramte in der Seitentasche, auch ihre Reiseunterlagen fehlten nicht.

"Seltsam, alles ist da. Nichts, was einen Wert hatte, war entwendet worden. Was hatten diese Idioten nur gesucht?"

Anna war ratlos und fassungslos.

Mit zittrigen Knien, nahm sie den Fahrstuhl ins Erdgeschoss. Die junge Dame hinter dem Counter erschrak und rief umgehend den Sicherheitsdienst sowie den Direktor an. Sie bat Anna, in einem der Sessel im Foyer Platz zu nehmen und brachte ihr umgehen ein Glas Wasser. Annas Gesicht war fahl. Als der Direktor wenige Augenblicke später gehetzt über den Gang geeilt kam, hatte sie sich wieder ein wenig gefasst.

„Madame, was für ein Unglück! Es ist so fürchterlich. Wie geht es Ihnen? Ist Ihnen etwas gestohlen worden?"

Anna schüttelte den Kopf.

„Nein, soweit ich sehen konnte nichts....jedenfalls habe ich noch nichts feststellen können. Aber die wichtigsten Sachen sind alle da", stammelte sie. Der Direktor setzte sich zu ihr und als er merkte, dass ihr Glas leer war, orderte er noch eines.

„Ist die Polizei schon informiert?", fragte er die nette Dame an der Rezeption.

„Oui, Monsieur le Directeur, sie müsste jeden Moment da sein."

Es dauerte keine zehn Minuten und zwei Streifenwagen hielten vor dem Hotel. Der Direktor war sichtlich um Diskretion und Schadensbegrenzung bemüht. Man hatte Anna umgehend in eine Suite umgebucht und ihr eine große Flasche Champagner bringen lassen. Aber Champagner war jetzt das Letzte, an das sie dachte und mit einer Suite konnte sie auch keiner beeindrucken. Den ersten Impuls, sofort abzureisen, hatte Monsieur le Directeur und das nette Hauspersonal abschwächen können. Außerdem würde ja heute Nacht Jan kommen. Trotzdem - der Urlaub war für sie gelaufen.

Man hatte, um mögliche Spuren zu sichern, die Befragung auf den Gang verlegt. Ein etwas gelangweilt wirkender Beamter nahm alle Daten auf und eine Dame von der Rezeption übersetzte Fragen und Antworten vom Deutschen ins Französische und umgekehrt. Anna überlegte, ob sie der Polizei die Geschichte mit dem Buch und ihre Gewissheit, beobachtet zu werden, erzählen sollte. Doch als sie gerade ansetzte, dem Beamten Details des gestrigen Tages zu berichten, war ihr, als würde ihr ein zufällig vorbeigehender Hotelgast mit einer Geste gebieten, zu schweigen. Er sah sehr alt aus und war typisch indisch gekleidet. Sie war so verwirrt, dass sie kurz den Faden verlor. Als sie sich wieder gefangen hatte, beendete der Kommissar abrupt die Befragung. Anscheinend hatte er keine Lust mehr. Für ihn war die Sache erledigt. Mit einem kurzen Gruß verabschiedete er sich, ohne Anna noch einmal anzuschauen und schlurfte missmutig zum Aufzug. Ungeduldig hämmerte er auf den Knopf und zischte irgendetwas Unverständliches zwischen seinen spärlich geöffneten Lippen.

Da tatsächlich nichts fehlte, ging die Polizei von einem versuchten Diebstahl aus und nahm den Fall zu den Akten. Ein halbes Jahr später würde Anna Post bekommen, dass die Ermittlungen eingestellt worden waren.

Nach einer halben Stunde, war der „Spuk" vorbei. Auch die letzten Polizeibeamten waren abgezogen. Anna war gar nicht mehr in Ihr altes Zimmer zurück gegangen, sondern zu ihrer Suite begleitet worden. Hier saß sie jetzt alleine in ihren neuen, sehr großzügigen Räumlichkeiten. Der eine Teil ihres Gepäcks war bereits vom Personal in ihren Schrank eingeräumt, der andere Teil war in die Wäsche oder zum aufbügeln gebracht worden. Man tat wirklich alles, um Anna das unangenehme Ereignis vergessen zu machen.

Ungläubig schaute sie sich um. Der Ausblick war glücklicherweise der Gleiche. Die Fenster gingen nach vorne, mit Blick auf die schöne Straße. Allerdings hatte ihre Suite, die in der 4 Etage lag, ein großes Wohnzimmer, ein Esszimmer, ein Schlafzimmer und ein riesiges Bad. Alles war sehr geschmackvoll und stilvoll eingerichtet - Luxus pur.

Trotzdem war Anna die ganze Situation unangenehm und sie konnte ihre Unterkunft gar nicht richtig genießen. Sie liebte es überhaupt nicht, wenn alles aus den Fugen geriet, wenn etwas nicht so lief, wie sie es geplant hatte. Gerade jetzt und in ihrer Situation. Ruhe, das war es, was sie eigentlich wollte. Und was bekam sie? Aufregung pur.

Trotz oder gerade wegen allem, wollte sie jetzt wenigstens die ein oder andere Sehenswürdigkeit anschauen. Trotzig sagte sie sich, dass sie sich von keinem ihren heiß ersehnten Paristrip vermiesen lasse.
Der Direktor hatte ihr für Ihre Wertsachen den Hotelsafe zur Verfügung gestellt. Sie hatte aber dankend abgelehnt, da sie über keine wirklichen Wertgegenstände verfügte.
"Ein zweites Mal wird so etwas ja nicht passieren", dachte sie. Alles, was wirklich wertvoll war, hatte sie ohnehin immer bei sich.

Neben dem Reiseführer, war nun auch das Tagebuch ihr ständiger Begleiter geworden. Glücklicherweise war es klein und handlich und passte gut in ihre Tasche. Da sie sich immer noch beobachtet fühlte und eine Odysee wie gestern vermeiden wollte, ließ sie ein Taxi kommen und sich zum Eiffelturm fahren. Hier wollte sie ihre lang ersehnte Besichtigungstour nun starten.

Den Wagen, der sich an der ersten Kreuzung an sie heftete, bemerkten weder sie noch der Fahrer.

Nach 20 Minuten parkten sie am Rand des Marsfeldes. Anna stieg aus und war wie elektrisiert. Der Eiffelturm war noch großartiger und beeindruckender, als sie es sich vorgestellt hatte.

Sieben Millionen Besucher jedes Jahr machten dieses Bauwerk zu einem der am meisten besuchten Wahrzeichen der Welt. Und auch wenn man sich Paris heute nicht mehr ohne ihn vorstellen kann und mag, so war der Turm gerade nach seiner Erbauung nicht unumstritten. In einer Epoche, in der die Menschen, beflügelt von den Möglichkeiten der Industrialisierung, anfingen, ganz neue Träume zu träumen, war dieser Turm der Nukleus deren Realisierung; er war deren monumentaler Prototyp.

Bereits auf der Fahrt hierher, hatte sie sich, mit Blick auf all die überwältigenden Bauwerke, die Straßenzüge und Obeliske gefragt, was Menschen antreibt, solche wunderbaren Dinge zu errichten? Welche Energie war nötig, von der Idee bis zur Realisierung. Wie viele Enttäuschungen und Niederlagen mussten überwunden werden - und wie eisern und unbeugsam musste der Wille und Glaube an die eigenen Fähigkeiten und den Traum sein, den noch kein anderer geträumt, geschweige denn umzusetzen gewagt hatte.

Neunzehntes Kapitel

Das ausgehende 19. Jahrhundert war eine Zeit der großen Träume. Angetrieben durch die immer neuen Möglichkeiten einer immer schneller voranschreitenden Industrialisierung, wagten sich Ingenieure daran, atemberaubende, waghalsige Ideen zu denken und zu verwirklichen. Kein Traum schien zu groß, kein Gedanke zu kühn. Hierzu gehörten neben so „abstrusen" Ideen wie dem Fliegen, auch die Konstruktion von nie da gewesenen Bauwerken. Man wollte immer höher hinaus und Gebäude von einer gigantischen Größe errichten.

Einer der Pioniere war im Jahr 1833 der Engländer *Richard Trevithick*, der die Idee hatte, eine 1000 Fuß, also knapp 300 Meter hohe, von 1000 Stützen getragene, gusseiserne Säule zu bauen. Bevor er seine Pläne jedoch veröffentlichen und seinen Traum verwirklichen konnte, starb er.

Hiervon inspiriert, planten nun amerikanischen Ingenieure für die Weltausstellung 1876 in Philadelphia einen spektakulären Turm, den *Centennial Tower, zu* errichten. Glücklicherweise wurde das Gebäude ebenfalls nie gebaut, da es nach heutigen Erkenntnissen über kurz oder lang eingestürzt wäre. Eine Katastrophe, die vielen Menschen das Leben gekostet, einen dunklen Schatten über die Weltausstellung geworfen und mit Sicherheit, die selben Schockwellen wie der Untergang der Titanic ausgelöst hätte.

Die Idee für den Eiffelturm begann im Jahr 1881. Der französische Ingenieur *Amédée Sébillot* hatte die Vision, das gesamt Stadtgebiet von Paris, mit einem riesigen Leuchtfeuer auf einem „Sonnenturm" zu beleuchten. Angetrieben und begeistert von dem Vorhaben der französischen Regierung, für das Jahr 1889 die Weltausstellung in Paris auszurichten, arbeitete er besessen zusammen mit *Jules Bourdais* erste Pläne aus. Der Entwurf sah eine romantisierende, mit starken Verzierungen versehene, Rekonstruktion des sagenhaften ägyptischen Leuchtturms von *Pharos* vor. Nach heftiger öffentlicher

Diskussion der im Jahr 1886 präsentierten Pläne, nahm man wegen technisch nicht möglicher Umsetzbarkeit schlussendlich aber Abstand von diesem Projekt.
Doch damit war das Bemühen um die Verwirklichung eines neuen Leuchtturms der Ingenieurskunst nicht gestorben.

In der Zwischenzeit nämlich, hatten die beiden Ingenieure *Maurice Koechlin* und *Émile Nouguier*, aus dem Ingenieurbüro eines gewissen Herrn *Gustave Eiffel*, einen Entwurf für einen 300 Meter hohen Metallmast vorgestellt, der auf vier Füßen ruhen sollte.

Bei dem Entwurf hatten sie aus dem Scheitern des Sonnenturms und des *Centennial towers* ihre Schlüsse gezogen und besonderes Augenmerk auf die technische Umsetzbarkeit des Projektes gelegt. Diesmal sollte der Realisierung nichts im Wege stehen.
Obwohl der Entwurf absolut nicht seinen ästhetischen Ansprüchen genügte - das Alles erinnerte ihn zu sehr an einen überdimensionierten Freileitungsmast - war *Eiffel* von der Idee so überzeugt, dass er sich die Pläne patentieren ließ, denn er sah im Turm vor allem eins: eine potentielle sprudelnde und sehr lukrativen Einnahmequelle.

Eiffel war aber auch klar, dass er den Entwurf dringend überarbeiten musste, wenn sein Büro auch an den Ausschreibungen zur Weltausstellung teilnehmen wollte. Ansonsten würde der Vorschlag mit Pauken und Trompeten beim anspruchsvollen Pariser Publikum durchfallen. Aus diesem Grund beauftragte er im Frühjahr 1886 den Architekten *Stephen Sauvestre*, der dem Gebäude letztendlich seine typische Form verlieh. Er veränderte, im Gegensatz zum ersten Entwurf, die Geschossaufteilung, fügte Verzierungen ein und schuf die für die erste Etage charakterisierenden Bögen, die symbolisch als Tor zur Weltausstellung stehen sollten.

Eiffel war nun sehr angetan, ja regelrecht begeistert. Als am 1. Mai 1886 der Handelsminister *Édouard Lockroy* den Ideenwettbewerb für die Gebäude der Pariser Weltausstellung ausschrieb, blieben nach der ersten Auswahl von den 100 eingereichten Vorschlägen noch drei übrig. Einer davon war der von *Eiffel* eingereichte Entwurf. Nach einer nochmaligen Überarbeitung durch *Sauvrestes,* bekam er schließlich den Zuschlag und unterschrieb am 8. Januar 1887 einen Vertrag mit der Stadt.

Noch bevor der erste Spatenstich erfolgt war, formierte sich allerdings, insbesondere unter den Intellektuellen und Künstlern in Paris, ein breiter Widerstand gegen die Errichtung dieser „wirklich tragischen Straßenlaterne", wie sie *Léon Bloy* beschrieb oder dem *„Skelett von einem Glockenturm"* das François Coppée Entsetzen ins Gesicht trieb. Der Kunst- und Kulturhistoriker *Jacob Burckhardt* sah in dem Bauwerk gar „eine Reklame für die gedankenlosen Tagediebe in ganz Europa und Amerika."

Eine Eigenschaft des Turms zeichnete sich jedoch jetzt schon ab, die sich bis zum heutigen Tag ungebrochen erhalten hat. Der *Eiffelturm* bewegt die Gemüter - er lässt niemanden kalt.

Der Streit um die Errichtung wurde nun öffentlich und vor allem über die zahlreichen Zeitungen der Hauptstadt ausgetragen. Prominente, Künstler und Architekten, lieferten sich immer neue „Schlachten" in und über die Presse. Zu den entschiedenen Gegnern des Baus gehörten u.a. *Charles Gounod, Alexandre Dumas. Charles Garnier* und *Guy de Maupassant* Bereits am 14. Februar 1887, wenige Tage nach Baubeginn, veröffentlichten sie in der damals renommierten Zeitung *Le Temps* einen ersten wütenden Protest:

„Wir Schriftsteller, Maler, Bildhauer, Architekten und leidenschaftliche Liebhaber der bisher unangetasteten Schönheit von Paris protestieren im Namen des verkannten französischen Geschmacks mit aller Kraft gegen die Errichtung des unnötigen und ungeheuerlichen Eiffelturms im Herzen unserer Hauptstadt, den die oft vom gesunden Menschenverstand und Gerechtigkeitsgefühl inspirierte Spottlust der Volksseele schon den Turm zu

> *Babel getauft hat. [...] Um zu begreifen, was wir kommen*
> *sehen, muss man sich einen Augenblick einen schwindel-*
> *erregenden, lächerlichen Turm vorstellen, der wie ein*
> *riesiger, düsterer Fabrikschlot Paris überragt, muss sich*
> *vorstellen, wie alle unsere Monumente gedemütigt, alle*
> *unsere Bauten verkleinert werden, bis sie in diesem Alp-*
> *traum verschwinden. [...]"*

Der Ansturm der Entrüstung, all die Zweifel und Befürchtun-
gen, verstummten jedoch jäh mit Fertigstellung des Gebäudes.
Was bis dahin noch ein Menetekel einer seelenlosen Gesellschaft, Schandfleck und uninspirierte Industriearchitektur
war, wurde nun mit Stolz und Begeisterung gefeiert und sollte
später zum unverwechselbaren Wahrzeichen der Stadt der
Liebe werden. Der Eiffelturm hatte mit einem Schlag seinen
Platz nicht nur im Herzen der Stadt, sondern vor allem in den
Herzen der Pariser, ja aller Franzosen gefunden. In einer Pres-
semeldung hieß es dazu:

> *„Vor der vollendeten Tatsache – und was*
> *für eine Tatsache! – müssen wir uns beu-*
> *gen. Auch ich, wie viele andere, habe ge-*
> *sagt und geglaubt, der Eiffelturm sei ein*
> *Wahnsinn, aber es ist ein großartiger*
> *und stolzer Wahnsinn. Gewiss, diese un-*
> *geheure Masse erdrückt die übrige Aus-*
> *stellung, und wenn man wieder aufs*
> *Marsfeld hinaustritt, scheinen einem die*
> *riesigen Kuppeln und Galerien winzig*
> *klein. Aber was wollt ihr? Der Eiffelturm*
> *spricht die Fantasie an, er ist etwas Un-*
> *erwartetes, etwas Fantastisches, das un-*
> *serer Kleinheit schmeichelt. Als er kaum*
> *in Angriff genommen war, unterzeichne-*

ten die berühmtesten Künstler und Schriftsteller, von Meissonier bis Zola, einen flammenden Protest gegen den Turm als furchtbares Verbrechen gegen die Kunst. Würden sie ihn heute noch unterzeichnen? Nein, gewiss nicht, und es wäre ihnen lieber, dieses Dokument des Zorns existierte nicht. Und was das Volk, was die guten Bürger betrifft, so lässt sich ihr Empfinden in einem Satz zusammenfassen, den ich aus dem Munde eines braven Manns vernommen habe, nachdem er fünf Minuten lang mit offenen Munde vor dem Turm gestanden hatte: „Enfoncé l'Europe!" [Europa kann einpacken!]"

Der Eiffelturm ist der Stahl gewordene Traum einer neuen Zeit, der Leuchtturm einer neuen Epoche, in der sich der Mensch mit Hilfe der Technik in die Lüfte erheben und bis zum Mond fliegen würde. Mobile Telekommunikation und Computer würden Normalität sein, schier unbegrenzte Mobilität, fallende Grenzen und digitale Vernetzung würden immer mehr Menschen immer näher zusammen bringen, aber keinen Schritt näher zu sich selbst.

Zwanzigstes Kapitel

„Haltet den Dieb!…Scheiße…meine Tasche….!!!"
Jäh, wurde Anna aus ihren Gedanken gerissen…Eine junge
Frau, offenbar eine Deutsche, versuchte vergeblich, einen
Mann mit Kapuzenjacke einzufangen. Unglaublich geschickt
und überaus flink, wich er einem Passanten nach dem nächsten aus, sprang auf den hinteren Teil der Sitzbank eines, mit
einem Komplizen wartenden, Motorrades und tauchte im Verkehr der Hauptstadt unter. Die Handtasche war endgültig
weg. Keiner der über hundert anderen Menschen, die in unmittelbarer Umgebung gestanden hatten, hatten auch nur den
Versuch unternommen, einzugreifen oder den Mann festzuhalten. Auch Anna war wie paralysiert. Warum hatte sich niemand bewegt? War es diese Mischung aus Frechheit, Brutalität, Rücksichtslosigkeit und Schnelligkeit, die einen für den
Moment erstarren lässt oder einfach nur indifferente Teil-
nahmslosigkeit?

Anna sah, wie die Frau von ihrem Mann in den Arm genommen wurde. Ihr Gesicht war wütend und Tränen liefen ihre
Wangen herunter. „Alles weg" , schluchzte sie. „Alles ist weg."

Anna nahm sich vor, von nun an noch aufmerksamer zu sein
und besonders Acht auf ihre Tasche zu geben. Immerhin be-
wahrte sie darin das Buch, ihr Portemonnaie und ihr Handy
auf. Sie legte sich den Riemen ihrer Handtasche quer über
den Rücken und rückte die Tasche vor ihren Bauch. Immer
wieder blickte sie sich um, ob nicht auch bei ihr irgendein
Dieb Anlauf nahm und versuchen würde, in vollem Lauf ihr
Habe zu entreißen. Irgendwie war der Zauber der Architektur
durch ihre Angst, jeden Moment ebenfalls bestohlen zu werden, verflogen.

„Das ist blöd. So kann ich gar nichts richtig genießen", ärgerte sie sich. Allerdings wollte sie noch unbedingt Paris von oben sehen - wenigsten von der ersten Etage. Das hatte sie sich geschworen. Wenn schon in Paris, dann wenigsten einmal hier rauf. Die Menschenmassen am Fuß zum Fahrstuhl schreckte sie zunächst ab, sich in die lange Schlange vor dem Aufzug einzureihen. Aber ein Blick die vielen Treppen hinauf, ließen die Faulheit über sportlichen Ehrgeiz siegen. Nach 30 Minuten war sie an der Reihe und erreichte mit dem Lift die erste Plattform. Der Ausblick war phantastisch und jede Minute des Wartens wert.

Anna war über die Ausmaße des Gebäudes verblüfft. Hier gab es nicht nur das Restaurant „*58 Tour Eiffel*", sondern auch einen Kinosaal „*Cineiffel*", sowie den 300 qm großen *Gustave Eiffel-Saal,* den man für Tagungen und Konferenzen mieten konnte.
„Von unten sieht das alles viel kleiner aus", staunte sie.
Begeistert war sie umher geschlendert, schaute sich um und war zufrieden, dass sie doch noch hier herauf gekommen war. Neben Andenkenläden gab es sogar eine kleine, täglich geöffnete Postannahmestelle, das *„Bureau de Poste Tour Eiffel",* die einen eigenen Poststempel als Erinnerungsbeleg für Sammler und Touristen führte.

An der Brüstung des Rundumbalkons waren überall Panoramatafeln aufgestellt, die auf zahlreiche andere Sehenswürdigkeiten in der Stadt hinwiesen. Anna machte ein Bild nach dem anderen. Paris lag ihr zu Füßen und sie fing wieder an, ihren Aufenthalt zu genießen. Die Wölfe waren für einen Moment ganz weit weg und so winzig, wie die Menschen, die sie unten auf dem Marsfeld und gegenüber, auf dem Trokadero sehen konnte; klein, fern und unbedeutend.

Sie entschloss sich, in dem Selbstbedienungsrestaurant einen kleinen Snack zu nehmen, ärgerte sich über die horrenden Preise und freute sich dennoch, als sie die Aussicht genoss und dabei, über den Dächern von Paris, ein frühes Mittagessen zu sich nahm.

Nach einer Schiffstour über die Seine, ließ sie sich wieder mit einem Taxi zum Hotel zurückbringen.
"War doch noch ganz nett", dachte sie bei sich und durchschritt zufrieden die großen Räume ihrer Suite, schmiss ihre Tasche aufs Bett und ließ sich aufs Sofa plumpsen.

Sie nahm ihr Handy und schickte einen kurzen Gruß mit Bildern und Selfies an ihren Vater, ihren Bruder und Kathi. Dann schaute sie sich um. Das Hotel hatte sich wirklich nicht lumpen lassen. Trotzdem war ihr die ganze Sache sehr unangenehm. Protz und Luxus waren nicht ihr Ding.

Immer wieder gingen ihr die letzten Ereignisse durch den Kopf. Müde von der Tour, döste sie im Liegen ein. Es war kurz nach Mitternacht, als ein leises "Pling" sie aus ihrem leichten und unruhigen Schlaf riss; eine Nachricht auf dem Handy. Jan war angekommen.

Einundzwanzigstes Kapitel

Auf dem Weg zum Frühstück schwirrte Anna der Kopf. Die letzten Tage waren genau so, wie sie sich einen Urlaub nicht vorstellte. Das ging ihr eindeutig zu weit.

Als sie im Frühstücksraum ankam, war dieser mäßig besetzt. In einer Ecke hatte sich jemand hinter einer Zeitung vergraben, an einem Tisch saßen die drei netten Damen aus den USA, die sie wieder mit freundlichem Lächeln begrüßten. Am Tisch gegenüber hatte die asiatische Familie, die ihr vorgestern bereits durch lautes Schmatzen aufgefallen war, Platz genommen.
"Nicht da", stellte sie kurz ein wenig enttäuscht fest und meinte damit Jan. „Wahrscheinlich schläft er noch.“
Sie nahm sich am Buffet Croissants und Kaffee, Marmelade und einen Obstsalat und setzte sich an ihren Tisch. Während sie die ersten Schlücke Kaffee trank, nahm sie das Buch zur Hand und blätterte angeregt darin.

"Guten Morgen, die Dame."
Eine bekannte Stimme ließ sie aufschauen.
"Hallo Anna, wie schön, dich zu sehen."
Mit einem Lächeln im Gesicht hatte sich Jan vor ihr aufgebaut. Er nahm ihre Hand, die sie instinktiv ausgestreckt hatte, schüttelte sie, beugte sich dann zu ihr herab und hauchte ihr rechts und links ein Küsschen auf die Wange.
"Wir sind schließlich in Frankreich", zwinkerte er ihr zu. "Darf ich mich setzen?"

Anna musterte ihn mit wachen Augen und ebenfalls einem verlegenen Lächeln. Eine gefühlte Ewigkeit schauten sie sich beide nur an und vergaßen die Welt um sich herum. In Jans

Kopf explodierte es. Anna musste doch merken, wie er rot wurde. Am liebsten wäre er aufgestanden und hätte sie in den Arm genommen. Endlich, nach so langer Zeit. Aber er wusste, dass alleine diese Begegnung für sie ein unglaublich großer Schritt war. Anna war wie der Wind und jeder Versuch sie zu halten, war gescheitert und würde immer wieder scheitern. Er hatte lernen müssen, das Liebe heißt, den anderen so zu nehmen, wie er ist. Ohne Hintergedanken, ihn ändern oder in seine Welt pressen zu wollen. Aber er hatte es nie verstanden. Sie hatten sich gegenseitig fast das Herz gebrochen. Er hatte geklammert und sie sich immer mehr zurück gezogen.

Am Ende, war er Anna dennoch dankbar. Sie hatte ihm in seinen dunkelsten Stunden Kraft gegeben und ihm durch ihre konsequente Art gezeigt, dass Liebe und Glück keine Abhängigkeiten kennen. Entweder liebt man und ist glücklich oder man ist es nicht. Vom Kopf her wusste er es. Aber das Herz ist eine miese und launische Gegend. Dinge intellektuell nachzuvollziehen ist das eine, doch erst unser Herz lässt uns alles erst wirklich verstehen und als wahr erkennen. Erst, wenn das Herz verstanden hat, kommen wir zur Ruhe. Und so weit, war er noch nicht.

Er hatte sein Glück immer an ihre Person geknüpft und fürchterliche Verlustängste gehabt und hatte sie immer noch - obwohl er Anna nie „besessen" hatte. Immer und immer wieder hatte sie ihn vor den Kopf gestoßen und immer wieder war er ihr hinterher gerannt. Er hatte geklammert und geflucht, bis sie ihn nicht mehr ertragen konnte. Und jetzt, da er sie hier sah, kamen alle seine Gefühle wieder nach oben.

Es würde noch einige Zeit dauern, bis ihm all das klar wurde; dass es ihrer gar nicht bedurfte, um glücklich zu sein. Am

Ende sollte es eine andere sein, die sein Herz zur Ruhe bringen und ihn zu sich selber führen würde. Von ihr würde er lernen zu lieben, ohne zu nehmen oder zu verlangen und dass das Glück in ihm selbst ist und nirgendwo anders. Das würde dann ein wirklicher Wendepunkt in seinem Leben werden. Obwohl Anna ihm schon klar den Spiegel vorgehalten, ihm für einen Moment Ruhe gegeben und gleichzeitig so erschüttert hatte, hatte dies seine alte Welt nie zum Einsturz bringen können. Sie hatte ihn nicht verändert oder einen anderen Menschen aus ihm gemacht - das hätte sie auch nie gewollt; aber sie hatte viel Schutt abgeschlagen und ihn wieder auf den Weg zu sich selbst gebracht. Dafür, genau dafür, liebte er sie zu diesem Zeitpunkt.

"Wie war die Reise?", unterbrach sie die Stille und nahm einen Schluck aus ihrer großen Tasse, die sie mit beiden Händen zum Mund führte und ihn über den Rand weiter musterte.
"Sehr angenehm", hörte sich Jan sagen und kam langsam wieder im Hier und Jetzt an. Er erwiderte kurz ihren Blick, dann bemerkte er das Buch auf dem Tisch. Anna wusste sofort, was in seinem Kopf vorging. Bevor er fragen konnte, schob sie es in seine Richtung.
"Das ist der Grund für deine Anwesenheit."
Sie zwinkerte ihm verschmitzt zu.
"Und ich dachte, du wolltest deine längst überfällige Pizzawette einlösen. Wie lange ist das jetzt her?"
Auch er grinste und nahm das Buch, blätterte erst lässig die Seiten um, stutzte dann und erschrak. Das, was er sah, konnte er nicht glauben: Jules Verne...und dann diese Zeichnungen. Sie sahen teilweise aus, wie die, die er sich gestern im Flugzeug angeschaut hatte. Jules Verne hatte sich mit Erdmagnetismus beschäftigt und anscheinend in diesem Zusammen-

hang einige Texte mit reichlich Bildmaterial verfasst. Jan erkannte außerdem eine Weltkarte mit verschiedenen Orten, an
denen nach Vernes Aufzeichnungen anscheinend eine besondere Strahlung vorhanden war. Einige waren ihm bereits bekannt, Machu Picchu, die Osterinseln, Petra, Angkor Watt und
eben Gizeh. Bei anderen staunte er. Dann fand er die Abbil-
dungen verschiedener Apparaturen. Die einen sahen aus, wie
monströse Transformatoren oder Kraftwerke und dann entdeckte er etwas, das ihm gänzlich den Atem verschlug.

Völlig fassungslos starrte er abwechselnd Anna und die Zeichnungen im Buch an, während sie in ruhig beobachtete.
"Anna, wo hast du dieses Buch her?"
Seine Stimme klang auf einmal belegt und ernst. Sie erzählte
ihm, was passiert war. Auch ihre Ahnung, verfolgt zu werden,
bis hin zum Einbruch in ihr Zimmer.

"Wir sollten sehr vorsichtig sein. Diese Männer, die dir nachstellen... und dann wird auch noch in dein Zimmer eingebro-
chen. Das gefällt mir gar nicht. Es sieht wirklich danach aus,
dass du ernsthaft in Gefahr bist. Und der Grund dafür könnte
dieses Buch hier sein." Jan dämpfte seine Stimme und beugte
sich zu ihr über den Tisch. "Ich bitte dich, mit mir einen
Freund von mir zu besuchen. Er wird uns weiterhelfen und
vielleicht Licht ins Dunkel bringen. Vertraust du mir?"

Anna zuckte ein wenig zusammen. Zum einen war ihr sofort
aufgefallen, wie ernst Jan geworden war und dann hatte er
von "uns" gesprochen. Das war ihr immer suspekt - und vertrauen...- sie stutzte. Doch - sie vertraute ihm und sie merkte,
dass sie froh war, dass er bei ihr war.

Zweiundzwanzigstes Kapitel

Nachdem sie das Frühstück beendet hatten, gingen beide in die Lobby. Jan besprach sich kurz mit dem Concierge und kam zu Anna zurück, die sich in einen Sessel im Eingangsbereich gesetzt und gewartet hatte.

"Ich habe alles geregelt, wir werden erwartet. Hast du alles, was du brauchst oder musst du noch einmal aufs Zimmer?"
Anna ahnte schon, was das für eine „Type" sein würde, mit der sie sich da treffen sollten.
"Nicht einer von diesen blasierten Multimillionären, bitte", dachte sie und lächelte ihn gequält an, als sie aufstand.
"Ich habe alles. Wer ist es denn, wo geht es hin?"
"Wir fahren zu Professor Jean-Luc Bessier, ein Anwalt". Jan merkte, wie sich in Anna wilde Bilder zu einem unangenehmen Szenario zusammensetzten. Wahrscheinlich dachte sie an irgendeinen versnobten alten „Rechtsverdreher", der sogar fürs Händeschütteln fünfstellige Beträge abkassiert und fuhr genüsslich fort, Annas Vorurteile zu schüren.
"Seine Kanzlei liegt übrigens direkt gegenüber dem Élysée-Palast. Er erwartet uns und wir gehen dann mit ihm essen."
Annas Gesicht wurde lang und länger. Jan drehte sich zur Seite und musste breit grinsen.

„Lass uns gehen!", sagte er und steuerte zu Annas Verwunderung auf den Fahrstuhl zu.
„Ähm,", räusperte sie sich, „bist du sicher, dass es da lang geht?"
Der Fahrstuhl kam gerade an und die Türen öffneten sich. Jan nickte und bat sie, mit einer Handbewegung, einzutreten.
Anna stutzte.

Eigentlich hätte sie erwartet, dass sie ein, vor der Tür wartendes, Auto nehmen oder ein Taxi oder - wie sie es sich heimlich erhofft hatte - zu Fuß den Weg zurück gelegt hätten.

Jan drückte auf das zweite Untergeschoss. Doch bevor die Anzeige auf „-2" sprang, hielt der Aufzug. Anna wurde unruhig. „Keine Angst. Alles ist gut." Jan nahm sie an die Hand, was ihr gar nicht behagte.

„Dies ist ein Zwischengeschoss", ließ er sie wissen. „Nicht die reguläre Tiefgarage. Wir werden erwartet."

Anna pochte das Herz bis zum Hals, als sie in das nur spärlich beleuchtete Deck heraustraten. Die zwei Männer, die hier auf sie warteten, erinnerten sie zu sehr an ihre Wölfe. Stumm wurden sie über zwei Hinterhöfe zu einem parkenden Auto geleitet. Immer wieder schauten sich die Männer um und suchten offensichtlich die Umgebung nach Verdächtigem und Verdächtigen ab.

Anna wurde es mulmig. So gut kannte sie Jan jetzt auch nicht. Aber an ein Zurück war nicht mehr zu denken, so dass sie tapfer in den Wagen einstieg. Jan bemerkte ihr besorgtes Gesicht und lächelte sie an. "Mach dir keine Sorgen. Das ist nur eine kleine Vorsichtsmaßnahme, um lästige Stalker loszuwerden. Dieser Service wird von einigen Klienten von Jean-Luc gerne in Anspruch genommen."

Anna kräuselte abschätzig die Lippen und schaute bewusst angewidert die ganze Fahrt über aus dem Fenster.

Nach ca. zwanzig Minute waren sie angekommen. "Das geht auch schneller", bemerkte Jan, als der Wagen durch eine Toreinfahrt fuhr. "Der Weg ist eigentlich nicht so lang, aber der Fahrer musste sicher gehen, dass ihm niemand gefolgt ist. Dafür musste er einige Schleifen drehen."

In der Kanzlei wurden sie in einen kleinen Konferenzsaal gebeten. Die Einrichtung war sehr geschmackvoll und eine Mischung aus Alt und Modern. Auf dem Tisch standen bereits Kaffee und Kekse. Sie hatten kaum Platz genommen, als ein jung aussehender Mann in Jeans den Raum betrat. Jan und er waren ähnlich gekleidet.
"Bonjour mon ami. Wie schön, dich zu sehen."
Jan war aufgestanden und beide begrüßten sich herzlich. Anna schaute auf.
"Darf ich vorstellen: Professor Jean-Luc Bessier."
Anna war verwirrt. Jean-Luc war nicht älter als Jan und sah so gar nicht nach Professor und Anwalt aus. Mit strahlendem Gesicht ging er auf sie zu und gab ihr die Hand.
"Das ist Anna Meier, Jean-Luc. Um sie und ihren Fund geht es."

Das Gespräch dauerte eine halbe Stunde. Anna berichtete in allen Einzelheiten, was in den letzten Tagen alles passiert war, von dem Laden, der Straße, die es nicht gab, dem seltsamen Alten, ihren „Wölfen" und dem Einbruch in ihr Zimmer.
Jean-Luc schaute ernst. „Darf ich das Buch einmal sehen?"
Anna nickte und schob es ihm über den Tisch. Mit spürbar wachsendem Interesse verschlang er Seite um Seite. Dann schaute er Anna und Jan an.
„Wenn das Buch keine Fälschung ist", begann er, „ist es eine Bombe. Ich möchte es gerne von einem Bekannten auf seine Echtheit und die Inhalte auf ihre wissenschaftliche Relevanz hin untersuchen lassen. Wenn aber nur die Hälfte stimmt, dann...", er hielt inne. „Ich will euch nicht verrückt machen, bevor Fakten auf dem Tisch liegen", lachte er auf einmal.

„Darf ich euch denn einladen, meine Gäste zu sein? Ich habe ein kleines Häuschen außerhalb von Paris. Ihr könnt mein

Auto benutzen und", er lächelte verschmitzt, „meinen Wein-
keller."
Jan schaute Anna an. Er wusste, dass es ihr mehr als unangenehm war. Sie kannte Jean-Luc nicht und die plötzliche Nähe
zu ihm war ihr auch nicht geheuer und bevor sie aus Panik
"nein" rufen konnte lehnte er ab.
„Das ist sehr nett von dir, Jean-Luc aber ich denke, wir möchten lieber mitten in Paris bleiben."
Anna schaute ihn dankbar an.
"Sollte die Verfolgung nicht aufhören, kommen wir gerne auf
dein Angebot zurück", ergänzte er und zwinkerte seinem
Freund zu - der schien zu verstehen und lächelte zurück.

Nach der Besprechung verließen alle gemeinsam die Kanzlei.
Beim Essen erzählten sie viel und lachten. Jean-Luc verriet,
wie er mit 17 aus der Umklammerung seiner Familie ausgebrochen war. Er hatte die Schule unterbrochen und wollte segeln - einfach raus. In dieser Zeit schaffte er es bis ins französische Olympiateam. Nun war er ein "Herumtreiber", genau
wie Jan. Die beiden lachten und prosteten sich zu.

Der Mittag wurde Nachmittag und der Nachmittag wurde
Abend. Und immer noch saßen die drei in dem kleinen
Restaurant. Mittlerweile hatten sie schon die dritte Flasche
Bordeaux geöffnet und die Stimmung wurde immer gelöster.

„Wieso hast du gesagt, dass du ein „Herumtreiber", wie Jan
bist?" Anna schaute Jean-Luc interessiert an. „Du hast eine
Kanzlei in Paris, eine Professur an der *Science Po*...wo bist du
denn ein Herumtreiber?"
Jean-Luc lachte. „Ja, das sieht auf den ersten Blick alles sehr
gesetzt aus. Alles, wie aus dem Bilderbuch. Aber das ist es

nicht. Glaub' mir Anna. Ich bin viel unterwegs; ständig in Afrika, USA, Kanada. Aber ich liebe das. Ich brauche das."

Anna stützte die Ellenbogen auf den Tisch und Ihr Gesicht in ihre Hände. „Erzähl!", forderte sie ihn auf, mehr von sich preis zu geben. Jean-Luc lächelte und nahm einen Schluck aus dem vor ihm stehenden Glas Rotwein.

„Ich bin ein Herumtreiber, weil ich das Gefühl habe, trotz allem, nie richtig angekommen zu sein. Ich reise, weil ich ständig auf der Suche bin."

Anna stutzte. "Auf der Suche nach was?"

Jean-Luc räusperte sich und lächelte ein wenig gequält.

„Wenn ich das genau wüsste...dann hätte die Reise vielleicht bald ein Ende." Anna verstand nicht recht. Was wollte der Kerl? Er hatte doch alles? Geld, einen tollen Job, er reiste, kannte viele Menschen...

„Weißt du, Anna, das hier alles bedeutet im Grunde nichts. Geld kommt und geht. Ansehen kann an einem Tag durch irgendein Ereignis dahin sein, das man nicht einmal selbst zu verantworten hat. Was aber bleibt? Was bleibt, wenn all das weg ist?"

Anna war verwirrt.

„Ich bin in einer sehr wohlhabenden und einflussreichen Familie aufgewachsen. Mein Leben war vorgezeichnet. Alles war geplant und schon ausgemacht: die Eliteschule, Eliteuni, dann eine glänzende Karriere im Staatsdienst oder in der Führungsetage eines großen Konzerns oder als Anwalt..."

Anna lachte. „Aber Anwalt bist du doch geworden."

Jean-Luc grinste breit.

"Ja, aber zu meinen Konditionen!"

Er lehnte sich zurück und trank erneut einen Schluck Wein. Jan hatte sich ebenfalls zurückgelehnt und lauschte aufmerksam der Unterhaltung. Er hatte sich schon vor einiger Zeit über genau das selbe Thema mit Jean-Luc ausgetauscht. Damals hatten sie sich in Djibouti kennen gelernt und direkt die halbe Nacht zusammen mit Ian und Eric und zwei Flaschen guten Wein auf der Terrasse des Kempinski erzählt und gelacht.

„Was ist dann passiert?" Anna bohrte weiter.

„Ich habe den Zwang nicht mehr ausgehalten und bin ausgebrochen. Meine Familie war entsetzt. Man drohte mir mit Enterbung. Sie prophezeiten mir ein Leben in Armut und Elend."

„Was hast du denn gemacht?"

„Ich bin segeln gegangen." Jean-Luc grinste zufrieden.

„Was?" Anna musste wieder lachen. Dieser Typ war mindestens genauso irre wie Jan.

„Ja, ich musste einfach raus und ich wusste, dass ich segeln wollte. Also habe ich es getan."

„Du hast es einfach so getan?"

„Naja..", gab er zu und schmunzelte. „Du kannst dir vorstellen, dass es nicht so einfach war. Ich habe mir das Geld für die Segelscheine selbst verdient und mein gesamtes Erspartes aufgewendet. Ich wusste nicht, wieso und wohin es mich bringen würde. Aber ich musste es tun, verstehst du?"

Anna war verwirrt. Nein, sie verstand gerade gar nichts.

"Wieso um alles in der Welt muss jemand segeln gehen?"

Jean-Luc beugte sich vor und antwortete mit diesem leicht süffisanten und selbstsicheren Lächeln, das ihm eigen war.

„Es hätte auch Reiten sein können, oder Fallschirmspringen, oder Klettern oder Skifahren. Was ich gemacht habe, war doch egal. Ich war ausgebrochen. Ich hatte das Korsett meiner Familie abgestreift. Das ist der Punkt. Sie hatten keine Macht mehr über mich. Ab da war alles, was ich getan habe, meine Entscheidung; meine eigene und freie Entscheidung und ich habe es nicht getan, um irgendjemand zu gefallen oder einer

Konvention zu genügen, verstehst du das? Das ist genau das, was mich mit Jan verbindet."

Er nahm sein Glas und prostete ihm zu. „Seitdem, bin ich ein Wanderer; immer auf der Suche nach mir selbst. Ich suche nach mir, in jedem Gespräch, jedem Menschen und jeder Situation und immer wieder entdecke ich mich neu."

Anna war geplättet. Ihre Gedanken fuhren Karussell. Das passte überhaupt nicht in ihr Weltbild. Ihr Leben war der komplette Gegenentwurf und schon der Auszug aus der elterlichen Wohnung war ein mehr als einschneidendes Ereignis für sie gewesen. Von Lünen nach Dortmund und dann nach dem Abi in den öffentlichen Dienst. Anna kam sich ein wenig grau vor.
"Was ist? Was denkst du?"
Jan hatte bemerkt, wie ihre Gedanken rotierten.
„Ach nichts..." Anna lächelte gequält.
„Nicht, dass du auch noch zum Herumtreiber wirst." Jan zwinkerte.
"Du bist in sehr schlechter Gesellschaft."
„Wie war es denn bei dir, Jan?" Jean-Luc, setzt sein Glas ab und nahm die Karte, um noch eine kleine „Schweinerei" zu bestellen.
„Du bist doch auch mit 16 weg." Jan nickte. „Ja, aber nicht so spektakulär. Ich musste mich nicht mit meiner Familie überwerfen. Das kam später - wenigsten mit Teilen. Aber ich hatte tatsächlich das Gefühl, dass ich weg musste. Ich bin dann ein Jahr in die USA. Meine Suche begann aber erst richtig vor ein paar Jahren."
„Auf alle Sucher!", prostete Jean-Luc Anna und Jan zu.
"Und das sie irgendwann finden, was sie suchen", fügte Jan hinzu.

„A votre santé, mes amis".

Nach einem gemeinsamen Abendsnack ließ sie Jean-Luc in das Hotel zurückbringen.

Als sie vor dem Hotel ausstiegen, bat Anna Jan noch ein paar Schritte an der frischen Luft spazieren zu gehen. Er merkte, wie der Wein ihm ein wenig zu Kopf gestiegen war. Ein kleiner Spaziergang würde ihm auch gut tun. Außerdem war es das, wovon er so lange geträumt hatte: mit Anna alleine durch Paris spazieren gegen. Immer wieder blickte er sie verstohlen von der Seite an, während sie auf dem Bürgersteig unter Laternenlicht dahin schlenderten. Annas blondes Haar duftete und ihre blauen Augen strahlten und lachten, während sie erzählte - und sie bemerkte ganz genau die Art, wie er sie ansah. Und irgendwie genoss sie es.
„Was denkst du von mir?", fragte sie unvermittelt, als sie die Straße Richtung *Place de Termes* entlang spazierten.
„Ich bin eine graue Maus. Ich weiß gar nicht, was du von mir willst", sie blieb stehen und schaut ihn an.
„Das bist du nicht", erwiderte Jan. „Wie kommst du denn darauf?"
„Wie ich darauf komme? Schau dir doch an, was Jean-Luc alles gemacht und erlebt hat...und du...und was ist mit mir? Ich arbeite im öffentlichen Dienst und mein einziges tägliches Abenteuer ist der Bürokaffee."
Jan musste lachen. Er mochte ihren trockenen Humor.
„Verstehe mich nicht falsch", warf sie ein, „Mir gefällt alles ganz gut so, wie es ist. So ein Leben wie ihr...das ist nicht meine Welt. Aber was ich wissen will ist, wieso hast du dich ausgerechnet in mich verliebt?"
Jan merkte, wie sehr sie das Gespräch mit Jean-Luc bewegt hatte. Er dachte kurz nach. "Wieso Menschen zueinander fin-

den, ist oft ein Mysterium. Du erinnerst dich noch, wie wir uns kennen gelernt haben? Auf den ersten Blick könnte man sagen, dass es ein Zufall war. Aber gibt es Zufälle? Warum etwas geschieht, weiß doch kein Mensch. Wir haben uns gebraucht zu der Zeit und wir wussten und wissen, dass wir uns vertrauen können. Vertrauen ist etwas Wunderbares und ein großes Geschenk, das Menschen sich oft erst einander geben, wenn sie sich Jahre kennen. Bei uns war es anders."

„Ja, ich habe mich von Anfang an wohl bei dir gefühlt. Du hast mich verstanden. Ich wusste, dass ich dir alles sagen konnte. Aber dann..."

Anna schaute in den Himmel.

„Aber dann?"

„Du weißt, was war."

„Ja, das weiß ich. Und ich weiß auch, dass ich nicht wirklich richtig reagiert habe. Ich habe alles mit meinen Ängsten kaputt gemacht."

Anna schüttelte den Kopf. „Nein, das hast du nicht.", sie lächelte ihn an. „Aber ich musste einen Schnitt machen. Du hättest es nicht getan und ein Schnitt war nötig. So ging es nicht mehr weiter."

Sie wandte den Blick von ihm ab.

„Ich wüsste zu gerne, was du damals in mir gesehen hast?"

„Du warst für mich da, als es mir richtig schlecht ging. Du warst wie ein Licht für mich. Da war jemand, der an mich glaubte, der mich mochte, so wie ich war, nicht so, wie er mich haben wollte. Das hört sich simpel an und klischeehaft aber so war es. Ich wollte dieses Gefühl, dieses angenommen sein, nicht verlieren. Es tat so gut. Es war so unglaublich wunderbar."

Anna sah ihn ruhig an.

„Aber ich habe dich immer lieb. Auch wenn ich nicht da bin. Genau so, wie du bist. Und da draußen sind viele Menschen,

die dich lieben und schätzen. Willst Du wirklich Deine Gefühls-
lage davon abhängig machen, ob ich bei dir bin oder nicht?"

Jan fühlte sich auf seltsame Weise ertappt.
„Ja, sagte er, du hast recht. Ich sage ja, ich bin auf dem Weg;
auf einem langen Weg. Aber vielleicht führt er mich irgend-
wann zu mir. Das ist es, was ich an dir bewundere: manche
Menschen müssen einmal oder mehrmals um die Welt, um
endlich bei sich zu sein, andere müssen nur von Lünen nach
Dortmund ziehen", mit einem Zwinkern stupste er Anna mit
der Hüfte und sie knuffte ihn auf den Oberarm.
„Anna Meier", setzt Jan gespielt feierlich an, „du bist eine
wirklich tolle Frau und ich bin froh, dich zu kennen."
„Jetzt weiß ich wirklich, dass du betrunken bist", lachte sie.
„Lass uns zurück gehen. Es ist schon spät."
Sie hakte sich bei Jan ein und gemeinsam gingen sie feixend
und lachend zum Hotel zurück.

Dreiundzwanzigstes Kapitel

Am nächsten Morgen trafen sich Anna und Jan morgens zum Frühstück. "Schiebst du mir jetzt schon Liebesbriefe unter der Tür durch?" Sie lachte ihn an und zwinkerte ihm zu.
"Quatsch!", lachte er zurück. „So betrunken war ich gestern nicht.“
"..und was ist das?" Sie beugte sich vor und wedelte mit einem Umschlag vor seiner Nase auf den zwei Schwäne gezeichnet waren. "Von wegen, so betrunken war ich gestern doch gar nicht.“
Sie drehte sich zur Seite und öffnete den Umschlag in Erwartung irgend eines schnulzigen Textes. Dann entfaltete sie bewusst aufwendig den Brief, stutzte und wurde kreidebleich.
Wortlos gab sie Jan den Zettel.

> *Seien sie auf der Hut! Das Buch*
> *darf nicht in die falschen Hände*
> *fallen.*
> *J."*

las Jan leise.

"Was soll der ganze Scheiß, Jan? Steckst du dahinter? Lass das! Es macht mir langsam Angst!" Aber der schaute ihr fest in die Augen und schüttelte leicht den Kopf. "Ich habe damit nichts zu tun. Aber ich lasse dich nicht alleine. Wir werden als erstes Jean-Luc informieren. Die Sache wird immer ominöser. Seine Leute sollen sich mit der Auswertung beeilen. Wir müssen wissen, was es mit diesem alten Schinken auf sich hat. Bis dahin werden wir sehr vorsichtig sein. Bitte, Anna, unternimm keine Alleingänge mehr!"

"Sollten wir nicht besser zur Polizei gehen?", warf sie ein.

"...um denen was genau zu erzählen?", antwortete Jan, "...das du ein Buch in einer Straße gekauft hast, die es nicht gibt und das du dich „irgendwie" verfolgt fühlst? Und dieser Brief ist auch kein Grund für polizeiliche Maßnahmen. Ich glaube, wir sind erst einmal auf uns alleine gestellt."

Anna schluckte. Genau das war, was sie nie gewollt hatte. Sie ließ sich zurück in den Stuhl fallen und trank ihren Orangensaft in einem Zug aus.

Vierundzwanzigstes Kapitel

Jean-Luc hatte sich gemeldet. Er wollte sie beide dringend sehen. Auf Nachfragen, wollte er am Telefon keine Auskunft geben.

Es war das selbe Auto und der selbe Fahrer, der sie kurze Zeit später abholten. Doch dieses mal ging es nicht in die Kanzlei.

Fünfundzwanzigstes Kapitel

In Venedig trafen sich der untersetzte Herr und der Herr mit dem strengen Seitenscheitel zu einem kurzen Spaziergang über den Markusplatz.

"Sie hat die Nachricht bekommen, obwohl wir alles getan haben, es zu verhindern", begann der eine das Gespräch. Es dauerte einige Zeit, bis der andere antwortete.

"Wissen sie, ob sie das Buch noch hat?"

"Nach meinen Informationen trägt sie es die ganze Zeit mit sich. Unsere Leute sind an ihr dran. Aber leider nicht nur wir. Aber wir haben in ihrem Handy einen Sender platzieren können."

"Das wird uns die Arbeit erleichtern."

Schweigend schlenderten sie am Café Florian entlang. Dann wandte sich der Untersetzte an den Mann mit dem Seitenscheitel.

„Sie wissen, dass die Organisation es nicht schätzt, wenn vorgegebene Aufgaben nicht erfüllt werden?" In seinem Gesicht stand auf einmal pure Angst. Schnell versuchte er, sich wieder unter Kontrolle zu bekommen.

„Kann ich auf ihre Loyalität zählen?"

Der Mann mit dem Seitenscheitel blickte zur Seite.

„Natürlich", antwortete der andere mit einem leichten Nicken und dachte: "Was für ein Idiot."

Fröstelnd schlug er seinen Kragen hoch. Mehr und mehr spürte er Verachtung für diesen Mann in sich aufsteigen. Er duldete keine Gefühle, keine Sentimentalitäten oder Nähe.

„Was für ein Schwächling. Was faselt der von Loyalität? Ich bin loyal zur Organisation - solange sie mir zum Vorteil gereicht. Ich wette, er macht es keine Woche mehr."

Wieder schaute er den untersetzten Mann an. Doch nun war in seinem Blick nur noch Ekel. Er sah in ihm ein Insekt, einen

Parasiten, den es zu tilgen galt. Er beschloss, sich von diesem Versager zu distanzieren und überlegte, ob es nicht Sinn machte, ein kurzes Gespräch mit entsprechenden Personen zu führen. Er wandte sich zur Seite und lächelte seinen untersetzten Kollegen an.

„Entschuldigen sie mich bitte. Ich muss noch kurz einige wichtige Telefonate führen. Seien sie versichert, dass sie sich voll und ganz auf mich verlassen können. Ich werde alles tun, dass wir das Buch so schnell wie möglich in die Hände bekommen."

Sie verabschiedeten sich mit einem kurzen Handschlag. Als der Mann mit dem scharfen Scheitel außer Sichtweite war, nahm er sein Handy und wählte. „Geben sie mir Nr. 3. Ich habe wichtige Informationen!"

Der Wolf hatte die Witterung aufgenommen und war bereit, sein Opfer zu reißen.

Sechsundzwanzigstes Kapitel

Das Auto fuhr über Land. Nach knapp einer Stunde erreichten sie ein kleines Dorf. Fast am Ende der Siedlung, bogen sie in einer scharfen Linkskurve, auf einen Privatweg. Am Ende der Allee stand ein kleines, weiß geputztes, altes Haus. In der Tür wartete Jean-Luc in abgeschnittenen Jeans. Neben ihm stand ein älterer Herr. Als der Wagen hielt, gingen sie ihnen entgegen. "Bonjour mes amis. Willkommen in meinem Haus. Ich habe mir erlaubt, euer Gepäck ebenfalls abholen zu lassen, es wird gleich eintreffen. Glaubt mir, diese Maßnahme war mehr als notwendig."

Anna verzog das Gesicht und schaute Jan wütend an. Der zuckte nur die Schultern und blickte entschuldigend zurück.

"Ich habe damit nichts zu tun", flüsterte er ihr zu.

"Ich werde euch gleich alles erklären", fuhr Jean-Luc fort, der Annas ungehaltenes Gesicht bemerkt hatte.

"Zunächst möchte ich euch aber meinen guten Freund, Professor Prieux, vorstellen. Er ist Physiker und beschäftigt sich seit einiger Zeit intensiv mit dem Phänomen des Erdmagnetismus. Er wird gleich einiges zu dem Inhalt des Buches sagen können. Aber kommt erst einmal rein. Ich zeige euch das Haus und euer Zimmer. Macht euch frisch, dann haben wir viel zu besprechen."

"Ich hoffe, ich habe das falsch verstanden", flüsterte Anna Jan zu. "Euer Zimmer? Das hört sich so sehr nach nur einem Zimmer an; nicht zwei Zimmer - nur ein einziges Zimmer! "

Jan schaute sie hilflos an, während sie durch die grüne Holztür eintraten.

Das Haus war zauberhaft. Ein Traum im französischen Landhausstil.

Das Gästezimmer - es war tatsächlich nur ein Zimmer - war sehr geräumig und lag im ersten Stock. An der einen Wand stand ein großes, französisches Bett, das mit einer wunderbaren, bunten Tagesdecke dekoriert, der Blickfang des Raumes war. Zur Rechten des Bettes, spendeten zwei Fenster und ein kleiner Austritt reichlich Licht und gaben den Blick frei, auf eine Apfelwiese. Lange, helle Vorhänge rahmten den Ausblick ein. Der weiß gestrichene Holzdielenboden knarrte gemütlich beim Gehen. Neben dem Bett standen noch eine Sofa und ein Sessel neben einem kleinen Tisch. Gegenüber dem Bett führte eine ebenfalls weiße Holztür zu einem kleinen Bad.

Jan schaute sich um. Als sein Blick auf das Bett fiel, hörte er Anna neben sich energisch zischen: "Denk' nicht mal dran! Du schläfst auf dem Sofa!"

Siebenundzwanzigstes Kapitel

Sie trafen sich, nachdem Anna und Jan ausgepackt hatten, in der großen Küche und nahmen an einem langen, polierten Holztisch Platz. Die Nachmittagssonne schien golden durch die kleinen Fenster und schaffte ein Gefühl von Wärme und Geborgenheit. Die Möblierung der Küche war ein Sammelsurium aus alten Anrichten und Schränken. Sie schaffte eine anheimelnde, gemütliche Atmosphäre. Auf den Regalen standen Dosen, Pakete und Flaschen. Auf dem Fensterbrett zog Jean-Luc Kräuter. An einem Faden hing neben dem mittleren Fenster ein dicker Lavendelstrauß von der Decke.
Als Anna die Küche betrat, hellte sich ihr Gesicht sichtlich auf. Irgendwie fühlte sie sich hier auf Anhieb wohl.
Auf dem Tisch standen eine Flasche Wein und vier Gläser sowie Baguette und Käse. Als sie sich gesetzt hatten, schüttete Jean-Luc die Gläser voll und bat sie, sich zu bedienen.

Professor Prieux hatte auf dem Tisch einen kleinen Taschenbeamer platziert. Das an die weiße Küchenwand geworfene Bild zeichnete sich, trotz der intensiven, tief stehende Herbstsonne, gut an der Wand ab.
"Liebe Freunde", fing der Professor an. "dieses Buch ist eine Sensation und wenn nur die Hälfte von dem zutrifft, was Jean-Luc und ich uns denken, seid ihr genau deshalb in großer Gefahr."
Anna und Jan schauten sich an.
"Ich werde ein wenig ausholen müssen, damit euch die Tragweite der Aufzeichnungen dieses Buches bewusst wird. Dafür muss ich euch auf eine Reise mitnehmen. Eine Reise, durch Raum und Zeit.

Achtundzwanzigstes Kapitel

Der untersetzte Mann schäumte vor Wut. „Wie konnte das passieren?" Er bellte heiser in sein Handy. „Sie haben sie 'verloren'? Wie war das denn möglich? Was ist denn mit dem Peilsender?......Waaas? Defekt?....Wollen sie mich verarschen? ....Völlig inakzeptabel! Hängen sie sich rein. Suchen sie sie und vor allem...finden sie sie!"

Wie konnten sie einfach so aus dem Hotel verschwinden, ohne dass seine Leute hiervon Wind bekommen hätten? Wie sollte er das erklären? Obwohl der Abend den ersten kühlen Wind brachte, standen kalte Schweißperlen auf seiner Stirn. Rastlos ging er die Straßen entlang. Sein Blick war starr. Dann zog er sein Telefon aus der Innentasche seines Jacketts und wählte eine Nummer. Aber er wurde nicht zu seinem gewünschten Gesprächspartner durchgestellt.

„Wir wissen bereits Bescheid", gab ihm eine schnoddrige Stimme am anderen Ende zu verstehen, ohne dass er irgendetwas sagen konnte.
„Ich möchte mit Nr. 3 sprechen." Am anderen Ende konnte er die ihm unbekannte Person atmen hören.
„Hören sie?...ich möchte Nr. 3 sprechen."
„Ich sagte ihnen doch: wir wissen Bescheid. Es besteht keine Notwendigkeit mit Nr. 3 zu sprechen."
„Aber...", der untersetzt Mann rang nach Luft und öffnete seinen Kragen. „So verstehen sie doch..."
„Oh, wir verstehen sehr gut", lachte der Unbekannte unheimlich. „Wir werden uns mit Ihnen in Kontakt setzen."
Auf dem Gesicht des untersetzten Mannes machte sich Panik breit, seine Stimme klang verzweifelt.

„Geben sie mir noch 24 Stunden! Dann haben sie die Frau und das Buch."

„Sie kennen die Regeln", unterbrach ihn der Mann „Sie werden von uns hören. Rufen sie jetzt nicht mehr an."

Wie benommen tapste der untersetzte Mann durch die Gassen von Venedig. Mit glasigen Augen schien er durch die ihm entgegen kommenden Passanten hindurch zu schauen. Immer wieder blieb er stehen und schaute sich um. Obwohl er nicht lief, war er außer Atem und schweißgebadet.

„Sie wussten Bescheid...aber wie, warum, worüber. Woher konnten sie schon die Informationen haben?"

Irgendetwas lief da gerade ganz schlecht. Panik stieg in ihm hoch. Er war „raus" und was das bedeutete, wusste er ganz genau. Noch einmal zog er sein Handy aus der Tasche und wählte die Nummer seiner Frau.

„Hallo, mein Schatz...ich wollte nur einmal sagen, dass ich dich liebe...Ja......ich bin bald wieder da...nein, mach dir keine Sorgen....pass auf dich auf....ja...ich liebe dich."

Neunundzwanzigstes Kapitel

Professor Prieux hatte die ersten Bilder an die Wand geworfen. Sie sahen die Cheops Pyramide in Ägypten. Hell erstrahlte das Bauwerk in der gleißenden Wüstensonne.

"Wir gehen immer von der irrigen Annahme aus," fing Prieux an, „dass die zivilisatorische Entwicklung gradlinig oder exponentiell, je nach Modell ansteigenden verläuft. Auch gehen wir davon aus, dass die Zeit eine Einbahnstraße ist, auf der wir uns bewegen und auf der es immer nur vorwärts geht. Beides ist falsch. Archäologische Funde bestätigen eindeutig, dass es schon vor den Anfängen dessen, was wir unsere Menschheitsentwicklung nennen, Lebewesen mit einem unglaublichen Verständnis von Technik und Naturwissenschaften gegeben hat. Leider werden diese Tatsachen von den etablierten Wissenschaftlern vom Tisch gewischt. Denn, es kann nicht sein, was nicht sein darf. Die Annahme dieser Fakten würde große Teile unseres Geschichtsverständnisses im Allgemeinen und des Verständnisses der Menschheit im Besonderen über den Haufen werfen.

Schauen wir uns diese Pyramide an. Die Ägyptologen gehen nach wie vor hartnäckig von der Tatsache aus, dass sie in 20 Jahren Bauzeit erschaffen wurde. Dafür mussten nicht nur ca. 2 Millionen Steinquader, von denen jeder so viel wiegt, wie ein Auto, aus den Steinbrüchen geschlagen, sondern auch verbaut werden. Vorher musste aber noch das Plateau von einer Größe von sechs Fußballfeldern eingeebnet und mit Granitquadern verfüllt werden. Die Quader waren aber nicht von einer Einheitsgröße, sondern uneben geschnitten. Trotzdem sind sie mit einer Präzision von einem Zehntel Millimeter platziert. Die Ausrichtung der Pyramide erfolgte mit einer Abweichung von weniger als einem 500stel Grad. Eine Präzision, die bei solchen Bauwerken selbst in heutiger Zeit für große Probleme sorgen würde. Bei einem Versuch des Nachbaus durch ein Team verschiedener Wissenschaftler, einer im Maßstab wesentlich kleineren Pyramide, benötigte man 10 Stunden, um einen einzigen Stein an seinen Platz zu setzen. Die Fugen betrugen nicht Bruchteile eines Millimeters, sondern bis zu zehn Zentimeter. Folgt man den Annahmen der Ägyptologen, so hätte statt 10 Stunden pro Stein alle 2,5 Minuten ein solcher Quader verbaut werden müssen. Sowohl das Plateau, als auch die Kammern sind mit Granitquadern gebaut - einem Material, härter als Stahl... und das alles soll mit nichts weiter, als vielen guten Ideen, Steinhämmern und Bronzemeißeln gebaut worden sein?!

Alleine diese Fakten sollten schon ausreichen, um die Annahmen dieser „Fachleute" im Hinblick auf den Bau der großen Pyramide ins Reich der Fabel zu verbannen. Doch statt Einsicht, halten sie an ihren Thesen fest."

Professor Prieux machte eine Pause und schaute in ihre verwirrten Gesichter.
"Ich will sie nicht weiter mit trockenen Fakten langweilen. Tatsache ist, dass die Pyramide eine andere Aufgabe haben musste, als angenommen und so nicht erbaut worden sein konnte. Alleine die Präzision der Ausführung, ist mit Muskelkraft und Menschenhand nicht zu leisten. Es waren Maschinen nötig.
Wenn aber die Erbauer der Pyramide Maschinen brauchten, so benötigten sie auch Energie. Und da, meine lieben Freunde, sind wir beim Buch unserer bezaubernden Anna."
Anna sah ihn fragend an.
"Wie meinen sie das? Was meinen sie genau?"

"Unser verehrter Jules Verne wollte wohl ein Buch über die wichtigsten heiligen Orte der Welt verfassen und ist anscheinend bei seinen Recherchen auf einen bisher unbekannten Text von Herodot gestoßen."

Professor Prieux machte eine kurze Pause und trank einen Schluck Wein.

„Obwohl die Wissenschaft den Anschein erweckt, die Geschichte des alten Reiches sei in Stein gemeißelt, wissen wir über die Zeit vor 640 v. Chr. nur über Sekundärquellen beschied. Besagter Herodot, der einzige antike Autor dessen Schriften bezüglich der Pyramiden noch erhalten sind, erwähnt übrigens, dass zwischen den zwölf bekanntesten Gelehrten seiner Zeit keine Einigkeit darüber bestanden hat, von wem und wie die Pyramiden errichtet wurden. Bis heute sind keine wirklich neuen Quellen hinzu gekommen, so dass wir über die tatsächlichen Erbauer, die Bauzeit und die Art und Weise der Bauausführung seit dieser Zeit keine wirklich neuen Erkenntnisse haben. Woher dann die Gewissheit heutiger Forscher kommt, wissen nur sie selber.

Dieser unbekannte Text Herodots, auf den Verne gestoßen ist, muss sich insbesondere mit dem Bau des letzten noch verbliebenen der sieben antiken Weltwunder beschäftigt haben. Dabei hatte er sein Augenmerk auf die Gewinnung der notwendigen Energie gelenkt. Und diese Energie wird auf eine ganz außergewöhnliche Art generiert."

Der Professor war mittlerweile aufgestanden und „tigerte" aufgeregt in der Küche auf und ab, während er sprach. „Sie müssen wissen, liebe Freunde, dass die Welt in ein gewaltiges Magnetfeld gehüllt ist und zum anderen, alle wichtigen heiligen Orte an Stellen liegen, die über einen extremen lokalen Erdmagnetismus verfügen. Sie wissen, dass man mit Hilfe von

Elektrizität Magnetismus erzeugen kann. Der Text und die Bilder zeigen, wie man nun umgekehrt aus Magnetismus, Energie gewinnen kann. Und die Energiequelle ist zum einen das Magnetfeld der Erde und zum anderen die Felder der einzelnen heiligen Stätten."

Dreißigstes Kapitel

Anna schwirrte der Kopf, als sie später am Abend auf ihr Zimmer stiegen. Ganz gedankenverloren schmiss sie sich auf das Sofa.

"Was hältst du von der ganzen Sache?" fragte sie Jan, ohne aufzublicken.

"Ich weiß es nicht", erwiderte er. "Es klingt alles so phantastisch und doch macht es, bei reiner Betrachtung der Fakten, einen Sinn. Es ist nur so schwer vorstellbar. Prieux hat wirklich recht. Es wirft das ganze Bild, das ich über die Menschheitsentwicklung habe, über den Haufen."

Auch Jan hatte sich auf das Sofa gesetzt und schaute in den Garten. Die Sonne war mittlerweile hinter den Apfelbäumen untergegangen. Nur noch schwach zeichnete sich ihre Silhouette vom schwarzblauen Himmel ab. Seine Gedanken wanderten weit zurück. Er versuchte sich vorzustellen, wie der Bau dieser Monumente tatsächlich stattgefunden haben könnte. Wie mögen die Maschinen ausgesehen haben, von denen der Professor sprach und wie um alles in der Welt haben sie Energie aus dem Erdmagnetfeld generiert. Vor seinen Augen entstanden die ganzen Maschinen, die er in dem Buch gesehen hatte. Luftschiffe, Motoren und Transformatoren...

Zwei Füße, die auf seinem Oberschenkel landeten, holten ihn aus seinen Träumen zurück. Anna fixierte ihn, halb trotzig, halb herausfordernd. Mit einem breiten Grinsen, zog er ihre Socken aus und begann, sie zu massieren.

"Mach dir keine falschen Hoffnungen", grummelte sie in seine Richtung, während sie sich entspannt zurücklehnte und die Augen schloss.

Anna spürte seine Hände, wie sie mal zärtlich, mal kraftvoll Ihre Sohlen und ihre Zehen bearbeiteten. Er streichelte ihre Haut, ihre Füße und Unterschenkel. Mal berührten seine Fingerspitzen kaum die winzigen Härchen auf ihrer Haut mal kreisten seine Hände über ihre Waden. Mit zunehmender Zeit entspannte und genoss sie immer mehr.

"Hör jetzt bloß nicht auf!", dachte sie und Jan dachte auch im Traum nicht daran. Wenn es nach ihm ginge, würde er hier die ganze Nacht sitzen, sie anschauen und berühren.

Einunddreißigstes Kapitel

Der Mann mit dem strengen Seitenscheitel stolzierte aufgeregt in seinem Zimmer auf und ab. Vor einer Stunde hatte er einen Anruf bekommen. Endlich! Endlich, war seine Zeit gekommen. Sie hatten ihm die Leitung der Operation übertragen. Nun sollte er die Sache zu einem guten Ende bringen. Beschwingt, ließ er sich in einen Sessel fallen und griff nach einem Champagnerglas. Er war sich sicher, dass er diese Frau schnell wieder finden und das Buch in den Händen halten würde. Es wäre ein Triumph und der sichere Weg nach ganz oben. Die Organisation duldete keinen Misserfolg oder ein Scheitern. Aber daran verlor er sowieso keinen Gedanken. Er dachte vielmehr an die Tatsache, dass Erfolg immer sehr großzügig belohnt wurde.

Er stand auf, schritt auf den Balkon und schaute auf den *Canale Grande*. Er hatte schon drei Teams auf sie angesetzt; alles Profis. Und sie war eine Frau - völlig unerfahren und allein. Sie würde keine Woche durchhalten.

Zweiunddreißigstes Kapitel

Anna wachte auf und blinzelte durch ihre halb geöffneten Lider. Sie war tatsächlich in ihrer Kleidung auf dem Sofa eingeschlafen. Sie bemerkte, dass Jan ihr das große Kissen vom Bett unter den Kopf geschoben und sie mit ihrer Decke zugedeckt hatte. Jan hatte die Nacht weit weniger gemütlich verbracht. Der Schlaf hatte sich seiner im Sitzen bemächtigt. Immer noch hielt er ihre Füße in seinen warmen Händen. Anna lächelte. Sein Kopf war auf seine Brust gesackt. Sein Atem ging tief und gleichmäßig. Vorsichtig zog sie die Füße aus seinem Griff und stand auf. Draußen ging gerade die Sonne auf und ihre ersten gelben Strahlen erhellten ihr Zimmer in einem warmen Licht. Sie streckte sich, gähnte und ging zum Fenster. Auf der Wiese hatte sich Tau gebildet und in den Niederungen der Felder stieg der Morgennebel auf. Sie lehnte sich gegen den Fensterrahmen und schaute hinaus. Was dieser Tag wohl bringen mochte?

Dreiunddreißigstes Kapitel

Der Direktor des Hotel *Ampere* erwachte in einem dunklen Raum. Sein Kopf schmerzte. Als er versuchte, die pochende Stelle am Hinterkopf mit seinen Händen zu ertasten, stellte er fest, dass diese hinter die Lehne des Stuhls gefesselt waren, auf dem er saß. Instinktiv riss er an seinen Handschellen um sich zu befreien, was ihm einen erneuten Schlag auf den Kopf einbrachte. Er strengte sich an, aber er konnte sich beim besten Willen nicht erinnern, wie er in diese Lage gekommen war. Sein Kopf war wie leer gefegt.

Verzweifelt starrte er in die Dunkelheit, um irgendwelche Gestalten oder Anhaltspunkte für seinen Verbleib auszumachen - vergeblich. Außer ihm, schienen noch drei weitere Personen im Raum zu sein. Der, der ihm den Schlag versetzt hatte, ging nun in einem weiten Bogen, immer im Schatten bleibend, auf die andere Seite des Raums und setzte sich zu zwei anderen, die dort bereits auf Holzstühlen Platz genommen hatten. Ihre Konturen verliefen sich in der Dunkelheit. Er konnte nur erkennen, dass es sich, aufgrund der Statur, um Männer handeln musste.
„Er ist wach, jetzt können wir die Spritze setzen."
"Halt!", rief der Direktor, „Was für eine Spritze? Was wollen sie von mir?"

Statt einer Antwort, kamen sie mit Masken im Gesicht auf ihn zu, rissen ihm den rechten Ärmel seiner Anzugjacke und seines Hemdes ab. Der Direktor zitterte.
"Was machen sie da?" rief er in Panik und versuchte, sich zu wehren.
"Schau mal, lachte einer der Männer. Ich glaube, er würde auch ohne das Zeug zwitschern wie ein Vogel."

"Befehl ist Befehl" zischte der zweite.

„Außerdem können wir so sicher gehen, dass er uns keinen Quatsch erzählt."

Das Herz des Direktors raste. Er war schweißgebadet.

Er spürte einen kurzer Schmerz, dann ein warmes Gefühl, das von seinem Arm ausging und sich in seinem Körper breit machte. Nach zwei Minuten wich die Panik einer tiefen Entspannung. Er fühlte sich gut und geborgen und er wusste, dass er diesen Personen alles sagen konnte. Ihnen konnte er vertrauen, ihnen musste er alles sagen...alles, was sie wissen wollten.

Vierunddreißigstes Kapitel

Der Mann mit Scheitel steckte sein Handy weg. Er hatte ein zufriedenes Lächeln auf dem Gesicht. Nun hatten sie wieder eine Spur. Seine "Bluthunde" mussten sie nun bald finden. Es war nur noch eine Frage von Tagen. Dann würde er endlich das Buch in der Hand halten. Er nahm seinen Hotelschlüssel und verließ seine Suite. Wenig später schlenderte er über den Markusplatz. Er wollte in einem netten Restaurant eine Kleinigkeit essen und schon einmal auf sich und seinen Erfolg mit einem guten Tropfen anstoßen.

Einige hundert Meter weiter, waren Sergio und Franco damit beschäftigt, ihr Spezialboot in der Mitte des Kanals zu halten. Sie sorgten dafür, dass die Fahrrinne ständig von Müll und Unrat gereinigt wurde. Wären sie nicht da, würde die Schifffahrt in der Lagune schnell zum Erliegen kommen. Sie würde an ihrem eigenen Dreck ersticken. Mit stoischer Ruhe und Routine, fuhren sie ihre Route ab. Das Schiff war mit sich ständig drehenden Schaufeln am Bug ausgestattet, die, angetrieben durch eine Stahlkette, langsam den Unrat auf dem Grund des Flusses durchwühlte und nach oben brachte.

Noch zehn Meter, dann wollten sie festmachen und sich ein Mittagessen gönnen. Während Franco schon Richtung Bug ging, um das Tau zu nehmen und damit das Boot fest zu machen, stockten die Maschinen. Irgendetwas Großes musste sich in der Baggervorrichtung verfangen haben. Fluchend machte er einen Satz nach vorne und Franco, der es ebenfalls bemerkt hatte, betätigte sofort die Notbremse. Sofort hörte die Apparatur auf, sich zu drehen. Sergio lehnte sich über die Brüstung, um zu schauen, was passiert war. Die Schaufeln waren tatsächlich durch etwas blockiert - einen menschlichen Körper - den Körper eines untersetzten Mannes.

Fünfunddreißigstes Kapitel

Anna beschloss zu duschen und sich umzuziehen, bevor Jan wach wurde. So wollte sie peinliche Begegnungen im Bad vermeiden. Sie stieß sich von der Mauer ab und warf einen Blick auf das Sofa.

"Süß ist er ja schon", dachte sie bei sich, als sie leise auf nackten Füssen Richtung Bad tippelte.

Rasch zog sie sich aus, schmiss ihre Kleidung in eine Ecke und hüpfte in die Duschkabine. Kaum hatte sie die Duschtür geschlossen, ging die Badtür auf. Sie hatte vergessen, hinter sich abzuschließen!

Sie räusperte sich, um auf sich aufmerksam zu machen, doch der Kerl schien keine Notiz davon zu nehmen.

"Entschuldigung... ich bin hier im Bad."

"Das macht nichts", gähnte Jan. "Ich werde schon nicht blind."

Anna schäumte vor Wut. Sie wollte, so lange unter der Dusche bleiben, bis dieser blöde Typ endlich weg war. Energisch drehte sie die Hähne auf, seifte sich ein und beobachtete durch das Milchglas, wie Jan am Waschbecken hantierte.

"Er wird gleich fertig sein", dachte sie. Dann nahm sie das Shampoo und fing an, sich die Haare zu waschen. Als sie hörte, wie er wieder das Bad verließ, schloss sie die Augen und ließ das Wasser in ihr Gesicht prasseln.

Ihre Gedanken fuhren Karussell. Sie stellte sich vor, dass sich die Duschtür öffnete. Vor ihr stand Jan - nackt. Bevor sie etwas sagen konnte hatte er sich zu ihr unter die Dusche gezwängt, die Tür geschlossen und sie mit seinen Armen umschlungen. Als sie einigermaßen ihre Gedanken sortiert hatte und lautstark protestieren wollte, drückte er sie fest an die

Wand und schloss ihren Mund mit seinen Lippen. Ihre Arme wollten ihn wegstoßen aber zu ihrer eigenen Verwunderung umarmte sie ihn auch...und es fühlte sich gut an. Seine Lippen liebkosten die ihren, mal zart, mal leidenschaftlich und ihre Zungen konnten nicht genug voneinander bekommen. Ihre nassen Körper standen eng umschlungen, ihre Hände streichelten und fassten, erkundeten ihre Haut. Dann wanderten seine Küsse über ihre Schulter zu ihren Brüsten. Sanft umschlossen seine Lippen ihre Brustwarzen. Sie spürte, wie er saugte, knabberte und mit der Zunge ihre Nippel zum Stehen brachte. Gott, wie sie es genoss. Langsam wanderte sein Mund tiefer. Sie führte seinen Kopf zu ihrem Schoß und spreizte ihre Beine. Dann spürte sie, wie seine Zunge die Innenseite Ihrer Schenkel leckte, seine Lippen jeden Quadratzentimeter ertasteten. Anna stöhnte leise und presste seinen Kopf fest an sich. Mit einer Hand massierte sie sich die Brust, während sie mit der anderen seine Kopf hielt. In heißem Verlangen schob sie ihr Becken nach vorn, während seine Zunge in sie eindrang. Seine Lippen umschlossen ihre Klitoris und saugten zuerst sanft, dann heftiger.. seine Zunge spielte mit ihrem Lustzipfel und ließ sie fast wahnsinnig werden. Anna schloss die Augen und stöhnte. Gott, wie sie es vermisst hatte. Immer heftiger wurde ihr Verlangen . Das warme Wasser rauschte auf ihre Köpfe und Körper.

Jan stand auf und küsste sie. Er legte mit der einen Hand ihren Schenkel um seine Hüfte. Sie spürte sein steifes Glied an ihrem Oberschenkel und sie schaute ihm tief in die Augen. Dann stöhnte sie auf. Es war als verlöre sie den Halt, als sie zum ersten Mal sein Glied in sich spürte. Doch er hielt sie fest und drückte sie fest gegen die Wand. Beide verloren sich in ihrer Lust. Sie küssten sich, während sein Glied tiefer und tiefer in sie eindrang und beide immer näher dem Höhepunkt kamen. Immer stärker war ihr beider Verlangen..immer mehr, mehr, mehr...

Als sie wieder klar denken konnte merkte sie, dass sie sich mit dem Duschstrahl selbst befriedigt hatte. Sie setzte sich auf den Boden und atmete schwer.

Sechsunddreißigstes Kapitel

In fünfzehn Minuten würden sie sich alle in der Küche treffen. Es gäbe Frühstück und wichtige Neuigkeiten, hatte Jean-Luc durch die Tür gerufen. Anna war gerade aus dem Bad gekommen und kleideten sich nun an. Sie hatte sich auf einen Stuhl gesetzt und föhnte ihre Haare. Jan beobachtete sie aus dem Augenwinkel, während er seine Sachen weg räumte. Sie schaute ab und zu verschämt zu ihm herüber. Er wunderte sich, warum sie sich so seltsam verhielt und da er nicht wusste, was er tun sollte, lächelte er sie kurz an. Doch Anna wich seinem Blick aus.
„Da versteh einer die Frauen", dachte er bei sich, schmiss sich aufs Bett und überlegte.
„Was mochte das sein, was Jean-Luc ihnen sagen wollte?"
Er ahnte nichts Gutes und mit sorgenvollem Blick, schaute er wieder zu Anna. Er würde es nicht ertragen, wenn dieser Frau ein Leid geschehen würde. Er musste alles tun, dass sie heil aus dieser Sache heraus kommen würde.

Anna erwiderte kurz seinen Blick. Sie hatten, seit sie aus dem Badezimmer kam, kein Wort geredet; aber irgendwie war das auch nicht nötig. Anna war ohnehin kein Mensch vieler Worte. Oft hatte er tagelang, manchmal über Wochen, nichts von ihr gehört oder gelesen. Er lächelte zurück und unterdrückte seine Sorgen und ein ungutes Gefühl - und Anna tat dies ebenso.

Sie kamen die steile Treppe herab, die direkt in die Wohnküche führte. Auf dem Tisch standen Croissants, Butter, Marmelade, Käse und Baguette sowie duftender Kaffee, dessen Aroma den ganzen Raum erfüllte. Nachdem sie sich gesetzt hatten, fingen sie an zu essen. Anna machte einen gelösteren Eindruck. Ihre Angst schien verflogen zu sein; und tatsächlich war sie sich ziemlich sicher, dass die Wölfe sie hier auf keinen Fall finden würden. Wie auch. Außerdem gefiel ihr das Haus ungemein und um ehrlich zu sein, fing sie an, die Gesellschaft von Jan zu schätzen. „So schlimm ist er gar nicht", musste sie sich eingestehen, als sie ihn beim Frühstück beobachtete, wie er sein Croissant in seiner riesigen Tasse Kaffee versenkte und genüsslich abbiss. „Ein wenig schrullig vielleicht - aber massieren kann er." Sie lächelte und fing ebenfalls an, ihr Blätterteighörnchen zu tunken.

Jan bemerkte, während er aß, die besorgten Blicke, die Prieux und Jean-Luc austauschten und sah, wie Anna ihn immer wieder verstohlen anschaute. Während seine erste Beobachtung seine anfängliche Unruhe noch erhöhte, taten ihm ihre Blicke gut. Er genoss es, in ihrer Nähe zu sein, ihre Aufmerksamkeit schmeichelte ihm und er fühlte sich in ihrer Gegenwart einfach wohl.

Als sie fertig waren, wurde Jean-Luc, ganz gegen seine Gewohnheit, sehr ernst. "Ich habe schlechte Nachrichten und ich fürchte, deren Überbringung duldet keinen Aufschub."
Anna, die eben noch glücklich zu Jan hinüber gelächelt hatte, schaute nun fragend von einem zum anderen.

„Der Direktor des Hotel *Ampere* wurde gefunden. Sein Zustand ist besorgniserregend. Es ist ein Wunder, das er überhaupt noch lebt. Man hat ihn, vollgepumpt mit Psychopharmaka, auf der Peripherie in einem Auto gefunden."
„Ach, du Scheiße. Was hat das denn zu bedeuten?" Jan ahnte Schlimmes. Jean-Luc schnaufte durch.
„Er war auf der Höhe des Flohmarktes bewusstlos gegen die Seitenbegrenzung gefahren und beinah in die Tiefe gestürzt.

Es war pures Glück, dass nur wenige Meter hinter ihm ein Rettungswagen fuhr, und der Arzt ihm sofort helfen konnte. Sein Arm weißt mehrere Einstiche auf. Ihm wurden anscheinend irgendwelche Seren verabreicht - wahrscheinlich, um Informationen zu bekommen."

Anna schlug die Hände vor das Gesicht.

„Es tut mir so leid Anna aber ich denke, wir müssen davon ausgehen, dass sie etwas über euren Verbleib heraus gefunden haben."

Anna war zu einem Häufchen Elend zusammengesunken. Sie vergrub ihr Gesicht in Ihren Händen und stützte ihre Ellenbogen auf den Tisch. Sie mochte einfach nichts mehr hören. Das konnte doch nicht wahr sein. Die Wölfe hatten tatsächlich wieder Witterung aufgenommen.

„Was können sie denn für Informationen von ihm bekommen haben?", fragte Jan.

„Naja, der Hoteldirektor weiß, dass ihr zu mir gebracht worden seid. Von dem Haus wissen nicht viele aber es wird nicht lange dauern, dann haben sie auch das herausgefunden. Diese Typen scheinen Profis zu sein und leider sind sie euch - sind sie uns - wieder auf der Spur."

Jan hatte sich neben Anna gesetzt und nahm sie in den Arm.

„Was schlägst du vor, Jean-Luc?"

„Wir haben keine Zeit zu verlieren. Bitte packt sofort eure Sachen. Ich wünschte, ihr hättet länger hier bleiben können aber nun müssen wir uns alle, an einem anderen Ort, in Sicherheit bringen."

„Lasst mich noch schnell ein paar Telefonate führen."

Jean-Luc war aufgestanden.

„Entschuldigt mich, bitte!", hatte er noch knapp in die Runde geworfen und sich dann zu Anna gebeugt.

„Du bist nicht alleine! Hab' keine Angst!"

Dann hatte er sich zurück gezogen. Auch Professor Prieux wollte noch dringende Anrufe erledigen und verabschiedete sich ebenfalls.

Anna und Jan blieben alleine in der Küche sitzen. Golden fiel das Morgenlicht strahlend durch die Sprossenfenster. Draußen konnten sie vertrockneten Blüten von Sonnenblumen sehen, die, wie ein Mahnung an die Vergänglichkeit vergangener, unbeschwerter Sommertage durch das Fenster schauten.

Jan streichelte Annas Rücken. Das Alles wuchs ihr komplett über den Kopf. Diese Wölfe waren wie ein Alptraum. Aber dann - Jean-Luc hatte Recht - sie war nicht alleine.
„Lass uns mal kurz raus gehen", versuchte Jan Anna aus ihrer Schockstarre zu reißen.
„Ein kleiner Spaziergang wird dir gut tun." Anna nickte und stand auf.
Auf der Fensterseite führte eine Holztür in den Garten. Vor der Küche war ein kleiner, mit einem Holzzaun abgetrennter, Kräutergarten angelegt. Sie
folgten dem kleinen Weg von der Küchentür durch abgeerntete Beete und blühende Astern. Nach einigen wenigen Metern öffneten sie eine Holztür und standen auf der Apfelwiese, die sie auch von ihrem Zimmer aus sehen konnten. Das Gras war noch feucht vom Tau, die Luft war frisch und man schmeckte den Herbst kommen. In den Bäumen hingen noch ein paar vergessene Äpfel über die sich nun die zahlreichen Spatzen und Meisen freuten, die sich in Scharen in den Bäumen niedergelassen hatten. Jan hatte Annas Hand genommen. Gemeinsam schlenderten sie schweigend los. Die Sonne strahlte in Annas Gesicht und brach sich in einer Träne, die ihr die Wange herablief. Ihr Blick ging in die Ferne und suchte am

Horizont Antworten auf tausend offene Fragen, die ihr Hoffnung oder sogar Erlösung bringen würden.

Sie schloss die Augen und atmete tief ein.

„Was für eine schöne Scheiße", flüsterte sie, drehte sich zu Jan und lächelte tapfer.

„...aber schön, dass du da bist, Danke."

Jan schaute ihr in die Augen und nickte.

„Ich könnte mir nichts Schöneres vorstellen", zwinkerte er und brachte Anna zum lächeln.

„Lass uns zurück gehen. Es wird frisch."

In der Küche hing noch immer der Duft von Kaffee und Croissants. Sie setzten sich an den verwaisten Frühstückstisch und Jan goss beiden noch eine Tasse ein. Anna umfasste den Becher mit beiden Händen. „Was passiert hier gerade?"

Sie schaute ihn über den Rand ihres Kaffeepots an. „Ich habe das Gefühl, dass mir gerade der Boden unter meinen Füssen weggerissen wird."

Jan nickte.

„Das glaube ich und ich müsste lügen, wenn ich dir sagen würde, ich wüsste was das für eine Sache ist, in die du da herein geraten bist. „Aber", fügte er entschlossen hinzu, „ich werde bei dir sein, was immer auch geschehen wird."

In diesem Moment öffnete sich die Tür zum Flur und Jean-Luc und Prieux betraten die Küche. Jean-Luc sah zufrieden aus, was Jan neue Hoffnung gab. Er war gespannt, was die beiden erreicht hatten.

„Wir werden gleich zum Flughafen fahren. Ich habe schon alles vorbereiten lassen", ließ er ohne Umschweife die Katze aus dem Sack.

„Ein alter Bekannter wartet bereits auf uns. Er wird uns mit Sicherheit eine große Hilfe sein."

„Aber..", warf Anna erschrocken ein, "ich...wo soll es denn hingehen? Ich muss doch bald wieder arbeiten."

„Es tut mir leid, Anna," erwiderte er, „es geht nicht anders. Ich kann mich nur wiederholen: Ihr - wir - sind in größerer Gefahr, als ich zunächst angenommen hatte. Und alles hängt mit diesem Buch zusammen."

„Weißt du irgendetwas Genaues?"

Jean-Luc schüttelte den Kopf.

„Nur so viel: Seit dieser Sache mit dem Direktor des *Ampére* müssen wir davon ausgehen, dass jemand - oder besser gesagt mehrere - versuchen, das Buch mit allen Mitteln in ihre Hände zu bekommen. Ich wünschte, ich könnte sagen: gehen wir doch zur Polizei oder überlassen wir es doch diesen Typen und fertigen einfach eine Kopie an. Aber ich bin sicher, dass sie jeden, von dem sie annehmen, er wüsste über den Inhalt Bescheid, beseitigen und alle Kopien vernichten werden. Und so wie es aussieht, werden sie davon ausgehen, dass wir alle wissen, was in diesem Buch steht. Wir sitzen nun in einem Boot."

"In einer Nussschale auf dem stürmischen Atlantik", warf Professor Prieux ein und lachte bitter.

Anna schaute Jan an. Er merkte, wie sie zitterte. Sofort stand er auf und nahm sie in den Arm. Beide hielten sich fest. Dann schaute sie ihn fast trotzig an.

"Wir schaffen das!", flüsterte sie ihm ins Ohr.

"Ja, das werden wir! Die Wölfe werden uns nicht kriegen. Ich gehe packen."

Mit versteinertem Gesicht und sichtlich mitgenommen, stand sie auf und trottete die Treppe hinauf. Die anderen schauten ihr betroffen hinterher; dann stand Jan auf und ging ihr nach.

Im Zimmer angekommen, fing Anna unmittelbar an, schweigend ihren Koffer zu packen. Jan nahm auch seine Tasche, legte sie aufs Bett und schmiss seine Hosen und Hemden wahllos hinein, während er besorgt Anna beobachtete. Als sie die letzten Strümpfe in irgendeine Ecke gestopft hatte, brach es aus ihr heraus. Schluchzend schmiss sie sich auf das Sofa. Ihr Körper bebte. All ihr Frust und ihre Ängste entluden sich mit einem Mal und ihre Tränen liefen wie Sturzbäche über ihr Gesicht. Ihr ganzes Leben - der schöne geordnete Teil - all das, was noch heil und ganz war, was ihr Sicherheit und Halt gegeben hatte, all das, fiel vor ihr zusammen, wie eine Sandburg am Strand, wenn die Flut kommt und jede Welle Stück für Stück mit sich reißt und am Ende nichts mehr übrig bleibt.

Jan hatte zunächst hilflos neben seinem gepackten Koffer gestanden. Dann nahm er sich ein Herz, setzte sich zu Anna auf die Couch und hielt sie in seinem Arm. Immer wieder schüttelte sich ihr Körper und längst war seine Schulter nass von ihren Tränen. Aber er wollte um nichts in der Welt diese Frau jetzt loslassen.
Nach und nach beruhigte sie sich. Schweigend und ernst blickte sie ihn mit rot geweinten Augen fest an. Dann stand sie auf und wusch sich im Badezimmer das Gesicht.
„Gott, wie ich aussehe", hörte er sie murmeln. „Gib mir zwei Minuten, dann können wir gehen."

Siebenunddreißigstes Kapitel

Selbst dem Fahrer war die Nervosität anzusehen. Immer wieder schaute er in den Rückspiegel, ob ihnen irgend jemand folgen würde. Aber auf der ganzen Fahrt war Ihnen kein Auto aufgefallen, dass sich möglicherweise an ihre Fersen geheftet hätte. Wenn diese Leute sie verfolgt hatten, dann hatten sie es verdammt clever angestellt.

Unterwegs klärte sie Jean-Luc auf, dass sie die private Landebahn eines Freundes nutzen würden. Aus Sicherheitsgründen wollte er es vermeiden, ihren Abflug allzu öffentlich zu machen.
„Mo war so nett, uns sein Flugzeug zur Verfügung zu stellen, so dass unsere Route aufgrund seines diplomatischen Status auch nur sehr schwer nachzuverfolgen ist. Wir haben versucht, unsere Spuren so gut es geht, zu verwischen."
"Aber was ist mit dem Fahrer?", fragte Jan. „Nicht, dass ihn dasselbe Schicksal, wie unseren Hoteldirektor ereilt."
"Der Fahrer wird unmittelbar, nachdem er uns abgesetzt hat, diese spezielle Tablette zu sich nehmen."
Er zog ein silbernes Aluminiumtütchen aus der Tasche seines Jacketts und reichte es ihm nach vorne.
"Er wird sich danach an die letzten zwölf Stunden nicht mehr erinnern können. Diese Fahrt hat damit nie stattgefunden."
Anna schaute entsetzt zu Jan. Sie hatte sogar vergessen zu fragen, wer dieser "Mo" war. Jan erwiderte ihren Blick und versuchte, zuversichtlich zu wirken.

Das Anwesen, des Freundes von Jean-Luc lag ca. eine halbe Stunde südlich von Paris. Jan wunderte sich, dass es hier eine Landebahn gab, die Mos Boing 737 genug Start- und Landeweg gab. Doch als sie an der weitläufigen Anlage vorbeifuhren und die Straße auf dem abgezäunten Privatgelände schier kein Ende nehmen wollte, sah er ein, dass er seine Vorstellungen von Größe in Bezug auf Landsitze noch einmal überdenken musste.

In der Tür des Flugzeugs warteten bereits zwei arabisch aussehende Männer auf sie. Beide in äußerst eleganten Anzügen, der eine mochte 60, der andere Anfang dreißig Jahre alt.
"Wer sind die beiden?", flüsterte ihm Anna zu.
"Der Ältere ist Botschafter Al Fahradi und der Jüngere ist Mo. Ich erzähl Dir während des Fluges mehr über sie."
Sie begrüßten sich herzlich und Jan stellte Anna vor, die sich sichtlich unwohl fühlte.

Die Piloten hatten die Motoren schon gestartet, so dass sie sofort los fliegen konnten. Ihr Gepäck war bereits, unmittelbar nachdem sie aus dem Auto ausgestiegen waren, von zwei Stewarts umgeladen worden.

Anna schaute sich um. Das war nun absolut nicht ihre Welt und auch ein Grund, warum sie damals zu Jan auf Distanz gegangen war. Nie würde sie sich hier wohl fühlen können.
"So viel Verschwendung", ärgerte sie sich, „und jetzt hänge ich hier in diesem Alptraum fest."

Die Raumaufteilung der Privatmaschine hatte nichts mit der eines normalen Linienfliegers gemein. Sie standen, statt in dem üblicherweise, mit Sitzreihen vollgestopften Passagierraum, in einem geräumigen Loungebereich. Anna stellte erstaunt fest, wie viel Platz so ein Flieger tatsächlich bot. Breite Ledersessel waren um einen dunklen Massivholztisch gruppiert. In der anderen Ecke lud eine ebenso braune Couchgruppe zum sitzen ein. An der Wand hing ein Flachbildschirm, der fast an eine Kinoleinwand erinnerte. In Schalen, die auf den Tischen und diversen Ablagen standen, lag mit Blattgold überzogenes Obst und Schokolade. Jan schaute zu Anna und musste grinsen, als er ihr verständnisloses Gesicht sah. Anna war Geld egal, manchmal verachtete sie Reichtum auch. Vor allem, wenn er mit Protz einher ging.

Mo bat sie alle, in ihren Sitzen Platz zu nehmen und sich anzuschnallen, damit sie starten könnten. Jan lehnte sich zu Ihm herüber. "Wo geht es denn hin?", fragte er. "Wieder nach Djiddah?"
"Nein", erwiderte er und lächelte. „Wir machen erst einen Stopp in Ägypten. Aber Botschafter Al Fahradi wird Euch mehr sagen können."

Während sie sprachen, beschleunigte die Maschine und hob ab.

Als der Pilot eine steile Linkskurve nach Süden flog, riss der Fahrer in seinem Wagen das Paket mit der Tablette auf. Er hatte den Wagen am Rand der Startbahn geparkt und seinen Sitz in eine bequeme Position gebracht. In dem Moment, in der er gerade ansetzte die Pille in den Mund zu nehmen, spürte er etwas Metallenes an seiner Schläfe.

Achtunddreißigstes Kapitel

Der Mann mit dem strengen Seitenscheitel stand am Balkon seiner Suite im *Danieli* und klappte zufrieden sein Handy zusammen. Er nahm einen tiefen Zug aus seiner Zigarette und schnipste die Kippe achtlos nach unten. Mit einem triumphierenden Grinsen auf dem Gesicht, bestellte er sich beim Zimmerservice eine Flasche Champagner. Die hatte er sich verdient, dachte er bei sich. Wären die Trottel mit dem Serum nicht so verschwenderisch umgegangen, hätten sie bestimmt noch mehr aus dem dusseligen Fahrer herausholen können. Aber immerhin hatten sie nun wieder eine heiße Spur.

Als der Champagner kam, goss er, äußerst zufrieden mit sich und der Entwicklung, ein Glas ein, prostete sich im Spiegel selbst zu, zündete sich noch eine Zigarette an und genoss die letzten Strahlen der Abendsonne am offenen Fenster. Er nahm die Kulisse gar nicht richtig wahr. Das Treiben auf der Straße, die Schiffe in der Lagune, die Vögel - alles verschwamm zu einem Hintergrundbild, zu einem goldenen Rahmen in dessen Mitte seine kühnsten Träume endlich Realität werden würden.

Dieses Projekt würde sein Triumph werden. Er war so nah dran, den Sprung ganz nach oben zu schaffen. Endlich hatte er die Zügel in der Hand und die Macht - und er würde alles dafür tun, diese Macht nicht mehr aus den Händen zu geben. In wenigen Tagen würde er der Organisation das Buch übergeben. Das wäre die Erfüllung all seiner Träume und der Aufstieg nach „ganz oben" - noch mehr Macht, noch mehr Einfluss und noch mehr Geld. Ganz betrunken von diesen Gedanken, goss er sich ein weiteres Glas ein.

Neununddreißigstes Kapitel

"Nach Ägypten geht es also." Anna schaute aus dem Fenster. Sie konnte gerade sehen, wie sie über Lyon flogen. Der Kapitän war kurz nach dem Start gekommen, um persönlich Bericht zu erstatten. Er hatte ihnen alles über die Flugroute erzählt, wann sie wo welche Städte sehen konnten, wie hoch sie flogen und das sie anscheinend keine Turbulenzen zu erwarten hatten. Trotz allem kam von ihm noch einmal die freundliche Bitte, aus Sicherheitsgründen während des gesamten Fluges angeschnallt zu bleiben.

Anna konnte immer noch nicht begreifen, in welcher Situation sie steckte. In zwei Tagen wollte sie eigentlich wieder in ihrem Büro sitzen. Aber wie es aussah, konnte sie das wohl vergessen. Sie drehte sich zur Seite und stupste Jan an.
"Du wolltest mir doch von den beiden erzählen. Wer sind die denn? Auf jeden Fall, scheinen sie extrem viel Geld zu haben."
"Der Jüngere hat das Geld", schmunzelte er. „Das ist Mohammed bin Sultan Abdulaziz bin Saud. Er ist der Sohn des ehemaligen Kronprinzen von Saudi Arabien und wäre selbst König geworden, wenn nicht sein Vater 2012 an Krebs vor seiner Krönung gestorben wäre. Nun wird sein Cousin die Bürde der Krone tragen müssen."
Anna schaute ihn verblüfft an. „...die Bürde?"
"Ja, ich würde nicht mit ihm tauschen wollen. Er und sein Cousin, der zukünftige König, haben harte Zeiten vor sich. Sie müssen auf der einen Seite innenpolitisch das Land aus dem Griff ultrakonservativer Geistlicher befreien und außenpolitisch die Balance in der Region aufrecht erhalten. Der Iran und Russland versuchen mit allen Mitteln, über Stellvertreterkriege, Feuer an die Lunte zu legen. Und innenpolitisch heizen sie die Stimmung gegen das Königshaus auf und ermutigen

immer mehr Gruppierungen zu versteckter und offener Re-
bellion. Außerdem müssen sie das Land behutsam aber
schnell für westliche Investoren öffnen. Alles nicht einfach."
Anna schaute verwirrt. "Anscheinend,....und der andere? Und
jetzt bitte ohne geopolitische Vorlesung." Sie grinste ihn an
und er grinste zurück. Er wusste, dass er manchmal ein Klugscheißer sein konnte.
"Der andere ist Botschafter Al Fahradi. Er war Botschafter für
Djibuti, an mehreren internationalen Organisationen und an
so ziemlich allen wichtigen Botschaften. War das kurz
genug?"
Sie lachte; zum einen wegen seiner Antwort, zum anderen,
weil er sie so herrlich verliebt anschaute. Sie legte ihre Hand
auf seine und drückte sie kurz. "Weißt du, wo genau wir jetzt
in Ägypten landen? Und übrigens, da könnte es ein Problem-
chen geben. Ich habe gar keinen Reisepass dabei."
"Ich habe eben von Al Fahradi erfahren, dass wir zunächst
nach Kairo fliegen. Dann wird es wohl nach Assuan weiterge-
hen. Ein Freund des Botschafters hat dort ein Haus. Dort werden wir fürs erste unterkommen.
Mach dir wegen deines Passes keine Sorgen. Mo hat seinen
Einfluss spielen lassen."
Anna stutzte und schaute ihn fragend an. Jan lachte.
„...du willst es gar nicht wissen."
„Und was ist mit der Arbeit?"
„...und um deine Arbeit..."
"...hat sich schon Jean-Luc gekümmert", unterbrach sie ihn.
Beide lachten. Anna schaute aus dem Fenster. Da unten waren
irgendwo ihre Wölfe - ganz klein und ganz weit weg. Sie lehnte sich in ihrem Sessel zurück und schloss die Augen.

Vierzigstes Kapitel

Das Flugzeug war gerade über der *Cote d'Azur,* als die immer lächelnden Stewardessen den Tisch mit leckeren Snacks füllten. Anna war irritiert, weil die Hälfte der Schokolade mit Blattgold überzogen war und sie dachte, dass es sich dabei um Dekostücke handelte. Als Mo sich allerdings ein goldüberzogenes Stück in den Mund steckte, verschluckte sie sich fast. So etwas hatte sie noch nie gesehen - unglaublich.
„Was für eine Dekadenz."

Während des Essens ergriff Al Fahradi das Wort. "Nun, da wir bald in Ägypten ankommen werden, möchte ich kurz berichten, wie unser Plan aussieht. Wir werden uns in Kairo mit einem guten Bekannten von mir treffen, der uns hoffentlich mehr zu den teilweise noch rätselhaften Inhalten des Buches sagen kann. Da der Text neben den Städten Varanasi in Indien, Paris, London und Venedig auch explizit die Pyramiden in Kairo nennt und er sich anscheinend vor allem mit der großen Pyramide mehr als eingehend beschäftigt hat, werden wir hier ansetzen. Wir nehmen an, dass der Schlüssel zum Verständnis des ganzen Buches im Verständnis der Cheopspyramide selber liegt."

"Wie meinen sie das, Botschafter?", fragte Mo. "Das Geheimnis der Cheopspyramide - das klingt doch sehr spektakulär. Ich wüsste nicht, was wir da noch entdecken könnten. Es gibt drei Grabkammern, alle leer. Man hat das Gebäude immer und immer wieder nach weiteren versteckten Kammern und Schätzen abgesucht - ebenfalls ohne Erfolg. Was bitteschön, sollen wir finden, was nicht andere in den letzten tausenden Jahren gefunden hätten?"

Al Fahradi lächelte in die Runde und Prieux konnte sich ein noch breiteres Grinsen nicht verkneifen. „Meine lieben Freunde", fing er in seiner gewohnten Art an und rieb sich die Hände, "manchmal liegt das Geheimnis von Dingen so offenbar vor den Augen, dass es schon wieder zu schwer ist, es wahr zu nehmen. In Deutschland würde mal wohl sagen "ich sehe den Wald vor lauter Bäumen nicht" - habe ich recht, Madame?"

Spitzbübisch zwinkerte er Anna zu, die ihn fragend anstarrte.

"Das Geheimnis der Pyramide ist deshalb für uns so schwer zu erkennen, weil wir es uns in unseren kühnsten Träumen nicht vorstellen können, vielleicht sogar nicht vorstellen wollen, weil wir dazu unser ganzes Weltbild in großen Teilen auf den Kopf stellen müssten."

"Das hatten sie ja schon bei Jean-Luc angedeutet", warf Jan ein. "Können sie nicht etwas genauer werden?"

"Noch ist das, was wir uns überlegt haben, mit einigen Fragezeichen versehen", antwortete der Professor.

"Aber unserer Freund, ist ein überaus begabter Mathematiker und Astrologe. Er wird uns von großem Nutzen sein und unsere Annahmen verifizieren können. Wir werden ihn heute Abend noch treffen. Außerdem habe ich noch einen guten Freund aus Deutschland kontaktiert, der sich hervorragend mit Bauwerken der Antike auskennt. Ich hoffe, auch von ihm schnell eine Rückmeldung zu bekommen. Dann dürften wir viele Antworten auf dringende Fragen erhalten und mit Sicherheit, schnell mehr Licht in diese sehr mysteriöse Angelegenheit bringen."

Einundvierzigstes Kapitel

Die Sonne brannte erbarmungslos vom Himmel, als sie die kleine Treppe aus dem Flugzeug hinabstiegen. Der dunkle Asphalt flimmerte und reflektierte die Hitze, die Ihnen unvermittelt ins Gesicht schlug. Einige Meter entfernt vom Flugzeug wartete ein Fahrzeug auf sie. Sie hatten sich bereits in der Kabine von Mo verabschiedet, der weiter fliegen musste. Die Entwicklungen in Saudi Arabien machten eine längere Abwesenheit nicht möglich.

Sie bestiegen das Auto. Anna freute sich über die angenehme Kühle, die die Klimaanlage verströmte. Sie stutzte, da der Wagen ohne angehalten zu werden und ohne, dass sie kontrolliert worden wären vom Rollfeld fuhr und auf die Straße Richtung Innenstadt einbog, Jan beugte sich leicht zu ihr herüber.
"Falls du dich über die schnelle Abwicklung wunderst.., das ist einer der Vorteile, wenn man Diplomatenpapiere und Einfluss besitzt."
Er grinste breit. Anna schenkte ihm einen abschätzigen Blick.

Je näher sie der Innenstadt kamen, desto dichter wurde der Verkehr. Rechts und links überholten sie klapprige Mopeds mit Männern in verschwitzten Hemden, aus den offenen Fenstern der vorbeifahrenden Wagen drang laut orientalische Musik. Die Luft war voller Lärm, Staub und Farbe. Immer enger wurden die Straßen, Esel, vollgepackt mit Säcken und Gerätschaften, trotteten stoisch am Straßenrand, immer auf der Schattenseite. Die Asphaltdecke war aufgesprungen und von tiefen Schlaglöchern durchzogen. Immer wieder musste der Fahrer entweder ausweichen oder sie wurden unwillkürlich und manchmal heftig durchgeschaukelt.

"Wir werden in Kairo bei meinem guten Freund, Professor Al Mahdi, unterkommen. Die Gefahr, in einem Hotel aufgespürt zu werden, ist einfach zu groß. Wir sind gleich da."

Während sie sprachen, bogen sie rechts in eine offen stehende Einfahrt ein. Hinter ihnen schlossen sich zwei große Tore. Sie standen in einem riesigen Innenhof, in dessen Mitte ein Springbrunnen leise vor sich hin plätscherte. Saftiges Grün hob sich von dem Grau der mit Kopfsteinen gepflasterten Einfahrt ab. Vis á vis zum Tor stand das Anwesen des Professors, ein dreistöckiger orientalischer Bau mit Flachdach. Hohe Palmen säumten den Weg und Jasmin verströmte einen geradezu atemberaubend süßen Duft. Die Geräusche des Verkehrs wurden durch das dicke Mauerwerk geschluckt und so war dieser Flecken, wie eine kleine Oase im staubigen und hektischen Kairo.

Anna schaute sich staunend um, während sie alle gemeinsam die letzten paar Schritte zum Haus zu Fuß gingen. Sie stiegen vier Stufen hinauf und fanden sich auf einer großen Veranda wieder. An Pfeilern und Latten, rankte Wein empor und spendete, unter seinem grünen Dach, wohligen Schatten. Oben angekommen, begrüßte sie ein kleiner, kugelrunder Mann mit dem breitesten Grinsen, das Anna je gesehen hatte. Er war in einen weißen Kaftan gekleidet, der luftig um seine breiten Hüften wehte.
"Marhaba, meine Freunde. Salam alaikum."
"Und alaikum salam", erwiderte Botschafter Al Fahradi. Beide umarmten sich und strahlten sich an, dann drehte sich Al Fahradi um und stellte sie alle einzeln Professor Al Mahdi vor. Dieser lud sie ein, es sich doch bitte auf den wunderbar bequemen Sitzen und Sesseln gemütlich zu machen. Zwei Be-

dienstete brachten unverzüglich duftenden ägyptischen Kaffee.

"Mögen sie Kaffee, Madame?"
Al Mahdi beugte sich zu Anna herüber und gebot mit einer Handbewegung seinem Hausdiener ihr einzuschenken. Mit neugierigen Blicken beobachtete er Anna.
"Kaffee, wir sagen: Qahwa, wird in Ägypten fast ausschließlich türkisch genossen. Ein Relikt der langen Herrschaft der Osmanen."
Seine Augen lachten, er konnte seine Leidenschaft für dieses Getränk nicht verbergen.
"Wir bereiten ihn in einem speziellen Kaffeekessel, Kanaka, zu In diesem erhitzt man das Wasser bis zum Sieden, dann gibt man einen Teelöffel Kaffee und die gewünschte Menge Zucker - ich nehme zwei Teelöffel - hinzu."
Er reichte Anna die Zuckerdose. Sie fühlte sich, wie ein „Präsentierpüppchen", alle schauten sie an. Das mochte sie überhaupt nicht. Trotzdem fuhr ihr fröhlicher Gastgeber mit unverminderter Begeisterung fort. "Danach wird er unmittelbar in eine Mokkatasse umgegossen."

Mit großem Geschick ließ der Diener den Kaffee in einem langen Strahl präzise in die Tasse fließen und reichte ihn ihr galant an. Anna schlürfte den schwarzen Sud. Mit ihrem Bürokaffee hatte das wirklich nichts zu tun. Sie spürte förmlich die Aromen in ihrem Mund explodieren. Sie lächelte Al Mahdi anerkennend an und nickte.
„Der Kaffee schmeckt wirklich wunderbar", sagte sie anerkennend.
Der kleine, runde Mann strahlte vergnügt.
„Wie schön, wie schön..."

Er freute sich, wieder einen Menschen für seine Leidenschaft gewonnen zu haben.

Nachdem sie Feigen, Datteln und süße Kleinigkeiten gegessen und Kaffee im Überfluss getrunken hatten - Al Mahdi ließ ihre Tassen nie leer werden - zeigte man ihnen ihre Zimmer.

Mit sehr gemischten Gefühlen, hatte Anna zur Kenntnis genommen, dass man ihr und Jan schon wieder ein Zimmer zusammen gegeben hatten. Ihre großzügigen Räumlichkeiten im dritten Stock, waren im arabischem Stil eingerichtet. Eine große Tür führte auf die Dachterrasse, mit einem atemberaubenden Blick, über Teile der Kairoer Altstadt. Anscheinend dachten die anderen, dass die beiden mehr als nur Freunde seien. Ein Umstand, der ihr ein zunehmend ungutes Gefühl bereitete, denn mehr und mehr wurde ihr klar, dass sie Jan mochte, er war ein interessanter Mann aber eine gemeinsame Zukunft konnte sie sich nicht vorstellen - jedenfalls jetzt nicht. Sie musste mit ihm sprechen. Am besten sofort.

„Wir müssen reden!" Anna baute sich vor Jan auf.
„Dies hier ist irgendwie gar nicht gut."
Jan schaute sie fragend an.
„Ich weiß, dass das nicht deinem Idealbild von Urlaub entspricht...", er grinste.
„Davon rede ich doch gar nicht", unterbrach sie ihn. „Ich rede von uns."
Jan schaute sie fragend an und setzte sich in den Sessel neben dem Bett. „Schieß los!" Tausend Gedanken turnten in seinem Kopf aber eigentlich wusste er, was sie ihm sagen wollte.
„Du bist ein wunderbarer Mann. Aber das mit uns... ich bin nicht soweit, es ist halt der falsche Zeitpunkt......Du weißt, was ich sagen will."

Jan schaute ihr in die Augen und nickte.

„Ja, Anna. Ich weiß....aber irgendwie ist es immer hart zu verstehen. Trotzdem, ich bin froh und dankbar, dass ich jetzt hier bei dir sein darf und das du mir trotz allem vertraust."

Anna nahm seine Hand.

„Ich habe gerade das Gefühl, nie mehr richtig lieben zu können. Es ist so viel passiert."

Jan wusste, was sie meinte. Der Tod ihrer Mutter war nicht das einzige schreckliche Erlebnis in diesem Jahr gewesen. „Du wirst wieder lieben können", versuchte er sie zu trösten. *„Amor vincit omnia"*, flüsterte er ihr zu. „Die Liebe besiegt alles."

In zwei Stunden würden sie sich im Salon treffen, um mehr über das Buch zu erfahren und hoffentlich Antworten, auf viele Fragen zu bekommen.

Zweiundvierzigstes Kapitel

In Varanasi war es Abend geworden. Langsam ging die Sonne unter und tauchte den Ganges für einen kurzen Moment in ein geheimnisvolles, tiefes Rot. Dann verschluckte ein samtblauer Himmel das letzte Leuchten des Tages. Nun spendeten nur noch alte Laternen spärliches Licht. An der Uferstraße nahm der Betrieb allerdings nicht ab. Halbnackte Gurus hockten in ihren kleinen Verschlägen und hingen, gegen eine Geldgabe, den Gläubigen bunte Blumenketten um den Hals. Menschen aus aller Welt flanierten mit den vielen tiefgläubigen Hindus, die nun auf dem Weg in irgendeine der zahlreichem Yogischulen waren, um dort ihre Mantras zu beten oder Übungen zu lernen.

Die engen Gassen schluckten das fahle Mondlicht und auch die wenigen Laternen konnten nicht die tiefen Schatten durchdringen. Die Fassaden der Häuser blickten, wie uralte Gesichter, auf die Menschen herab, die sich, wie verirrte Geister, durch das Labyrinth der Altstadt ihren Weg suchten. Stromleitungen waren wild von Haus zu Haus gespannt und gaben einem das Gefühl, in einem riesigen Spinnennetz gefangen zu sein. An strategisch wichtigen Ecken und Plätzen hatten sich Soldaten und Polizisten postiert. Sie sollten dann eingreifen, wenn die Jahrhunderte alten Spannungen zwischen Hindus und Muslimen, wie aus dem Nichts, wieder aufflammten und sich explosionsartig entluden. Hier, wo die Stadt entstanden war, vor mehreren tausend Jahren, trafen die Religionen aufeinander, wie Hammer und Amboss. Genau hier, wo der älteste Hindutempel und die älteste Moschee Varanasis praktisch direkt nebeneinander stehen, gerade hier schienen sich die Konflikte immer wieder aufs neue giftige Nahrung zu holen.

Gerade in diesem Moment öffnete sich knarrend, eine reich mit Ornamenten versehene, Metalltür. Bedächtig, trat ein älterer Herr heraus und lenkte seine Schritte wenige hundert Meter weiter zu einem anderen Gebäude. Er ging vorbei, an den bewaffneten Soldaten und schüttelte leicht den Kopf. Er konnte nicht verstehen, wie Menschen Religion als Vorwand für ihre Konflikte nutzten.

"Religion ist das Eintauchen und Zurückkehren in die Einheit und das von ihr ausgehende Kraftfeld. Alle großen Verkünder hatten es gelehrt: Krishna, Buddha, Mohammed, Jesus, Zarathustra und noch andere Meister, jenseits dieses Zeitalters. Aber diese verblendeten Kindsköpfe sehen nicht, dass sie alle Zweige ein- und desselben Baumes sind. Sie sollten sich weniger mit den unwichtigen Unterschieden der einzelnen Blätter des Baumes, sondern vielmehr den gemeinsamen Wurzeln und dem starken Stamm beschäftigen. Werden sie denn jemals begreifen, was ihre wahre Aufgabe ist? In diesem Zeitalter wird es wohl wieder nichts."

Endlich, war er angekommen, öffnete ein Tor, das zu einem dunklen Hinterhof führte und schlurfte die wenigen Meter zu einer eisenbeschlagenen Holztür, kramte nach einem Schlüssel und öffnete sie. Aus dem Inneren war Stampfen und Rasseln zu hören.

"Ach", dachte er bei sich, „die Zeit wird es richten.

Aber dann....was ist schon Zeit?"

Dreiundvierzigstes Kapitel

Anna hatte sich geduscht und umgezogen. Ihre Jeans und Bluse hatte sie gegen ein luftiges, kurzes Kleid getauscht und Make-up aufgelegt. Das Zimmer war erfüllt von ihrem Parfum. Draußen begann es zu dämmern.

Jan saß immer noch in dem breiten Sessel und war in seine Aufzeichnungen vertieft. Sie setzte sich auf den Rand des Bettes und zog sich ihre hochhackigen Schuhe an. "Willst du nicht auch noch schnell unter die Dusche?", fragte sie und fixierte Ihn. Jan blickte auf. Anna sah atemberaubend aus. Das Kleid umspielte ihre Hüften, wie ein Hauch, warmer, orientalischer Luft. Ihre Brüste zeichneten sich verführerisch unter dem dünnen Stoff ab.

Jan grinste und nickte: „Du hast Recht. Ich will ja nicht müffeln, wie ein nasser Iltis."
Er legte seine Unterlagen zur Seite, schaute noch einmal zu Anna, die ihn mit ihren Blicken verfolgte. Dann verschwand er im Bad.

Tatsächlich tat ihm die Dusche extrem gut. Nicht nur, weil er sich den Staub und den Schweiß vom Körper wusch. Er hielt sein Gesicht in den Duschstrahl, als wenn das Wasser all seine dummen Gedanken wegspülen und seinen Kopf freimachen könnte. Dann würde vielleicht auch sein Herz endlich Ruhe geben. Was für ein dummer Trugschluss...

Als er nach zehn Minuten wieder ins Zimmer trat, das Handtuch um seine Hüften gewickelt, waren die Läden geschlossen und nur zwei kleine Lampen kämpften mit ihrem schwachen Licht gegen die Dunkelheit. Anna saß noch immer auf dem

Bett. Ihre Silhouette zeichnete sich scharf von den schneeweißen Laken ab, ihre Augen funkelten, als er näher kam.

Vierundvierzigstes Kapitel

"Findet sie! Irgendwo müssen sie ja gelandet sein. Herr Gott, nochmal! Was für Schwachköpfe! Ihr habt zwei Tage Zeit. Dann will ich wissen, wo sie sind!" Der Mann mit Scheitel beendete das Gespräch, ohne irgendwelche Höflichkeiten auszutauschen.

Die Entwicklung war alles andere, als erfreulich. Er wusste, was passieren würde, wenn er scheiterte. Doch den Gedanken daran unterdrückte er schnell wieder. Er war ja nicht dieser dümmliche Dicke, der auf Loyalität setzte. Wenn, dann vertraute er nur einem - sich selber.

Vor dem Spiegel zog er seinen Scheitel nach. Mit kalten, blauen Augen verfolgte er konzentriert jede seiner Bewegungen und betrachtete zunächst zufrieden das Ergebnis; doch je länger er sich ansah, desto hasserfüllter sprühte sein Blick. Sein Gesicht verzog sich zu einer Grimasse. Explosionsartig entluden sich Hass und Zorn. Wie besessen nahm er einen, im Flur stehenden, Stuhl und schmetterte ihn, seinem eigenen Spiegelbild ins Gesicht. Glas splitterte und der Rahmen krachte zu Boden.
Schwer atmend, kam er wieder zu sich.
Mit urplötzlicher Ruhe, steckte er den Kamm in seine Tasche. Dann zog er sich sein Jackett über und verließ sein Appartement, als wäre nichts geschehen.

Er hatte einen Termin bei der örtlichen Polizia. Sie wollten ihm Fragen bezüglich seines, „auf tragische Weise" ums Leben gekommenen Ex-Kollegen stellen. Zu dumm, dass man sie kurz vorher noch gemeinsam gesehen hatte. Dies war ein Fehler. Ein Anflug von Menschlichkeit, der ihn damals dazu bewegt hatte, mit ihm ein paar Schritte zu gehen. Hätte er gewusst, dass "der Schwachkopf" nicht in der Lage war, diese Aufgabe zu erfüllen, hätte er nicht einmal ein Wort mit ihm gewechselt. "Solche Unfälle sind immer tragisch", murmelte er vor sich hin, „aber sie kommen vor, insbesondere, wenn man so viel Alkohol trinkt, wie er."

Er lachte. Die Organisation arbeitete perfekt und auch dieses - sein - Projekt, würde perfekt werden.

Fünfundvierzigstes Kapitel

Als Jan aus dem Bad kam, mussten sich seine Augen erst wieder an das schummerige Licht des Schlafzimmers gewöhnen. An der Decke drehte sich ein riesiger hölzerner Ventilator und bewegte angenehm die Luft. Langsam durchschritt er den Raum. Doch anstatt zum Schrank, bewegte er sich in Richtung Bett. Im Halbschatten konnte er die Umrisse von Anna ausmachen, die ihn still beobachtete.

Als Jan fast vor ihr stand, gebot sie ihm mit einer Geste, stehen zu bleiben.
„Bitte, lass es! Es hat keinen Sinn. Du weißt es, ich weiß es. Es ist besser so."

Einen Meter vor Anna, blieb Jan stehen. Er musterte sie. Mit traurigen Augen lächelte er, nickte und holte sich frische Wäsche. Ohne sie noch einmal anzusehen, zog er sich wortlos an.

Sechsundvierzigstes Kapitel

Nacheinander gingen sie die breite Treppe herunter und wurden in eine hell erleuchtete Bibliothek gebeten. Sie nahmen in großen Sesseln Platz und warteten, bis alle beisammen waren. Wieder versorgten sie die Hausdiener eifrig mit Getränken. Jan merkte, wie aufgekratzt er durch das Koffein des vielen Kaffees war, den er vor nicht einmal vier Stunden getrunken hatte. Er entschied sich, statt des sehr verführerischen, starken Suds, auf den ebenfalls sehr aromatischen Tee aus frischer Minze umzusteigen. Der süße Aufguss tat ihm auf irgendeine Weise gut. Immer wieder, ließ er sich ein neues Glas geben und trank es mit wachsender Begeisterung. Daneben konnte er von den saftigen Feigen, die Al Mahdi kredenzte, ebenfalls nicht genug bekommen. Verschämt blickte er sich um, weil er sich langsam gierig vorkam und äugte verstohlen auf den großen Berg an Kernen, der sich auf dem kleinen Beistelltisch neben seinem Sessel häufte.

Während sie weiter warteten, schweiften Jans Gedanken ab. Er erinnerte sich an die Zeit, als Anna sich wochenlang nicht meldete, wie er angestürmt war und sie sich immer mehr von ihm distanzierte. Er fühlte wieder diesen Stich im Herzen, als sie seine Nachrichten ignorierte und mit einem Mal, aus ihrem Leben geschleudert hatte. Sie hatte gesagt, das Leben hätte sie hart gemacht. Er hatte lange darüber nachgedacht aber sie nie richtig verstanden.
„Härte macht unnahbar", hatte sie gesagt.
„Aber Härte ist keine Entschuldigung für schlechtes Benehmen", so dachte er jedenfalls damals.

Er hatte Sie fast „zu Tode geschrieben". Immer und immer wieder hatte er argumentiert, lamentiert, geschimpft und gejammert und gar nicht gemerkt, dass es alleine sein Problem war. Er hatte nie begriffen, dass er nicht ihr, sondern sich selber hinterherlief. Hermann Hesse sagte einmal, der schwerste Weg eines Menschen ist der, zu sich selber hin und das war es. Jan war auf dem Weg zu sich und Anna sollte ihm ein Stück des Weges zeigen. Aber bis ihm das klar wurde, sollte es noch ein wenig dauern.

Aber dann ... was war schon Zeit?

Menschen können ihr Leben lang auf Reisen sein, ohne jemals anzukommen. Immer und immer wieder machen sie Station an schönen Orten, lassen sich kurz nieder um dann weiter zu ziehen. In diesem Moment kam ihm wieder in den Sinn, was er so oft gelesen hatte: „Wer richtig liebt findet sich selber. Die Meisten aber lieben, um sich zu verlieren."
Jan begann zu verstehen. Er hatte sich vollständig verloren.

In diesem Moment krampfte sich in ihm wieder alles zusammen. Er war voll von Selbstmitleid und dem Gefühl, dass sie für seine Traurigkeit verantwortlich sei. Er hatte die ganze Zeit gedacht zu wissen, was die Liebe sei. Er war sich klug und wissend vorgekommen. Mit schlauen Worten hatte er Trost gespendet und mit immer neuen Augen, aus immer neuen Perspektiven, sich und die Welt betrachtet. Es war ihm immer, als sei er der Herr seines Schicksals gewesen. Plötzlich war seine Welt eine andere, war nicht Sicherheit, Zuversicht und Klarheit. Es war ein Feuer, ein Sturm, eine Gewalt. Er hatte sein Herz wieder in den Ring geworfen, und es brannte lichterloh und dieses Feuer war nicht eine laue Laubenglut. Es war ihm Purgatorium und Himmelssturm zugleich. Es verwirrte ihn und ließ ihn schaudern. Er fühlte, dass es kein Entrinnen gab. Er übergab sich den Flammen und die Flammen waren alles: dunkel und verzehrend und hell und reinigend. Ständig war er auf der Suche und er dachte, dass er wusste, was er sucht. Doch wenn jemand sucht, verzweifelt sucht, dann sieht er nur noch das, was sein fixierter eingeengter determinierter Blick ihm freigibt. Man sieht und findet nicht, was da ist, was seine Bestimmung ist, weil das Fenster, durch das man schauen sollte, zu einem Spalt verengt und oft sogar verschlossen ist. Finden, heißt offen sein, loslassen und sich einlassen. Dann erst gibt es ein finden und gefunden werden.

Er sah Anna an. Was mochte in ihr vorgehen? Hatte sie nur die Süße des Moments genossen oder war es derselbe Brand der in ihr loderte - versuchte sie die Flammen auszutrampeln und im Zaum zu halten? Auch wenn es so wäre, dann war jetzt nicht die Zeit für sie und wenn das Feuer in ihr brannte, dann würde sie es nicht austreten können. Das Sinnen und Leiden, Streben und Grübeln, die Unwissenheit und Unsicherheit sind alles eine Sache der Zeit.

Aber dann ... was war schon Zeit?

Für Anna, war das Gespräch mit Jan zunächst eine Befreiung gewesen. Sie wollte Klarheit schaffen; für ihn und vor allem für sich. Und ehe irgendein Damm in ihr brechen würde, fand sie es klug, das „Wasser auslaufen zu lassen". Für sie kamen Gefühle - solche Gefühle - zum jetzigen Zeitpunkt nicht in Frage. Trotzdem genoss sie die Aufmerksamkeit und die Nähe, die er ihr gab und hatte doch gleichzeitig ein schlechtes Gewissen, weil sie wusste, dass sie ihm weh tat. Sie merkte, dass er sich Hoffnungen machte, die sie nicht erfüllen konnte und wollte.
„Aber nun lagen die Karten ja auf dem Tisch. Wieder einmal - und Jan wusste, woran er war."

In diesem Moment betrat Prieux mit ihrem rundlichen und scheinbar immer gut gelaunten Gastgeber den Raum. Beide waren sehr angeregt in ein Gespräch vertieft. Ihre Gesichter wirkten ernst. Als sie sich gesetzt hatten, blickte Professor Prieux in die Runde, dann nahm er tief Luft und begann seine Erklärungen.

Siebenundvierzigstes Kapitel

Es war der erste kühle Oktobertag. Die Sonne kämpfte gegen eine fast undurchdringliche Wand aus tiefhängenden Regenwolken. Der Dampf der Maschinen im *Eastend* waberte durch die Straßen und ließ die Umrisse der wenigen Passanten verschwimmen. Von den Docks waren laute Arbeitsgeräusche zu hören, Männer riefen, Eisen schlug auf Eisen, Ketten rasselten und Winden quietschten. Am *Westminster* schlug der *Big Ben* gerade zur neunten Stunde, als eine ältere Person, mit aufgeschlagenem Mantelkragen und Schal vor Nase und Mund, mit gesenktem Kopf auf ein dunkles Backsteinhaus zusteuerte. Seine elegante Garderobe passte nicht im Geringsten in diese Gegend. Noch verwunderlicher war, dass er zu Fuß unterwegs war und nicht eine der vielen Pferdekutschen genommen hatte. In seiner Hand hielt er ein kleines Paket. Niemand konnte sehen, dass die rechte Hand, die er in seine Manteltasche gesteckt hatte, den Griff einer geladenen Pistole umfasste; und er war bereit, sie einzusetzen. Immer wieder schaute er sich um, um sicher zu gehen, nicht verfolgt zu werden. Als er die Tür erreicht hatte, klopfte er ein verabredetes Signal. Kurze Zeit später, öffnete sie sich einen Spalt breit. Mit vorgehaltener Hand flüsterte er der hinter der Tür stehenden Person etwas zu, dann öffnete man ihm und er verschwand schnell im Innern.

"Hier ist es." Immer noch sprach er mit leiser Stimme. "Sie sind mir auf der Spur. Schwören sie mir, dass es nicht in die falschen Hände fallen wird! Ich habe einen Brief vorbereitet. Bitte nehmen sie ihn auch. Ich werde morgen um die gleiche Zeit wieder hier sein. Dann bekommen sie alle weiteren Instruktionen."

Der Mann nahm das Paket und einen Briefumschlag und steckte es sorgsam in die großen Taschen seines ausgebeulten Mantels. Statt einer Antwort, schaute er dem geheimnisvollen Besucher tief in die Augen. Als der Vermummte sich umdrehte, vorsichtig die Tür öffnete und raschen Schrittes im Nebel verschwand, blickte der stumme Vertraute ihm hinterher.

„Take care, Mr. Verne!", murmelte er.

Als Verne die Straße überquerte, lag eine Zeitung vom Vortrag im Rinnstein. Ein Windstoß ging durch die Seiten. Die Queen hatte Edward Thornton zum Botschafter in Washington gemacht. Es war „The London Gazette" und es war Freitag, der 6. Oktober 1899.

Achtundvierzigstes Kapitel

Der Termin bei der Polizei war reibungslos verlaufen. Keine unangenehmen Fragen, kein Nachbohren. Das wenige Geld, was ihn die Verkürzung des Verhörs in der Questura gekostet hatte, war gut angelegt gewesen. Fast vergnügt, verließ der Mann mit dem strengen Seitenscheitel die Polizeistation. Wenn nur alles so reibungslos laufen würde. Der Staatsanwalt und der ermittelnde Commissario waren ihm geradezu in den „Arsch gekrochen".

„Widerlich", dachte er und lachte kurz auf. „Wie Menschen für ein bisschen Geld vollständig ihr Rückgrat verlieren". Der Fall war damit abgeschlossen und würde zu den Akten gelegt. Es war nun für die Justiz klar, dass es sich bei dem Tod nur um einen tragischen Unfall gehandelt haben konnte. Alle drei, Staatsanwalt, Commissario und der Mann mit dem Seitenscheitel, hatten sich bei einer Flasche guten Rotwein über den zunehmenden Missbrauch von Alkohol echauffiert. „Wohin dieses Laster führt, kann man nun wieder einmal sehen. Es war tragisch aber leider kein Einzelfall", dozierte der Staatsanwalt. „Wenn Menschen versuchen, ihr Schicksal in geistreichen Getränken zu ersaufen, dann geschieht das am Ende mit ihnen auch."

Immer wieder bedankte sich der Commissario für die wertvollen Hinweise und wurde nicht müde, die Kooperationsbereitschaft seines amerikanischen Freundes „über den grünen Klee" zu loben. Nach knapp einer Stunde war man unter mehrmaliger Bekundung der gegenseitigen Wertschätzung auseinander gegangen.

„Was für eine abartige, korrupte Bagage", dachte sich der Mann mit dem Scheitel. Dann lächelte er und fletschte die Zähne. „Gut, dass es sie gibt."

Es war kühler geworden in Venedig. Der Herbst zeigte sein graues Gesicht. Dichte Wolken waren vor die Sonne gezogen und tauchten die Lagune in ein diffuses Licht. Das dunkle Wasser der Kanäle schlug wie der schwache Herzschlag einer sterbenden Diva an die vermosten Kanalmauern.

Der Mann mit Scheitel rückte seinen Schal zurecht und schlug den Mantelkragen hoch. Als er fast wieder am Markusplatz angekommen war, zückte er sein Handy und wählte eine Nummer.
"Gibt es Neues?" Seine Stirn lag in Falten.
"Kairo? Bleiben Sie dran!"

Neunundvierzigstes Kapitel

Der Tag war noch kühler als der Gestrige. Wieder lag der Nebel dick und dicht in den Gassen. Schon vor Sonnenaufgang herrschte bereits reger Betrieb auf den Hauptstraßen. Gaslaternen zauberten gelbe Lichtkegel in den Dunst. In den Hinterhöfen zeigte sich das ganze Elend, das die Industrialisierung mit sich gebracht hatte. London explodierte und war zur größten Metropole in Europa geworden. Die verelendete Landbevölkerung, suchte verzweifelt ihr Überleben in der überquellenden Stadt zu sichern. Tausende und abertausende verzweifelter Gebete und gescheiterte Träume klebten an jeder Mauer, an jeder Fassade dieses Stadtteils. Während in Hampstead oder Kensington die Gentlemen in gediegenen Clubs nach straffen Mustern und Ritualen ihren gesellschaftlichen Verpflichtungen nachkamen, strömte Tag für Tag ein Heer von verarmten Arbeitern - Männer, Frauen und Kinder - in Fabriken und Manufakturen, die an Dantes Vorhof der Hölle erinnerten.

Bis das erste Morgenlicht seinen faden Schimmer auf das kotübersäte Pflaster der Boulevards und Straßen warf, waren auch die zahlreichen Leichensammler unterwegs. Ein frischer, gut erhaltener Körper brachte bis zu fünf Pfund, manchmal mehr. Abnehmer waren die, aus dem Boden schießenden, medizinischen Fakultäten. Die zum Tode Verurteilten konnten den Bedarf der wissensdurstigen, neuen akademischen Elite nicht mehr stillen. Oft wurden deshalb auch neue Gräber geleert und bei Sterbenden nahm man es dann auch nicht so genau.

Wieder kämpfte sich Verne durch den dichten Nebel, immer auf der Hut, nicht verfolgt zu werden. Nach dem selben Ritual wie gestern öffnete sich die Tür und er betrat eine dunkle Eingangshalle. Der schmale Flur verengte sich nach wenigen Metern, da rechts eine steile Treppe in das obere Stockwerk führte und endete an einer Tür, die nur angelehnt war. Hell, fiel Licht auf die Steinfliesen. Die beiden Männer stoppten kurz, sahen sich an. Dann öffnete der eine die Tür, ließ Verne alleine eintreten und postierte sich vor dem Zimmer.

In dem Raum warteten zwei Männer auf ihn. Der eine von Ihnen war offensichtlich nicht Europäer. Seine weiße, weit geschnittene Kleidung und sein brauner Teint ließen auf indische Herkunft schließen. Der andere musste weit über 70 oder sogar 80 Jahre alt sein. Sein spitzes Gesicht wurde durch einen weißen Bart eingerahmt. Sein Haar war streng zurück gekämmt und hinten zu einem Pferdezopf zusammen gebunden. Als er sie begrüßte, wurde aufgrund seines starken Akzentes klar, dass er aus Frankreich stammen musste.

"Willkommen in der finstersten Kaschemme, die das britische *Empire* zu bieten hat, Jules!" brummte er mit einer tiefen Stimme.

"Wie geht es Lewis? Und was macht dein Buchladen?" erwiderte Verne. "Ist der alte Kater immer noch nicht ausgewachsen?"

"Die Länge scheint er ausgereizt zu haben. Nun versucht er auch in der Breite neue Maßstäbe zu setzen."

Die Augen das Mannes lachten und zwinkerten Verne zu.

"Was hast du da nur ausgegraben, lieber Freund? Bist du dir bewusst, dass deine Entdeckung den Lauf der Welt verändern kann?"

"Ja, das bin ich", erwiderte Verne, während er sich einen Stuhl nahm und sich zu ihnen setzte. "Am Ende, war es ganz einfach. Es stand ja alles in dem alten Manuskript. Das einzig Schwierige wird der Nachbau der Maschinen werden, die die Energie aus dem Erdmagnetfeld ziehen. Und die zweite Maschine wird noch um ein Vielfaches komplizierter werden." Er blickte jedem fest in die Augen. „Das Prinzip ist allerdings einfach: wenn elektrischer Strom Magnetismus erzeugen kann, dann geht es auch anders herum." Die anderen sahen ihn mit angespannten Gesichtern an.

"Jules", begann der Inder, "lass uns diese Maschinen bauen. Eine hier und eine in meiner Heimat. Du weißt, wie stark dort das magnetische Feld ist."

"Ja, mein Freund", erwiderte Verne. „Das ist mir bekannt. Varanasi ist mit Sicherheit einer der besten Standorte. Gizeh kommt nicht in Frage. Ägypten ist in Mode gekommen, jeder, der etwas auf sich hält dreht dort jeden Stein um. Fürchterlich! Sie fallen über diese wunderbare Kultur her, wie eine biblische Plage und wenn sie fertig sind, stehen alle wichtigen Artefakte in London, Paris und Berlin. In *Stonehenge* und Delhi buddeln auch alle herum. Wir würden ständig in der Angst leben, entdeckt zu werden. Außerdem", Verne wurde sehr ernst, „sind sie uns schon auf der Spur. Wir müssen sehr vorsichtig sein."

„Ist das Risiko nicht zu hoch?", der Inder blickte fragend in die Runde. „Was, wenn sie das Buch oder die Maschinen in die Hände bekommen? Du weißt, was das bedeutet? Willst du es trotzdem tun?"

Verne schaute trotzig.

„Ja, ich will. Wir werden Vorsichtsmaßnahmen treffen und die Maschinen sichern, so gut wir können. Das Buch werden wir an einem anderen Ort und in einer anderen Zeit verstecken."

Mit seiner Faust haute er auf den Tisch.

„Dies, meine Freunde, ist nicht eine meiner Geschichten. Dies ist die Realität; und sie ist viel phantastischer, als ich es mir je hätte ausdenken können. Wir werden die Zeit überwinden!"

Er stand auf und begann im Raum auf und ab zu laufen. Die beiden anderem folgten ihm mit ihren Blicken.

„Die Maschinen geben uns die Möglichkeit, zu den wunderbarsten Plätze zu gelangen und Geschehnisse zu erleben, die vor hunderten oder tausenden Jahren passiert sind. Es gibt nichts, was ich lieber tun würde, als ein einziges Mal einen Blick in die eine Kammer der großen Pyramide zu werfen. Zu sehen, was dort wirklich ist und war. Einmal möchte ich dieses einzigartige Meisterwerk, dieses letzte Relikt einer uralten Epoche, diesen letzten Beweis einer längst vergangenen Hochkultur sehen."

Jules Verne hatte sich fast in Rage geredet. Die anderen schauten ihn ruhig an, dann nahm er tief Luft, lächelte und setzte sich.
„Varanasi ist perfekt. Hier haben wir Ruhe. Lassen sie es uns machen, wie verabredet. Die eine Maschine bauen wir hier und die andere bei dir, lieber Freund. So soll es sein."
„Aber Jules", unterbrach ihn der Inder, „Zeitreisen sind schön. Wie aber schützen wir die Menschheit vor sich selbst? Du weißt, was die Maschinen anrichten können?"
Verne setzte sich an den Tisch. Dann blickte er beiden ernst ins Gesicht und nickte.

Fünfzigstes Kapitel

Anna schwirrte der Kopf. Seit fast zwei Stunden referierte Professor Prieux nun schon über elektromagnetische Felder und wie man sie zur Energiegewinnung nutzen kann. Alle diskutierten mit und redeten sich die Köpfe heiß. Anna waren die Details ziemlich egal und die ganze Sache interessierte sie nur soweit, wie sie am besten wieder aus dem Schlamassel heraus kommen konnte. Aber darüber, verloren die Kerle kein Wort. Nur Formeln, Daten und eine Menge Phantastereien, wie sie meinte.

Am Ende hatte sie Mühe, die Augen offen zu halten. Mathematik und Physik waren wirklich nicht ihr Ding. Die Sensation dieser Entdeckung war ihr bewusst, aber die Begeisterung konnte sie absolut nicht teilen.

Was sie aber kurzfristig aufhorchen ließ, waren die Spekulationen bezüglich einer weiteren Maschine. Aber so unwahrscheinlich die Sache mit der Energiegewinnung schon war, diese Maschine setzte allem die Krone auf. Es schien, als ob Jules Verne eine Möglichkeit gefunden hätte, durch die Zeit zu reisen. Anna hatte am Ende nur noch den Kopf geschüttelt und ständig ungläubig zu Jan herüber geschaut, der mit fast kindlicher Begeisterung den Ausführungen lauschte und immer wieder Anmerkungen machte und Fragen stellte - und jede Frage zog das Ganze in die Länge.
„Kann der denn nicht einfach mal die Klappe halten", kochte sie innerlich und verdrehte die Augen.

Die Angelegenheit wurde immer abstruser und so langsam wusste sie selber nicht mehr, was sie glauben konnte. Anna wollte einfach nur noch hier raus und war mehr als erleichtert, als man irgendwann zu einem Ende kam. Eilig hatte sie sich, unter Hinweis auf Müdigkeit und Kopfschmerzen entschuldigt und den Raum rasch verlassen. Jetzt war sie wieder auf dem Zimmer. Mit einem Seufzer ließ sie sich rückwärts aufs Bett fallen.

Jan war ein paar Minuten später nachgekommen, hatte sie angegrinst und es sich auf der Dachterrasse gemütlich gemacht. Er wusste, was für eine Qual diese langatmigen Gespräche für sie waren. Aber die Entdeckungen waren atemberaubend. Sein Kopf drehte sich nur noch. Unendliche Energie und die Möglichkeit von Zeitreise - er fühlte sich gerade als wie in einem Jules Verne Roman.

Anna sehnte sich so nach ihrem schönen normalen Leben, nach ihrem Vater, der Familie ihres Bruders und ihren Freunden. Sie nahm ihr Handy und verschickte einige Mails, dann wählte sie Kathis Nummer.

Einundfünfzigstes Kapitel

Der dichte Nebel in London war verschwunden. Dafür hing dünner Regen wie ein Vorhang vor den Augen. Die feuchte Kälte kroch in jede Ritze der heruntergekommenen Gemäuer, schlich unter die Mäntel und Jacken der vorbei eilenden Passanten, die fröstelnd, leicht gebückt, eiligen Schrittes ihren Zielen entgegen strebten. Die Straßen waren voll von Pfützen und durchnässten Pferdeäpfeln. Vorbeifahrende Droschken ließen den Unrat hoch aufspritzen und man musste aufpassen, sich nicht zu der Nässe von oben, eine Kotdusche von unten, einzufangen. Die Sonne, die sich den ganzen Tag nicht zeigen konnte, ging nun langsam hinter den Schornsteinen eines nicht enden wollenden, Häusermeers unter. Die letzten, faden Strahlen krochen kraftlos über die Dachsimse, um dann, wie vom Regen weg gewaschen, in die aufkommende Dämmerung gespült zu werden. Als auf den größeren Straßen die ersten Laternen angezündet wurden, nahm der Strom der Passanten langsam ab. Immer seltener huschten Gestalten im Dunkeln über die Bordsteine, preschten Droschken mit fluchenden Kutschern über das Pflaster. Die Temperatur sank mit der untergehenden Sonne noch weiter ab, so dass der Atem der geschundenen Pferde in kleinen Wolken kondensierte.

Es war nun zwei Wochen her, seit Verne sich mit seinen Vertrauten getroffen und sie die Vorbereitungen für den Bau seiner Maschinen getroffen hatten. Es war nicht einfach, geheim und ohne großes Aufsehen zu erregen, all die Materialien zu besorgen und Arbeiten in Auftrag zu geben. Nach und nach, trafen nun die ersten Bauteile ein, aber es würde noch Tage, vielleicht sogar Wochen dauern, bis sie alles beisammen und verbaut hätten. Alle drei fieberten ihrem Ziel entgegen und sie wussten, dass es gelingen würde - aber sie waren nicht die

einzigen, die Tag für Tag den Fortgang der Arbeiten kontrol-
lierten. Wie ein Rudel Wölfe hatten sich die Männer an ihre
Fersen geheftet und sie wie Schatten verfolgt. Sie wussten von
dem Buch und sie wollten es in ihren Besitz bekommen - kos-
te es, was es wolle.

Zweiundfünfzigstes Kapitel

In Kairo hing der fast volle Mond satt an einem schwarzblauen Himmel. Blechern warfen die Lautsprecher auf den Minaretten den Aufruf zum Gebet über die Dächer der Stadt. Männer, in weiten Gewändern, eilten durch die engen Gassen zu ihrem Gotteshaus, um sich, wie es der Koran vorschreibt, demütig Richtung Mekka zu verneigen. Jan stand mit einem Pfefferminztee in der Hand an der Brüstung der Dachterrasse. Nachdenklich schaute er in den Himmel. Sanft streichelte ihn eine laue Brise. Er schloss die Augen. Die Luft roch nach Gewürzen, Abgas, Wüste und tausenden von Jahren voller Geschichte und Geschichten.

Auch ihm gingen die Geschehnisse der letzten Tage im Kopf herum. Es war ihm nun vollkommen klar, was für eine Brisanz der Inhalt des Buches hatte. Warum aber war es Anna in die Hand gefallen? Wer hatte dafür gesorgt? Wer war ihnen auf der Spur und was konnten sie tun, um all dem zu entkommen? Er drehte sich um und blickte durch die bodentiefen Fenster und die offene Tür in ihr Zimmer. Er sah Anna auf dem Bett liegen und telefonieren. In diesem Augenblick drehte sie den Kopf zur Seite und sah zu ihm herüber. An der Art, wie sie schaute und dabei redete, merkte er, dass sie von ihm erzählte. Annas Blicke waren immer noch wie eine süße, lodernde Hoffnung.
Doch ebenso langsam sickerte die Erkenntnis in sein Bewusstsein - er musste loslassen.

Anna hatte tatsächlich Kathi erreicht. Beide hatten sich einiges zu erzählen.

Es war schön, sie lachen zu sehen und es war noch schöner, sie in seiner Nähe zu wissen.

Jan drehte sich wieder um und sah über die Brüstung hinaus auf ein Häusermeer. Er schloss die Augen. Er musste an das letzte Mal denken, als er in Ägypten war. Das war mit Christine. Sie und er hatten sich vor einigen Jahren getrennt. Für ihn war immer klar gewesen, mit ihr sein Glück gefunden zu haben. Sie hatten zwei Kinder, Sophie und Louisa und er liebte sie über alles. Beide waren empathisch, liebevolle und auf ihre Art und Weise unglaublich klug.

Was war damals schief gelaufen? Er erinnerte sich daran, wie er versuchte, den Ansprüchen gerecht zu werden. Ansprüchen, die keiner formuliert hatte, die aber wie Ausrufezeichen über allem standen, was ihren gemeinsamen Weg ausmachte. Er wollte Allen und Allem gerecht werden und war sich sicher, dass dies seine Bestimmung gewesen sei, Er ackerte und ackerte und lebte immer mehr ein Leben, das nichts mehr mit ihm zu tun hatte. Er und Christine arbeiteten nur noch einen Alltag ab, der aus Pflichterfüllung und dem Jagen nach Zielen bestand, die sie immer weiter von sich als Paar und Person entfernten. Irgendwann hatte er das Gefühl, dass sie ihn nie richtig sah, seine Träume, seine Wünsche, seine Talente. All das, was ihn wirklich ausmachte. Dabei war er es selber, der sich völlig verloren hatte.

Christine schätzte seine Solidität und Verlässlichkeit. Aber dann kam der Zusammenbruch. Sie konnte überhaupt nicht mit seinem Burnout umgehen. Nichts funktionierte mehr. Jan war wie gelähmt, unfähig, die einfachsten Dinge des Alltags zu erledigen. Er war krank, aber man konnte nichts sehen. Kein Knochen war gebrochen, keine war OP nötig, er hatte kein Fieber und keine Schmerzen. Nur seine Seele blutete - unsichtbar. Sie hatte nie verstanden, dass es nicht um eine Phase des „mal schlecht Fühlens" ging. Auch ihre Eltern, die ganz in der Nähe wohnten, hatten wenig Verständnis für seine Situation. Also versuchte er, sich alleine wieder ans Leben zu kämpfen. Aber irgendetwas war in ihm zerbrochen - oder aufgebrochen. Er war nicht mehr der, der er vorher war: Der Jan, der einfach nur noch funktionierte und das tat, was man von ihm verlangte und erwartete, war nicht mehr. Er konnte einfach nicht mehr seine Träume jeden Morgen unter seine Bettdecke stecken. Das war der Moment in dem er anfing, sich selber wieder zu finden und doch schien es nach außen, als würde sein Leben im Chaos versinken, doch in Wirklichkeit fing jetzt erst an, sich alles zu ordnen und neu zu sortieren.

Viele hatten sein Verhalten als egoistisch und verantwortungslos bezeichnet. Aber Christine hatte immer zu ihm gestanden. Das rechnete er ihr hoch an. Sie hatte dafür gesorgt, dass sie trotz allem noch Eltern und ein Team blieben, gemeinsam die Sorge für die Kindern übernehmen konnten. Das war ihnen wichtig. Sie hatten auch nie ein böses Wort über den anderen gegenüber Sophie und Louisa verloren. Ihre Probleme sollten so wenig wie möglich die Probleme der beiden Kinder werden. Und obwohl er Louisa und Sophie so sehr vermisste, dass es ihm an manchen Tagen schier das Herz zerriss, das süße Trappeln von kleinen Füßen jeden Morgen, wusste er, dass er zerbrechen würde, wenn er sich weiter negierte.

Manchmal muss man Dinge loslassen, manchmal Menschen und manchmal ein ganzes Leben, um wieder zu sich und den Menschen zu finden, die man liebt.

Dreiundfünfzigstes Kapitel

In Venedig war es kalt geworden. Schon am Morgen war Nebel aufgestiegen, der unheilvoll durch die engen Gassen waberte. Zwischen den schwarzen Gondeln gluckste dunkles Wasser. Nun prasselte ein kalter Regen in die Kanäle der Serenissima und lag wie ein grauer Vorhang über der Lagune. In den Straßen stand das Wasser in großen Pfützen. Jeder, der irgendwie konnte, vermied es, vor die Tür zu gehen.

Mit hochgezogenem Kragen bewegte sich einsam ein älterer Herr mit sehr korrektem Seitenscheitel durch die engen Gassen, immer auf der Hut, möglichst keinem zu begegnen. Scheinbar ziellos lenkte er seine Schritte mal hierhin und mal dorthin, schaute sich in regelmäßigen Abständen um und wurde dann von einem düsteren Torbogen geschluckt, als hätte es ihn nicht gegeben.

Zur gleichen Zeit tanzte ein kleiner Junge auf dem Markusplatz im Regen, lachte und scheuchte Tauben auf. Mit wehendem Schal und wachsender Begeisterung, sprang er von einer Pfütze in die nächste. Seine schwangere Mutter stand unter dem Vordach des Café Florian und beobachtete, mit einem Lächeln im Gesicht, inmitten der leeren Stühle, ihren Sohn.

Was ein paar Häuser weiter passierte, ahnten beide nicht.

Vierundfünfzigstes Kapitel

Eine Autofahrt in Varanasi entzieht sich jeder Beschreibung. Während Neu Delhi schon für jeden Europäer eine Herausforderung darstellt, erträgt man eine Fahrt vom Flughafen bis zur Universität nur im Zustand völliger Erschöpfung oder Entspannung und blindem Vertrauen auf das Schicksal. Der Verkehr in den Städten gleicht der Ordnung eines Ameisenhaufens. Es hat den Anschein, dass jeder die unheimliche Gabe besitzt, sowohl die Manöver seiner Verkehrsteilnehmer zu antizipieren, als auch lebende und plötzlich auftauchende Hindernisse, wie Kühe, Hunde oder Menschen ebenfalls auf nicht nachvollziehbare Weise, voraus zu ahnen. Jeder scheint seinen Platz in diesem, für einen Nichtinder unergründlichen Chaos sowie die ihm vorbestimmte Spur in der Verkehrslawine zu kennen. Wild hupend und doch mit stoischer Gelassenheit, ohne das für europäische Großstädte übliche Schimpfen und Fluchen, strömt der Verkehr wie ein wilder Strom durch die Stadt.

Außerhalb, auf den Landstraßen, entkommen Autos und Mopeds bei ständig stattfindenden Überholmanövern, bei denen man selbstverständlich die ebenfalls stark befahrene Gegenfahrbahn nutzt, der unvermeidlich erscheinenden Kollision mit dem Gegenverkehr immer nur um den Bruchteil einer Sekunde. Kühe trotten mit göttlicher Gelassenheit über Schnellstraßen und Autobahnen - wohlwissend, dass man sie weder verscheuchen noch an- oder überfahren würde.

Mit müden Augen schaute der Mann aus dem Autofenster. Seine, zu einem Pferdeschwanz zusammengebundenen Haare, wippten bei jedem Schlagloch. Auf seinem Schoß saß ein riesig anmutender Kater, der, die Augen geschlossen, die Streicheleinheiten seines Herrn genoss. Draußen sah er Männer vor Hütten sitzen und reden. Vor den erbärmlichen Behausungen türmte sich Plastikmüll und Unrat.

Frauen gingen aufrecht in bunten Alltagskleidern Richtung Innenstadt, um Besorgungen zu machen. Immer und immer wieder fielen ihm die Augen zu; dann sackte sein Kopf nach vorne, um im nächsten Moment wieder aufzuschrecken.

"Noch zwanzig Minuten, dann sind wir da, Lewis", murmelte er seiner Katze ins Ohr.

Laut schnurrend, kuschelte sich diese an den Bauch des alten Mannes.

In dem Moment, in dem sie die Stadtgrenze von Varanasi erreichten, klingelte am anderen Ende der Welt ein Handy - und es rettete ein Leben. Wenigstens für kurze Zeit.

Fünfundfünfzigstes Kapitel

Jan beobachtete Anna und immer wieder sah sie zu ihm herüber. Er hatte eine Entscheidung gefasst, jetzt wusste er, was
er tun musste. Obwohl es ihn in gewisser Weise erleichterte,
gab es ihm einen Stich ins Herz. Er lehnte sich zurück und
schaute erneut in den Himmel. Über ihm, konnte er die Sterne
funkeln sehen, dazwischen blinkten die Lichter der starten-
den und landenden Flugzeuge.

Er stellte seinen Tee ab und lehnte sich über die Brüstung.
Unter ihm lag eine winzige Gasse, kleine Laternen, die abenteuerlich an hölzernen Masten oder den Häuserfassaden befestigt waren, rissen schwache Lichtkegel in die Dunkelheit.
Niemand war zu sehen.

Entspannt nahm er wieder seinen Tee und wollte sich gerade
abwenden, als er aus dem Augenwinkeln zwei Gestalten
wahrnahm - und irgendetwas stimmte da nicht. Jan duckte
sich und lugte vorsichtig über die Mauer. Jetzt konnte er sehen, was ihn hatte stutzig werden lassen. Die beiden Männer,
wie er jetzt feststellte, waren nicht in die, für den Orient typischen hellen, weiten Gewänder gekleidet. Sie trugen dunkle
Anzüge und als der fahle Schein einer Lampe kurz das Gesicht
einer der beiden erhellte, konnte er feststellen, dass es sicherlich keine Ägypter, sondern Europäer oder Nordamerikaner
sein mussten.

Jan war sich sicher. Es waren die Wölfe.

Sechsundfünfzigstes Kapitel

Der Raum war düster und kalt und trotzdem war der ältere Herr mit dem Seitenscheitel nass geschwitzt. Die kahlen Mauern waren nicht verputzt. Nur zwei kleine Fenster an seiner rechten Seite, die dicht unter der Decke, wie zwei halb geschlossene Augen die Wand durchbrachen, ließen spärliches Licht in den Keller. Der Boden bestand aus großen, grauen Steinplatten.

Die Arme des Mannes waren hinter der Rückenlehne mit Handschellen fixiert, seine Augen hetzten von einer Person zur nächsten. Er wusste, dass er dieses Verlies nicht mehr lebend verlassen würde, wenn nicht noch ein Wunder geschah. Diese Mauern sollten also das Letzte sein, was er in seinem Leben sah. Sein Herz raste und er war vor Panik benommen. Nur verzerrt nahm er wahr, was die drei Männer in der anderen Ecke des Raumes taten. Mit flinken und geübten Griffen luden sie einen Revolver. Dann trat einer der Männer aus dem Schatten, lud durch, setzte an.... dann klingelte ein Handy. Irritiert blickte er sich um.
"Das sind sie. Das ist der Anruf", die Stimme des Mannes mit dem Scheitel überschlug sich. "Lassen sie mich rangehen! Bitte!"
Sein Blick huschte angsterfüllt von einem zum anderen, bis - nach einer gefühlten Ewigkeit - einer der zwei Männer im Schatten nickte. Der Mann mit dem Revolver trat rasch an den Gefesselten heran, nestelte sein Telefon aus der Seitentasche seines Jackett und hielt es ihm ans Ohr.

Der Mann auf dem Stuhl meldete sich kurz, dann schloss er die Augen.
"Wir haben sie!"

Siebenundfünfzigstes Kapitel

Jan stürmte ins Zimmer.

Anna hatte ihn zunächst angelächelt. Doch ihr Lächeln gefror schlagartig, als sie sein Gesicht sah. Irgend etwas musste passiert sein.

„Sie sind wieder da. Sie sind hier. Ich habe sie gesehen."

„Packe bitte schnell! Wir müssen sofort los. Ich weiß nicht, wie sie es geschafft haben, aber sie sind da."

Anna schaute Jan erschrocken an.

Langsam ließ sie ihr Handy sinken. Dann verabschiedete sie sich verstört von Kathi und stellte ihr Telefon aus.

„Woher willst du das wissen?"

„Vor dem Haus...ich habe sie gesehen. Sie spähen uns aus. Ich werde den anderen Bescheid geben. Ich bin mir sicher, dass wir noch heute aufbrechen werden müssen."

Anna konnte das alles nicht begreifen. Das war doch nur noch Irrsinn. Eine ständige Flucht. Wie benommen, ging sie zum Schrank und schmiss ihre eben erst ausgepackten Kleidungsstücke eilig in ihren Koffer. Sie war bleich im Gesicht und als sie fertig war und sich auf das Bett setzte, zitterten ihre Hände. Sie wollte einfach nur noch, dass dieser Alptraum ein Ende nehmen würde.

Nach kurzer Zeit kam Jan die Treppe hoch gehechtet. Sie hörte seinen schnellen Schritt auf dem Flur. Auch er packte eilig seine Garderobe zusammen.

"In zwanzig Minuten sind wir auf dem Weg nach Assuan. Der Flieger wartet schon."

Anna schaute ihn verständnislos an.

„So schnell?"

„Ja, Anna, sie sind schon hier. Es ist äußerste Eile geboten. Eben kam eine sehr unschöne Nachricht aus Paris. Du erinnerst dich an unseren Fahrer?"

Jan schluckte. „Er ist tot."

Anna musste sich wieder setzen.

„Aber...", ihre Stimme zitterte. „Wie konnten sie...?"

Ihr Blick irrte umher, als wenn die Antworten auf all ihre Fragen irgendwo an den Wänden oder der Decke des Raumes in dicken Lettern geschrieben stünden.

„Ich begreife das Alles nicht."

Annas Augen waren voller Tränen. Ihre Nerven lagen blank. Wieder schaute sie Jan an, der erwiderte ihren Blick, kam langsam auf sie zu und nahm sie in den Arm.

„Man hat ihm auch das Serum verabreicht. Sie müssen ihm aufgelauert haben, bevor er die Pille schlucken konnte. Damit wissen sie, dass wir in Kairo sind. Sie haben wohl das Flugzeug getrackt. Es tut mir so leid."

"Dein Mitleid ist das Letzte, was ich jetzt brauche", antwortete sie und schob ihn beiseite.

Während sie sich umzog, beobachtete Jan sie genau. Ihr Gesicht hatte nun wieder entschlossene Züge angenommen. In dem Moment, in dem sie ihre letzten Sachen verstaut hatte, klopfte es an der Tür und zwei Hausdiener brachten ihr Gepäck nach unten.

Als sie die Treppe heruntergingen, sahen sie, wie das Auto, mit dem sie gekommen waren, mit vier Angestellten eben den Hof verließ - ohne sie. Anna und Jan schauten verwundert dem Wagen hinterher. Doch dann entdeckten sie Jean-Luc und Professor Prieux. Beide warteten auf sie im Flur. Sofort kam Jean-Luc auf sie zu. „Das ist eine Ablenkungsmanöver. Die vier werden erst einmal ein wenig durch die Stadt fahren. Vor dem Haus wartete nämlich ein anderes Auto, das mit Sicherheit auf uns angesetzt gewesen war. Die Gentlemen in den dunklen Anzügen sind jetzt auf jeden Fall erst einmal beschäftigt."

Er zwinkerte Anna zu. „Wir hingegen werden abtauchen und den Tunnel nehmen." Mit einer Handbewegung bat er sie, ihm in Richtung Bibliothek zu folgen. Dort warteten Professor Al Mahdi und der Rest des Dienstpersonals. Eifrige Hände griffen Kisten und Koffer während Al Mahdi über eine Fernbedienung eine der Regalwände in Bewegung setzte. Quietschend drehte sich ein knapp ein Meter breites Stück in den Raum und gab eine finstere Öffnung frei. Eine gespenstisch wirkende und abenteuerlich steile Treppe führte hinab, ohne dass man das Ende sehen konnte.

Al Mahdi knipste eine kaum ausreichende, elektrische Beleuchtung an. Einer nach dem anderen stieg die Stiege hinab. Die Luft war stickig und das Atmen fiel schwer. Die Enge wirkte bedrückend und das unwillkürliche Drängen und Drücken ließ in Anna ein Gefühl der Panik aufsteigen. Als sich oben die Tür wieder schloss kam es ihr vor, als sei sie, wie ein gehetztes Tier, gefangen in seiner eigenen Höhle.

Ängstlich schaute sie sich um. Der Boden war aus Lehm. Die Wände waren aus Steinen. Auch die Decke war ein gemauertes Ziegelgewölbe. „Das sieht wenigstens sehr robust aus", versuchte sie sich Mut zu machen. „Einstürzen wird es wohl nicht."

Aber die immer schlechter werdende Luft machte ihr Sorgen. Sie hörte die Männer und Frauen auf Arabisch flüstern. Überall war Eile und Angst.

Nach unendlich wirkenden zehn Minuten, sahen sie am Ende des Ganges eine ebenso steile Treppe, die sie hoffentlich wieder über die Erde brachte.

„Wir sind da, hörte sie Jean-Lucs Stimme. Wir müssen jetzt auf das vereinbarte Zeichen warten. Dann können wir hoch."
Wieder vergingen Minute um Minute. Anna sah in dunkle, verschwitzte Gesichter - immer unerträglicher wurde die Luft; immer schwerer das Atmen.

Endlich - ein Klopfen. Dann öffnete sich die Tür. Eine alte Frau mit strahlendem Lächeln stand oben am Eingang und winkte sie zu sich hinauf. „Hayaa bsre und yalla!", rief sie immer wieder. "Mach schnell!", bis der letzte der sechzehn Flüchtlinge aus dem Loch gekrochen war und in einem großen Vorratsraum standen. „Wo sind wir?", fragte Jan Jean-Luc.
„Wir sind zwei Häuser weiter bei einem Freund von Professor Al Mahdi. Der Tunnel ist schon vor sehr langer Zeit angelegt worden, kurz vor der Revolution. Waren sehr unruhige Zeiten damals..."
Jan nickte.

„Sie werden uns gleich raus bringen und dann geht es los. Erst müssen wir sicher sein, dass die Luft rein ist. Die scheinen überall zu sein."
Anna war zu Jan gekommen und hatte unwillkürlich seine Hand genommen. Als Jean-Luc ansetzte gerade fortzufahren, ging die Tür auf. Zwei junge Männer kamen herein, sprachen mit Al Mahdi und verließen wieder den Raum. Dann drehte sich ihr Gastgeber, der nun ebenfalls zum Vertriebenen geworden war um und sprach zunächst einige Sätze auf Arabisch zu seinen Angestellten. Danach wandte er sich an seine Gäste: „Es geht los. Sie haben alles vorbereitet. Gott mit euch, meine Freunde." Er umarmte den Botschafter und verabschiedete sich danach ebenfalls mit orientalischer Herzlichkeit von jedem Einzelnen.

Draußen warteten ungeduldig die zwei Männer, die eben noch mit Professor Al Mahdi gesprochen hatten. Hektisch geleiteten die beiden sie durch das Haus und zu einem vor dem Gebäude mit laufendem Motor wartenden Auto. Als sie Platz genommen hatten, preschte der Fahrer los.

Knapp dreißig Minuten später saßen sie in einer kleinen Propellermaschine und flogen durch die Nacht, den Nil entlang, Richtung Süden. Der Fluss sah aus, wie eine schwarze Schlange, die in einem dünnen Streifen saftigen Grüns lag. Die Wellen reflektierten das Licht des Mondes, der hell an einem klaren Himmel stand. Anna schaute aus dem Fenster. Unter ihr zogen die wichtigsten Stätten der großen ägyptischen Kultur vorbei: Luxor, Esna, Edfu, Kom Ombo...

Das Rauschen der Motoren und die Erleichterung, ihren Wölfen wieder einmal in letzter Minute entwischt zu sein, ließen sie ein wenig zur Ruhe kommen. Sie spürte, wie müde sie wirklich war. Immer wieder fielen ihr die Augen zu, doch immer wieder schreckte sie aus kurzem Schlaf auf. Wieder und wieder durchbohrten sie die Augen und tausend Fragen hämmerten in ihrem Kopf. Auch Anna war auf dem Weg zu sich selbst und ihr Weg war hart.

Während sie am Ende doch in einen unruhigen Schlaf sank, durchsuchten vier Männer die Räume, in denen sie noch vor drei Stunden gesessen hatten. Sie waren maskiert und bewaffnet und zu allem entschlossen. Als sie merkten, dass niemand mehr in dem Haus war, war ihnen klar, dass, sie zu spät gekommen waren. Alle Zimmer wurden nach Hinweisen auf den weiteren Verbleib der Vertriebenen oder möglicher Verstecke durchwühlt. In der Bibliothek rissen sie alle Bücher aus den Regalen und die Schubladen aus den Schränken und

Vitrinen. Aus lauter Frust zertrümmerten sie das ganze Geschirr in der Küche und hinterließen auch den Rest der Zimmer in einem grauenhaften Zustand. Am Ende übergossen sie alle Bücher mit Benzin und steckten das schöne Anwesen von Professor Al Mahdi in Brand. Als die Feuerwehr sich durch die engen Gassen gequält hatte, stand das ganze Haus bereits lichterloh in Flammen.

Glücklicherweise, hatten sich alle Bewohner, sowie das Dienstpersonal, rechtzeitig in Sicherheit bringen können.

Eine halbe Stunde später wählte, sichtlich genervt, einer der Männer eine Nummer und berichtete vom Scheitern ihres Vorhabens.

„Sie haben uns zum Narren gehalten…Ja…in dem Auto waren sie nicht….und im Haus ist keiner mehr da… nein, keine Spur…ich weiß auch nicht, warum sie es wussten..“

Achtundfünfzigstes Kapitel

Wieder klingelte das Handy. Der Mann mit dem Seitenscheitel schaute angespannt zu den drei Männern herüber, die sich wieder in den Halbschatten zurückgezogen hatten. Ab und an glimmte die rote Glut einer Zigarette auf. Der Rauch stieg grau zur niedrigen Decke und klebte dort, wie ein Menetekel. Langsam nahm einer der bulligen Männer das Telefon. Stumm nickte er und legte es wieder auf den Tisch.

Auf dem Markusplatz hatte Frank gerade die Rechnung bezahlt. Er hatte seine Freundin zu einem kurzen Urlaub eingeladen, um ihre Beziehung zu retten. Hand in Hand machten er und Steffi sich auf den Rückweg. Es sah sehr gut für ihn aus. Steffi war ganz begeistert von der Stadt, dem Café und von ihm. Als sie Hand in Hand und wieder schwer verliebt, an einem ockerfarbenen Haus vorbeikamen, bemerkte niemand von ihnen den Schuss.

Nur eine Taube stieg erschrocken auf, setzte sich auf den Dachsims, gurrte aufgebracht und flog davon.

Neunundfünfzigstes Kapitel

Als Anna aus dem Flugzeug kam, umhüllte sie die Luft wie ein Umhang aus schwerem, blauen Samt. Schlaftrunken, stieg sie die Treppen des Flugzeugs herunter. Sie war hundemüde und wollte nur noch in ein Bett; endlich schlafen und das Gefühl haben, in Sicherheit zu sein.

Wieder ging es mit dem Auto über das Rollfeld. Der Flugplatz, auf dem sie gelandet waren, musste weiter außerhalb der Stadt liegen. Denn kaum hatten sie die Anlage verlassen, umfing sie Dunkelheit. Anders, als in Europa, erhellten keine Laternen die Fahrbahn. Als Anna im Auto saß, war sie trotz der Aufregung nicht mehr in der Lage, die Augen offen zu halten. Immer wieder schlief sie ein, schreckte auf und sah schemenhaft eine wüste Landschaft an sich vorbei ziehen; und wenn sie schlief, waren da wieder diese Augen, stechend, fordernd bohrend.

Als sie am nächsten Morgen erwachte, stieg gerade rot die Sonne über dem Flachdach des gegenüberliegenden Hauses auf. Laut schrie der Muezzin und auf den schmutzigen und staubigen Gassen von Assuan machten sich die Gläubigen auf zum Gebet. Graue Reiher stiegen aus dem Schilf des Nil und erhoben sich in einen pastellfarbenen Himmel.

Auf den Landstraßen saßen Männer auf ihren Eseln, die sie zu ihrem Feld brachten um dann wieder, ohne ihren Reiter, gemütlich zurück zu ihrem Heim zu trotten.

In den staubigen Straßen von Assuan begann langsam das Leben. Scheppernd öffneten sich die Metallverschläge vor den

Türen der Geschäfte und die Händler fingen an, ihre Gewürze, Obst und Gemüse vor den Läden aufzubauen.

Anna versuchte, ihre Gedanken zu sortieren und sich zu erinnern, wie sie dahin gekommen war, wo sie sich gerade befand. Aber ihr Schädel gab nur widerwillig und sehr langsam Fetzen schemenhafter Erinnerung preis. Dafür war es, als blickten ihr immer noch diese Augen in ihre Seele. Angestrengt bemühte sie sich, dieses Bild aus ihrem Kopf zu bekommen. Aber es klebte dort wie eingebrannt.

Anna rieb sich das Gesicht. Sie saß in einem riesigen Bett. Ein Blick an sich herab verriet ihr, dass sie zwar ihre Oberbekleidung abgelegt, ihren BH und ihr Höschen aber noch anhatte. Langsam kamen ihre Erinnerungen wieder. Jan hatte sie in das Zimmer gebracht. Schlaftrunken, hatte sie ihre Kleidung abgestreift und war dann ins Bett gefallen. Sie blickte sich um. Der Raum war riesig. Ihr, in der Nähe des bodentiefen Fensters gestellte Bett, ließ sie über die Einfriedung des Grundstücks auf die Rückseite eines weiteren Hauses blicken. Über dem Flachdachbau erhob sich ein strahlend blauer, wolkenloser Himmel. Was Anna nicht sehen konnte war, dass es direkt hinter dem Gebäude nur noch ein paar Meter bis zum Ufer des Nils waren. Auf dem blitzenden Blau drängten sich hölzerne Fellachen mit weißem Dreiecksegel auf dem Fluss.
In der Mitte des Zimmers stand eine riesige Sitzgruppe aus weit ausladenden Sesseln und einem Sofa. Genau, wie in Kairo, hing auch hier ein großer Ventilator von der Decke. Über dem Sofa lagen, sorgsam zusammengefaltet, ihre Hose und Bluse. Anna ließ sich wieder zurück in das riesige, weiche Kissen fallen. Dann setzte sie sich ruckartig wieder auf.
"Wo war Jan?"

Sechzigstes Kapitel

Im Danieli war hektische Betriebsamkeit ausgebrochen. Der Direktor hatte einen kurzen Anruf erhalten, dann waren zwanzig ihm völlig fremde Männer gekommen, die in der Nacht alle Utensilien wieder eingepackt hatten - irgendeine amerikanische Spezialfirma, hatte man ihm gesagt. Es dauerte keine acht Stunden und alles war abgebaut und verstaut. Am Kai, vor dem Hotel, hatte ein kleiner Frachter festgemacht. Auf diesem wurden all die geheimnisvollen Kisten eilig verpackt. Gerne hätte der neugierige Direktor mit irgendjemand gesprochen oder einen Blick „hinter die Kulissen" geworfen. Aber die Security war unerbittlich und keiner wollte mit ihm auch nur ein Wort wechseln.

Von den zwei Herren, insbesondere dem Mann mit dem strengen Seitenscheitel, hatte er sich nicht verabschieden können. Zu gerne hätte er mehr gewusst und sich diese guten Kunden auch für die Zukunft erhalten. Doch auch seine zwei Assistenten konnten die Personen nicht ausmachen. Auf Nachfrage bei der Rezeption teilte man ihm mit, dass die Herren bereits ausgecheckt hätten.

"Wenigstens haben wir ihre Adressen", murmelte der Direktor und drehte sich zu einem jungen Mann mit Hornbrille um. "Lassen sie beiden bitte eine besondere Aufmerksamkeit des Hauses zukommen, Stefano."

Zwei Wochen später würde des Danieli die Pakete mit den besten venezianischen Spezialitäten wieder zurück bekommen. Vermerk: „Empfänger unbekannt."

Einundsechzigstes Kapitel

Anna tapste auf nackten Füssen über den Steinfußboden und die leuchtend roten und blauen Teppiche durch den großen Raum. Am anderen Ende führte eine Tür zu einem Badezimmer, das von seinen Ausmaßen ebenso luxuriös war, wie ihr Schlafraum.

Nachdem sie sich aus ihrem Koffer frische Kleidung und ihre Waschsachen herausgesucht hatte, versuchte sie die restliche Müdigkeit, all die Angst und schlechten Gedanken wegzuspülen, die sie wie eine dunkle Wolke zu umhüllen schienen. Die Dusche fühlte sich an, wie ein warmer Sommerregen. Sie schloss die Augen und stütze Ihre Stirn gegen die gekachelte Wand. Das heiße Wasser floss über ihr Gesicht und ihre Haut; das Rauschen schien in ihren Ohren zu dröhnen.

Die letzten Tagen liefen wie ein Film in ihrem Kopf ab. Sie merkte, wie müde sie war, wie sie sich gehetzt und getrieben fühlte und vor Furcht und Ungewissheit fast betäubt war. Die Situation machte ihr Angst. Sie merkte, dass sie im Begriff war, vollständig die Kontrolle zu verlieren - und Kontrolle war das Wichtigste für sie.
„Das Herz ist eine miese Gegend und das Schicksal ein Verräter", so dachte sie.
Anna war gerade auf dem Weg gewesen, ihr Leben wieder in den Griff zu bekommen und dann das! Außerdem vermisste sie Jan. Und das durfte auf keinen Fall passieren. Gedankenverloren setzte sie sich auf den Boden, ließ das Wasser auf sich niedergehen und weinte.

Zweiundsechzigstes Kapitel

Der Mann mit dem Pferdeschwanz stieg, nachdem er seine gigantische Katze sanft aber entschieden von seinem Schoss vertrieben hatte, langsam aus dem Auto. Beleidigt schaute das Tier zuerst an ihm hoch und ignorierte ihn dann geflissentlich.
"Wir sind da, Lewis." flüsterte er.
"Bald wird alles vorbei sein. Wir müssen und wir werden allem ein Ende bereiten."

Dreiundsechzigstes Kapitel

Anna hatte sich aus der Dusche gequält. Sie fühlte sich furchtbar. Nachdem sie aus dem Bad gekommen und ihre Sachen angezogen hatte, nahm sie sich ein Herz und verließ ihr Zimmer.
„Jan?" Zaghaft rief Anna seinen Namen.
Wo war der Kerl? Sicher war er schon wieder extrem früh aufgestanden und saß nun mit den anderen beim Frühstück.
„Er hätte ja wenigstens eine Nachricht schreiben oder mir irgendwie Bescheid geben können." Anna war ängstlich und wütend. Der Kerl würde noch eine entsprechende Ansprache bekommen.

Vorsichtig trat sie in den langen Flur hinaus. Kein Sonnenlicht, sondern schwache Lampen, mit gelben Schirmen, warfen einen schummrigen Schein auf alte Streifentapeten. Ein dicker, tiefgrüner Teppich schluckte jedes Geräusch ihrer Schritte. Langsam ging sie weiter. Der Gang schien kein Ende zu nehmen, eine Tür neben der nächsten und das Ende wurde von einer gähnenden Finsternis geschluckt.

Anna fröstelte es und mit einem Mal war ihr, als werde sie beobachtet. Ihre Schritte wurden kürzer und schwerer und ihre Stimme immer dünner.
„Jan, wo bist du?"

Vierundsechzigstes Kapitel

Die drei Männer saßen an einem hölzernen, langen Tisch in einem kargen Raum, der ansonsten nur noch mit einer niedrigen Kommode, ein paar Stühlen und drei Bücherregalen bestückt war. Vor dem einen Regal saß ein riesiger Kater und schnurrte. Die Männer unterhielten sich angeregt. Ihre Gesichter waren ernst.

"Es ist Zeit, liebe Freunde. Sie sind ihr auf der Spur und bald werden sie sie gefunden haben, wenn sie nicht schon längst bei ihr sind. Wir haben keine Minute zu verlieren. Auch wenn das Schicksal sie auserwählt hat - sie und ihre Freunde - sind wir immer noch mit verantwortlich. Wir haben mit unserer Arbeit und deinen Aufzeichnungen dafür gesorgt, dass es so weit kommen konnte. Wir müssen allem ein Ende bereiten. Die Menschheit wird nie reif sein, für deine Entdeckung, Jules."
Maurice holte tief Luft und schaute Verne intensiv an.
„Es ist höchste Zeit, Schluss zu machen, Zeit für uns zu gehen und Zeit dafür zu sorgen, dass es nie mehr in falsche Hände gerät."
Ernst blickte er beiden ins Gesicht. Dann fuhr er fort.
"Wir können nicht anderen die Last aufbürden, ihr Leben lang darauf zu warten, dass die Menschheit vernünftig wird. Sie ist es in den letzten hundert Jahren nicht geworden, warum sollte sie in den nächsten hundert Jahren vernünftiger werden?"
„Es war ein Fehler, dass wir das Buch heraus gegeben haben", warf der Inder ein.
„Wir mussten das Buch los werden", redete der Mann mit Zopf weiter auf Verne ein. „Überlege dir einmal, was passiert wäre, wenn Anna nicht aufgetaucht wäre? Sie waren ganz nah und sie hätten es in ihre Hände bekommen. Anna und ihre Freun-

de haben bis jetzt alle Gefahren wunderbar gemeistert. Und warum sie das Schicksal ausgewählt hat, wissen wir alle nicht. Für irgendetwas war es gut. Aber nun muss es ein Ende haben. Wir können diesen Menschen nicht ihr ganzes Leben stehlen, ohne dass sie eine Wahl gehabt hätten. Außerdem ist vor allem Anna in großer Gefahr - und zwar jetzt, während wir sprechen. Ich will kein Menschenleben für eine wissenschaftliche Eitelkeit opfern. Wir müssen eingreifen! Sofort!"

Verne schaute betroffen. "Ihr habt Recht. Dann ist dies das Ende." Seine Stimme war ruhig und gefasst. Er beugte sich nach vorne, seine Ellenbogen waren auf dem Tisch aufgestützt und er schaute Maurice fest in die Augen. Dieser erwiderte den Blick und nickte langsam.

„Wir werden noch heute nach Ägypten aufbrechen. Das Buch und die Maschinen müssen zerstört werden. Bevor wir aufbrechen, werden wir hier für klare Verhältnisse sorgen."

„Meine Freunde," fuhr Verne fort, „dann ist dies das Finale, Es ist mir eine Ehre und Freude, diese letzten Meter mit euch zu gehen. Möge uns das Schicksal auch weiterhin so ein guter Freund sein, wie bisher."

Fünfundsechzigstes Kapitel

Annas Schritte wurden immer schwerer. Obwohl sie eben erst aufgestanden war, umfing sie bleierne Müdigkeit. Wieder und wieder schlossen sich ihre Lider, als zöge ein kräftiger Magnet an ihnen.
"Warum beginnt sich der Boden zu bewegen?"

Anna kam sich vor, als hätte sie becherweise Wein getrunken. Die Dunkelheit am Ende des Ganges schien immer näher zu kommen, sie mit schwarzen Händen fassen zu wollen. Dann blitze ein grelles Licht auf und sie verlor den Halt. Es war, als ob der Boden zu einer langen Rampe geworden war und sie fiel geradewegs in die Tiefe - durch einen nicht enden wollenden Raum und durch die Zeit. Sie war wie in Trance. Es war, als ob vor ihren Augen ein Film ablaufen würde, als wäre sie Teil eines Films oder vielmehr, Teil der Vergangenheit, Gegenwert und Zukunft.

Vor ihr lief ihr ganzes Leben ab, in Bruchteilen von Sekunden und doch so intensiv, als sei es in Zeitlupe und durch ein Vergrößerungsglas. Alles war auf einmal klar, machte Sinn - wie die Teile zu einem großen Puzzle.

Sechsundsechzigstes Kapitel.

Professor DeVries liebte Steine. Er hatte einen Lehrstuhl für Baugeschichte an der architektonischen Fakultät in Aachen und seine ganze Liebe galt alten Bauwerken. Über diese Begeisterung waren alle anderen Seiten seines Lebens verkümmert wie die eingetrockneten Pflanzen auf der Fensterbank seines Büros. Hier saß er außerhalb der Vorlesungen und vergrub sich in Bücher und Aufzeichnungen; er studierte Bilder und Berichte und nutzte jede Möglichkeit, um an die entlegensten Winkel der Welt zu reisen. Er hatte auf seinen ausgedehnten Forschungen bereits den südamerikanischen Kontinent, wie auch die Osterinseln, Nordafrika und Asien bereist. Dabei hatte er erstaunliche Entdeckungen gemacht.

Auch jetzt saß er vornüber gebeugt an seinem Tisch und studierte Fotos und Detailzeichnungen. Plötzlich stutzte er. Wieder und wieder verglich er Aufnahmen, die ihm ein befreundeter Wissenschaftler geschickt hatte, lehnte sich zurück, schüttelte den Kopf und murmelte: "Das kann nicht sein." Immer und immer wieder.
Wild entschlossen, nahm er weitere Bilder, scannte sie ein und setzte sich hastig an seinen Computer. Nach kurzer Zeit hatte das Programm ihm ein Bild der großen Pyramide bereit gestellt. Es ähnelte der Aufnahme einer Wärmebildkamera. Ungläubig starrte er auf den Bildschirm. Er konnte nicht glauben, was er da sah. Das war nicht möglich, widersprach allen Theorien, allem, was er gelernt und gelehrt hatte - und doch, hatte er den Beweis direkt vor sich.

Siebenundsechzigstes Kapitel

Jan fühlte sich wie ausgekotzt. Er hatte Anna alleine in Assuan zurück gelassen und war noch in der Nacht nach Deutschland zurück geflogen. Dennoch wusste er, dass es die richtige Entscheidung gewesen war. Zum einen wähnte er Anna bei Jean-Luc und dem Professor in Sicherheit, zum anderen hatte er beiden versprochen wichtige Informationen zu besorgen, die ein weiteres wichtiges Puzzlestück in diesem verwirrenden Spiel waren und drittens brauchte er Abstand. Er merkte, dass er sich verrannt hatte, dass er sich aufrieb an etwas, dass anscheinend nicht sein sollte.

Er wischte seine Gedanken an Anna beiseite. Auch wenn es ihm schwer fiel. Es ging darum, Antworten auf brennende Fragen zu bekommen, Antworten auf Fragen, die bestimmte Eigenarten von Bauwerke aufwarfen, die Verne in seinem Tagebuch erwähnt hatte. Außerdem schien er wichtige Entdeckungen gemacht zu haben, die mit der großen Pyramide zu tun hatten.
Die Antwort auf all diese Fragen sollte er in seiner alten Heimatstadt bekommen. Jean-Luc hatte ein Treffen mit einem alten Bekannten arrangiert. Sein Name war Professor Thomas DeVries und er arbeitete an der TU Aachen. "Seltsam", dachte er bei sich, "wie die Fäden des Schicksals ihr Netz spinnen."

Nun saß er im Café in seiner Lieblingsbuchhandlung in Aachen. Es war ein durchwachsener Samstagvormittag. Durch das große Panoramafenster fiel fahles Licht der schwachen Herbstsonne in seine Tasse Milchkaffee. Versonnen schaute er hinaus. Zu seiner Linken sah er auf einen Teil des kleinen Parks, der hinter dem Elisenbrunnen lag. Hier hingen noch die letzten, braunen Blätter an den knorrigen Ästen der großen Kastanien. Gegenüber dem Park begann die Altstadt mit der imposanten Silhouette des Doms. Draußen tummelten sich Menschenmengen auf den Gehsteigen, um Samstagseinkäufe zu erledigen und auch das Café füllte sich zusehends. Fast alle Plätze waren besetzt.

Wortfetzen von Gesprächen und leises Lachen rieselten wie ein vergessener warmer Sommerregen auf seinen Kopf. Er schloss die Augen und genoss das Licht ein paar zufälliger Sonnenstrahlen, die durch das Fenster fielen und sein Gesicht wärmten.

Jan musste an seine Kinder denken, an Sophie und Louisa. Erinnerungen schossen ihm durch den Kopf - der letzte gemeinsame Familienurlaub -

die kleine Louisa war da 4 und Sophie 11 Jahre alt gewesen. Es ging mit dem Auto nach Südfrankreich. Das von den Kindern so geliebte Panoramadach war leider von einem großen Gepäckträger verdeckt. Die Stimmung war prima. Louisa und Sophie lachten und freuten sich auf das Meer und Sonne.

Sie hatten in Luxembourg günstig getankt und gefrühstückt und waren nun schon seit einer Stunde auf der französischen Autobahn unterwegs, als Christine auf der Mittelleitplanke einen großen Kranich ausmachte, der sich gerade anschickte, abzuheben. Jan war auf der Überholspur und bemerkte den flachen Winkel, in dem das Tier startete.

"Das wird aber knapp..." Peng.....mit einem großen Krachen hatte sich der arme Vogel genau zwischen Gepäckträger und Panoramafenster gequetscht. Leblose Augen eines ziemlich zerzausten Federviehs glotzten starr in den Innenraum.

Louisa schrie und Sophie weinte.

„Papa hat den Adler getötet." Louisa war entsetzt. "Du musst ihn wieder lebendig machen!"

Nachdem Jan auf dem Seitenstreifen gehalten hatte, suchte er nach einer Plastiktüte, zog sich diese über die Hand und den Kranich unter dem Gepäckträger hervor. Überall flogen ausgerupfte Federn umher. Der leblose Körper hing traurig mit dem Kopf nach unten und abgespreizten Flügeln in seiner Hand. Von innen hörte er die Kinder schreien.
"Du musst ihn wiederbeleben!" Jan schauderte.
Er hätte nichts lieber getan, als die tote Kreatur einfach in den Graben zu werfen. Aber die verzweifelten Blicke seiner Kinder ließen ihn das Tier auf den Boden legen und er begann, irgendwelche gespielten „Wiederbelebungsmaßnahmen" vorzunehmen.

Es musste ziemlich befremdlich für alle Vorbeifahrenden ausgesehen haben, als er eine Herzmassage bei dem mausetoten Vogel andeutete. Nach einigen Minuten legte er den Kranich an den Seitenrand und kam bedrückt zum Auto zurück.
„Ich habe alles versucht, Louisa aber er ist leider verstorben."
Die Kleine schluchzte: „Der Adler ist tot."

So ging das die nächsten zwei Stunden; immer wieder: „Papa hat den Adler getötet." Auch Christine konnte ihr nicht klarmachen, dass es kein Adler war, sondern ein Kranich und das es nicht Papas Schuld war. Am Ende war es auch egal. Schließlich beschloss Jan, um von dem ganzen Unglück abzulenken, die nächste Pipipause mit einem Snack zu verbinden. Als sie dann auf der Raststätte ankamen, waren die Kindern hellauf begeistert: es gab McDonalds. Als sie endlich an der Reihe mit bestellen waren, wollte Sophie einen großen Salat und einen Veggiburger.
„Und was willst du?" fragte Jan seine jüngste Tochter?
„Chicken Wings", antwortete die kleine Maus….

Jan liebte Situationskomik.

Á propos Chicken Wings - das erinnerte ihn an den Tag, als sie gemeinsam in Bonn unterwegs waren und auf dem Marktplatz stehend diskutierten, was und wo man denn etwas essen wolle. Nachdem Sophie sich „geschlagen" gegeben hatte und widerwillig erneut zu McDonalds gegangen war, hatten sich alle drei auf der Treppe vor dem alten Rathaus gesetzt, um die milde Wärme der Nachmittagssonne zu genießen und zu essen.

Als Louisa genüsslich ihre frittierten „Fleischflügel" in Panade futterte, ärgerte das Sophie. Immer wieder stichelte sie wegen Louisas Fleischkonsum und dass sie sich doch auch vegetarisch ernähren solle. Louisa war das aber ziemlich egal. Da griff Sophie zu ihrem Handy und hielt ihrer jüngeren Schwester einen Film der Tierschutzorganisation Peta vor die Nase in dem gezeigt wurde, wie kleine Küken geschreddert werden.

„Louisa?", ihre Stimme hatte etwas triumphierend Moralisches. "Du bist eine Kükenmörderin!"

Sie fixierte Louisa mit lauerndem Blick. Doch diese schaute ungerührt das Video. Dann drehte sie sich zu Sophie um. „Die habe ich aber nicht getötet."

„Aber indirekt", versuchte Sophie die Moralkeule weiter kreisen zu lassen.

„Nein, indirekt hat sie McDonalds getötet. Ich esse sie."

Sophie holte nun zum „alles vernichtenden Schlag aus.

„Louisa, der liebe Gott sieht das alles. Du isst tote Küken."

Louisa stopfte sich ihr letztes Stück in den Mund. Kaute ein wenig und antwortete völlig ungerührt: „Wenn der liebe Gott alles sieht, hätte er doch ein wenig früher aufpassen können."

Achtundsechzigstes Kapitel

In vier Stunden würde sich Jan mit Professor DeVries treffen. Von ihm erhoffte er sich Antworten auf viele Fragen. Immer und immer wieder ging er die Fakten in seinem Kopf durch. Was wussten sie wirklich? Waren Ihre Theorien nur Hirngespinste und welche Rolle spielte dabei die große Pyramide? Was hatte es mit diesen Maschinen und dem Erdmagnetismus auf sich?

Vor sich türmte sich ein Stapel von Büchern über Architektur, antike Baukunst und die große Pyramide. Immer wieder blätterte er mal in diesem und mal in jenem, las interessiert bestimmte Passagen, verglich Bilder und starrte gedankenverloren aus dem großen Fenster.

Draußen trieb eine starke Böe einen Papierfetzen über den Gehsteig, ließ ihn aufwirbeln und dann wieder zu Boden sinken. Achtlos trampelten zahllose Schuhe der vorbei eilenden Passanten darüber hinweg, kickten es von einem Ende des Weges zum anderen, bis vor die Füße von zwei jungen Frauen, die gerade vom Elisenbrunnen Richtung Dom unterwegs waren.
„Wo willst Du hin, Ella?" fragte die Jüngere von ihnen?
„Lass uns einfach in die nächste Pinte ein Bierchen trinken."
Ella lächelte. Der Gedanke gefiel ihr. Sie waren schon eine ganze Weile durch die Stadt gelaufen, hatten sich vor allem durch die Geschäfte der Einkaufsstraßen gekämpft und wollten nun einfach nur alle Viere von sich strecken.
„Oh schau mal!" Ella zeigte in Richtung Mayersche Buchhandlung.
„Da will ich noch hin".
Franzi schüttelte ungläubig den Kopf.

„Muss das sein? Bücher gibt es überall. Ich hab' Durst."
„Da ist auch ein Café drin. Setz dich doch da rein."
„Die haben aber bestimmt kein Bier", maulte Franzi.
„Aber vielleicht Cocktails...", warf Ella ein.
Franzi dachte kurz nach, dann hellte sich ihre Miene auf.
„Bestimmt."
„Dann lass uns mal schauen!" Ella wusste, wie sie ihre Freundin „motivieren" konnte.

Wenige Minuten später betraten sie die Buchhandlung. Während Franzi sich umgehend in die zweite Etage bewegte - hier befand sich das Café - steuerte Ella nach einer kurzen Orientierung auf das Regal mit „psychologischer Fachliteratur", „Lebenshilfe" und „Liebe und Erotik" zu.

Kurze Zeit später durchquerte sie die Etage zurück zum Café. Vor sich balancierte sie einen Stapel Literatur.
Das Café hatte sich gefüllt; fast alle Sitze waren belegt. Franzi hatte noch einen Platz an einem großen Tisch in der Mitte des Raumes gefunden. Direkt vis á vis eines Mannes, der in einen Text vertieft war. Ella nahm neben Franzi Platz. Dabei kam ihr Turm aus dem Gleichgewicht, polterte auf den Tisch und vermengte sich mit den Büchern ihres Gegenüber. Hektisch versuchte sie, alles wieder in Ordnung zu bringen.
„Entschuldigung", hauchte sie. Franzi kicherte. Normalerweise war sie es, der solche Missgeschicke passierten. Jan schaute auf. Er hatte die beiden Frauen zuerst nicht wahrgenommen. Er war zu sehr mit seinen Gedanken beschäftigt. Dann schaute er in Ellas Augen. Nie hatte er solche Augen vorher gesehen. Er schluckte und stammelte: „Kein Ding." Diese Augen hypnotisierten ihn. „Ich sehe, sie haben auch einiges vor", versuchte er mit einem Blick auf Ellas Stapel an Literatur und einer inneren Eingebung ein Gespräch in Gang zu bringen. Er

überflog die vor sich liegenden Titel und sortierte ihre aus dem Bücherberg.

„Sie interessieren sich für Psychologie? Wissen sie", sagte er, „am Ende ist alles eine Reise zu uns selber. Kennen sie „*Demian*" von Hermann Hesse?"

Ella blickte auf. Ihre Augen fixierten ihn ungläubig.

„Nein, aber ich werde es mir merken." Sie lächelte zurück und begann zu lesen.

Jan blickte erneut auf, dann wieder in sein Buch. Er konnte sich nicht mehr konzentrieren. Wie in Trance stand er auf, bat die beiden Frauen kurz auf seine Sachen aufzupassen und kam nach zehn Minuten wieder. Als er sich hingesetzt hatte, nestelte er verlegen in einer Tüte und schob Ella ein Buch über den Tisch.

„Für sie", sagte er. „Ich hoffe, es hilft ihnen genauso, wie es mir geholfen hat."

Schnell verschanzte er sich wieder hinter den Seiten von „Die Architektur des alten Ägyptens". Ellas ungläubiger Blick ging von ihrem Geschenk zu Jan, von Jan zu Franzi, die ebenso erstaunt schaute und dann von einem Ohr zum nächsten grinste.

„Das kann ich nicht annehmen", durchbrach sie die erstaunte Stille. Doch Jan legte sein Hand energisch auf den Umschlag und schob es noch näher an sie heran.

„Bitte!", sagte er, „Lesen sie es! Sie können es mir immer noch zurück geben.", bemerkte er mit einem verschmitzten Grinsen. „Ich habe meine Telefonnummer vorne rein geschrieben."

Aus Franzis Grinsen wurde ein lautes Lachen. Und auch Ella schenkte Jan ein verlegenes Lächeln.

Neunundsechzigstes Kapitel

In Varanasi liefen die Maschinen auf Hochtouren. Die Räder ratterten, Gewinde griffen ineinander und setzten eine komplizierte Mechanik in Gang. In der Mitte des Raumes erinnerte eine Apparatur an ein Miniatur-Umspannungswerk. Auf einem Keramiksockel waren zwei Metallstäbe in einem Abstand von ca. einem halben Meter montiert. Ihre Konturen zeichneten sich nur schemenhaft in dem Halbdunkel ab.

Mit einem leichten Knarren öffnete sich die Tür und drei Männer traten ein. Nebeneinander bauten sie sich vor der imposanten Konstruktion auf, sahen sich an und nickten sich, mit nicht zu übersehendem Stolz, zu.
„Jules, bitte", unterbrach der Inder die Stille, „leg du den Schalter um. Es ist lange her und es wird das letzte Mal sein. Diese Ehre gebührt dir."
Mit einem leichten Nicken trat Jules Verne nach vorne und mit einem Ruck schloss er den elektrischen Kreislauf. Unvermittelt entlud sich mit einem Knall eine heftige elektrische Ladung, die eine extrem helle Lichtbrücke zwischen den Metallstäben entstehen ließ. Die Männer hielten unwillkürlich schützend ihre Hände über Ihre Augen und blinzelten in das grelle Licht.
„Es funktioniert immer noch", stellte der Mann mit dem Pferdeschwanz zufrieden fest. „Immer noch seit über hundert Jahren. Und dieses, wird das letzte Mal sein."

„Dann lasst uns an die Arbeit gehen, Freunde!"
Jules Verne drehte sich auf dem Absatz um und verließ, an der Spitze der drei, den nun hell erleuchteten Raum. Gleich werden wir in Ägypten sein.

„Wir werden die Maschine nutzen, um gestern in Ägypten anzukommen. Ich habe ein mulmiges Gefühl im Bauch. Ich hoffe,
wir sind nicht zu spät."
„Auch ich habe ein seltsames Gefühl. Wir müssen uns beeilen!
Und dann, lasst uns Zeitzünder nehmen, um die Maschinen
zu zerstören, wenn wir weg sind."
Die beiden anderen nickten. Sorgfältig schlossen sie die Türe
hinter sich ab und suchten in der Dunkelheit ihren Weg über
den Hof.

Siebzigstes Kapitel

„Spätherbst ist die einzige Zeit, in der New York wirklich erträglich ist, dachte Ian bei sich, als er über die *5th Avenue* Richtung *Times Square* den entgegenkommenden Passanten auswich. Er genoss die kühle Luft, die zwischen den Häuserschluchten wehte und blinzelte in die tief stehende Sonne. Die Strahlen hatten kaum noch Kraft, tauchten aber alles in ein zauberhaftes, goldenes Licht. Ian wollte sich an der Ecke schnell eine Pizza und Mountain Dew holen, um es auf dem Weg zum Büro hastig herunter zu schlingen.
„Jean-Luc würde den Kopf schütteln.“

Er dachte an ihre erste Begegnung bei einem gemeinsamen Seminar an der *Science Po* in Paris. Lächelnd erinnerte er sich, wie Jean-Luc ihn zu einem „kleinen Snack“ eingeladen hatte, der alles in allem knapp drei Stunden dauerte. Eine Ewigkeit für einen waschechten New Yorker und eigentlich undenkbar, mit Ausnahme von Barbacue, so viel Zeit mit Essen zu verbringen.

Als er die Straße überqueren wollte, fielen ihm zwei schwarze Limousinen auf, die mit abgedunkelten Scheiben Richtung Hudson preschten. Solche Autos kannte er von seiner Zeit im Weißen Haus. In der Regel waren dies die Autos, die vom Secret Service benutzt wurden.
„Die Jungs werden wohl wieder einen Einsatz haben“, dachte er kurz und betrat den Laden.
Dort, wo früher die Zwillingstürme des World Trade Centers in den Himmel ragten, bogen sie ab und verschwanden in einer Tiefgarage.

Allerdings lag Ian mit seiner Einschätzung vollständig falsch, dass es sich um Mitglieder des US amerikanischen Sicherheitsapparates gehandelt hatte. Der Secret Service wäre in diesem Moment mehr als froh gewesen, wenn er von dem, was nun kommen würde, Kenntnis gehabt hätte. So aber nahm alles seinen Lauf.

Einundsiebzigstes Kapitel

Als Ella und Franzi unmittelbar nach ihrem Besuch in der Buchhandlung den Heimweg angetreten hatten und wieder im Zug Richtung Bottrop saßen, fing Ella an, das Buch zu lesen. Es sollte auch ihr Leben vollständig verändern, durcheinander wirbeln und auf den Kopf stellen. Noch bevor sie in Essen umstiegen, hatte sie die Augen voller Tränen und das Herz schien ihr fast zu zerspringen. Als sie in ihrer Wohnung wieder angekommen war und sich auf ihre Schlafcouch legte, sich eine Zigarette angezündet und einen tiefen Zug genommen hatte, fasste sie eine Entscheidung.

Zweiundsiebzigstes Kapitel

Jan war endlich bei Professor DeVries angekommen. Er hatte sich fast zwanzig Minuten durch nicht enden wollende Gänge kämpfen müssen. Immer wieder war er falsch gelaufen, doch jetzt endlich stand er vor seiner Bürotür. Er klopfte kurz und trat ein, nachdem er von innen ein bestimmtes „Herein" gehört hatte. Schwungvoll und glücklich, endlich an seinem Ziel angekommen zu sein, betrat er den Raum und stolperte prompt über am Boden liegende Stapel von Büchern und Zeitschriften.

„Vorsichtig! Entschuldigen sie. Ich hätte sie vorwarnen müssen. Mein Büro ist einfach zu klein für einen Sammler, wie mich. Bitte nehmen sie doch Platz. Sie können, statt des Bodens, auch einen Stuhl nehmen." Professor DeVries lachte laut und freute sich herzlich über seinen gelungen Witz. Jan schmunzelte, zog einen Stuhl in die Nähe des vor Papier überbordenden Schreibtisches und setzte sich.

Der Professor musste extrem weitsichtig sein. „Was kann ich für Sie tun?", fragte er und schaute Jan durch seine viel zu große Brille mit riesig scheinenden Augen interessiert an.
„Guten Tag, Professor DeVries. Ich soll Ihnen schöne Grüße von Professor Prieux und Professor Bessier bestellen." Beide gaben sich die Hand.
„Das ist nett." Er lächelte. „Aber Sie sind sicher nicht als Grußbote hier."
„Natürlich nicht." Jan lachte, „Hat Ihnen Prieux nicht gesagt, worum es geht? Wir sind da in eine sehr seltsame Angelegenheit hineingerutscht."
„Er hat angedeutet, dass es um mysteriöse Aufzeichnungen aus einem Buch und die Cheopspyramide geht."

„Das ist richtig. Was können Sie mir über die große Pyramide sagen?"

„Sie sind sicher nicht hier, um das zu hören, was sie in jedem Buch nachlesen können, habe ich Recht?"

Jan schaute ihn fest an und schüttelte mit dem Kopf. Mit einem Lächeln stand der Professor auf, nahm einen Block Papier und Stifte.

„Dann will ich Ihnen die Wahrheit über die Pyramide erzählen und all die Geheimnisse, die so offensichtlich sind, dass sie keine mehr sehen kann oder will."

„Aber wo sollen diese Geheimnisse denn liegen, Professor. Die Pyramide ist immer und immer wieder untersucht und durchleuchtet worden. Meinen sie nicht, dass man in den letzten drei-, viertausend Jahren, alle Geheimnisse gefunden hat?"

Der Professor betrachtete Jan und nickte. „Natürlich, wenn diese Geheimnisse tatsächlich nur im Innern der Pyramide zu finden wären. Aber das Geheimnis ist auch das Bauwerk selber. Ihre Anmaße und Proportionen."

Jan stutzte. Lassen sie es mich Ihnen zeigen." Mit fast kindlicher Begeisterung fing Professor DeVries an, Striche und Kreise auf ein Blatt Papier zu zeichnen.

„Wenn sie einer anderen Zivilisation etwas mitteilen wollten und sie wüssten nicht, welche Sprache die andere spricht - ob sie eine Sprache sprechen und wie sie kommunizieren - wie würden sie versuchen eine Botschaft zu überbringen?" DeVries' Augen blickten nicht von seinem Blatt auf.

„Ich würde es mit Zeichen versuchen, mit Bildern vielleicht...", versuchte Jan eine einigermaßen sinnvolle Antwort zu geben.

„Richtig!", antwortete der Professor. „In Bildern...und wie würden sie sicherstellen, dass diese Bilder die Jahrtausende überdauern - Erdbeben, Erosion, Kriege? - lassen sie es mich ihnen sagen: sie erschaffen Bauwerke. Bauwerke, die alle Informationen, die sie vermitteln wollen, in sich tragen. Die so groß und so stabil sind, dass sie allen Widrigkeiten trotzen. Die Erdbeben widerstehen und auch durch Erosion und andere äußere Einflüsse, kaum zu zerstören sind. Und all das, sind die Pyramiden. Vor allem die große Pyramide. Lassen sie es mich beweisen."

„Über die Bauweise weiß ich bereits Bescheid", warf Jan ein.

„Was hat es mit den Hinweisen auf sich?"

„Wer sich die Mühe macht, Bauwerke von der Größe der Pyramiden zu erschaffen, oder der Statuen auf den Osterinseln, oder Südamerika, China, der muss es mit seiner Botschaft sehr ernst gemeint haben. Schauen wir uns einmal die großen Zusammenhänge an."

Jan rückte näher an Professor DeVries und traute seinen Augen und Ohren nicht, was dieser ihm offenbarte.

Dreiundsiebzigstes Kapitel

Die schwarzen Limousinen fuhren in den untersten Stock des Parkhauses. Schier endlos wand sich die enge Zufahrt zu den einzelnen Etagen immer tiefer in den New Yorker Untergrund. Roy beobachtete aus seinem kleinen Büro die vielen Ebenen, die Fahrzeuge und Menschen, wie sie kamen und gingen. Auch ihm waren die eleganten, großen Autos aufgefallen, die langsam die Zufahrt zu den Stellplätzen herunter rollten. Allerdings hatte er sie kurz darauf aus den Augen verloren. Drei junge Männer forderten seine ganze Aufmerksamkeit, als sie anfingen, ein Auto aufzubrechen. Er drückte den Alarmknopf, nahm sein Funkgerät und verständigte den Sicherheitsdienst. Sollten die Jungs von der Security sich doch drum kümmern. Allerdings würden sie bestimmt wieder absichtlich zu spät kommen. Roy war sich mittlerweile sicher, dass dahinter „ein System" stecken musste. So entgingen die „faulen Säcke" jedenfalls immer einer körperlichen Auseinandersetzung und vor allem dem ganzen Papierkram, der sich dann anschließen würde. So musste Roy alle Vorfälle melden. Er war jetzt schon stinksauer.

Während er versuchte, bei seinen Kollegen Druck zu machen, sich mit den Rücken zum Bildschirm drehte, um sich noch einen Kaffee einzuschenken und seinen Ärger runter zu spülen, verschwanden die Wagen plötzlich vom Bildschirm.

Vierundsiebzigstes Kapitel

Ella griff zu ihrem Handy. Ihre Augen waren rot und voll von Tränen. Nie hatte sie ein Buch so eingenommen, ihr aus dem Herzen gesprochen und in ihr etwas zum klingen gebracht.

„Wie konnte ein Mensch so etwas denken und dann in solche Worte fassen?" Immer und immer wieder hatte sie verschiedene Passagen gelesen und geweint - geweint vor Glück. Da war jemand, der das schrieb, was sie lange nicht einmal zu denken gewagt hatte. All das, was in ihr war aber unter dem Schutt eines Lebens lag, das nicht das ihre war.

Sie wunderte sich über sich selbst, dass Sie den Mut aufbrachte, die in das Buch geschriebene Nummer zu wählen.

Fünfundsiebzigstes Kapitel

Jans Handy klingelte. Er schaute auf den Display. Die Nummer war ihm nicht bekannt. Mit einem fragenden Blick holte er sich die Zustimmung von Professor DeVries und nahm das Telefonat an.

„Hallo!", hörte er eine Frauenstimme. „Hier ist die Chaotin aus der Mayerschen. Ich hoffe, ich störe nicht, aber ich muss Ihnen sagen, dass das Buch, was Sie mir gegeben haben, eine Offenbarung ist. Ich kann es nicht mehr weglegen, habe manche Stellen wieder und wieder gelesen."

Ihre Stimme brach sich ein wenig. Jan musste unwillkürlich an diese blauen Augen denken, diesen schüchternen Blick und war ganz erstaunt, von der Begeisterung und der Leidenschaft, die ihm da entgegenschlugen. Ohne ihn zu Wort kommen zu lassen, sprudelte es förmlich aus ihr hinaus. Jan war hin- und hergerissen. Eigentlich wollte er diese bezaubernde Frau nicht unterbrechen - ja am liebsten hätte er ihr den ganzen Tag zugehört - aber Professor DeVries wartete und er musste erfahren, was es mit der Pyramide auf sich hatte.

„Ich kann nicht mehr aufhören zu lesen. Alles macht auf einmal einen Sinn."

Jan schmunzelte.

„Wissen Sie was?", sagte er und erschrak beinah über seinen Mut. „Wir müssen uns wiedersehen."

Am anderen Ende der Leitung wurde es still. Ella schluckte. Das war jetzt nicht das, was sie erwartet hatte aber irgendwie fühlte sie sich zu diesem Mann hingezogen und irgendetwas in Ihr ließ sie spontan „Ja" sagen.

Jan hatte mit dieser Antwort nicht gerechnet. Auch er schluckte kurz und sammelte sich. „Sagen sie mir wann und wo und ich bin da."

„Ich wohne in Bottrop. Es ist nicht so einfach. Ich habe eine Tochter und ich bin noch in der Ausbildung."

„Wo ein Wille ist, da ist auch ein Weg", scherzte er. Nun schluckte Ella. Er hatte ja recht.

„Ich möchte ohnehin meine Zeit in Deutschland nutzen, um bei meinem alten Freund Frank vorbeizuschauen. Der wohnt in Essen. Ich werde mir dann ein Hotel in Bottrop nehmen. Dann können wir uns gerne auf einen Kaffee sehen. Sie haben meine Nummer. Adden sie mich bei whatsapp und schreiben Sie mir, wann es ihnen passt."

Ella wusste nicht, was sie antworten sollte, doch dann hörte sie sich selber sagen:. „Es wird schon klappen, Ich gebe Ihnen Bescheid." Jan hätte einen Luftsprung machen können. „Ich freue mich sehr. Bitten sehen sie mir nach, dass ich gerade in einer Besprechung bin. Melden sie sich ganz schnell!"

Ella war ganz heiß geworden. Sie beschloss zunächst mit Tilo Rücksprache zu halten. Tilo war ihr schwuler Freund, der ihr in jeder Lebenslage immer ein guter und zuverlässiger Berater gewesen war. Eine Flasche Wein und ein langer Abend dürften reichen, um eine Entscheidung treffen zu können. Allerdings war da auch dieser andere....er war eigentlich immer ihr Traummann gewesen...der, für den sie Berny verlassen hätte...Berny, der Mann, der ihr in den letzten neun Jahren immer ein treuer und liebevoller Partner gewesen und, wenn auch nicht der leibliche, dann doch der „richtige" Vater ihrer Tochter war.. Ella war hin und her gerissen. Auch sie war auf dem Weg, einem sehr steinigen Weg.

Sechsundsiebzigstes Kapitel

„Die Cheopspyramide ist ein absolutes Phänomen", referierte DeVries und fand, nachdem er einmal angefangen hatte, kein Ende mehr.

„Sie ist ein mathematisches und physikalisches Wunder. Aufgrund ihrer achtseitigen Bauweise - die Seiten weisen exakt in der Mitte jeweils einen Knick auf, den man nur an zwei Tagen im Jahr bemerkt; den Tagen der Tag- und Nachtgleiche, lenkt sie unsere Aufmerksamkeit auf den astronomischen Zyklus, zu dem es noch allerhand zu erzählen gäbe.

Die ägyptischen Pyramiden stehen auch nicht irgendwie planlos in der Wüste herum. Sie bilden eine gigantische Himmelskarte mit dem Sternbild Orion im Zentrum.

Sie wissen, dass die Priester im alten Ägypten hervorragende Astronomen waren. Zudem wurde jedes Ereignis der Geschichte in der ägyptischen Religion als Wiederholung eines mythischen Ereignisses aus der Zeit der Götter betrachtet, darüber sind sich sogar alle Ägyptologen und Religionshistoriker einig."

DeVries lachte.

„Wenn wir nun mit Hilfe eines Astronomie-Computerprogramms den Nachthimmel vor rund 4.500 Jahren rekonstruieren, also zur Zeit des Baus der Cheops-Pyramide, werden sie feststellen, dass die Anordnung der Pyramiden von Gizeh verblüffend genau mit den Positionen der Sterne im Sternbild Orion übereinstimmt. Dabei spiegeln die Cheops-, Chephren- und Mykerinos-Pyramide in ihrer Anordnung die Sterne im sogenannten „Gürtel des Orion" und ihre Größe, die unterschiedlichen Leuchtkraft der Himmelskörper wieder. Der Nil repräsentierte im alten Ägyptern den mythischen „Okeanos", die Milchstraße. Das gesamte ägyptische Kernland, mit all sei-

nen scheinbar so chaotisch in die Wüste gebauten Monumenten, wird so zu einer überdimensionale Karte des Sternenhimmels.
Doch welchem Zweck diente all das?"
DeVries zog die Schultern hoch und machte einen hilflose Geste.

„Die Pyramiden sind ein schier unerschöpfliches Sammelsurium an Kuriositäten. Auch ihre Lage weist eine unglaubliche Besonderheit auf. Die Lichtgeschwindigkeit beträgt exakt 299.792,458 Meter pro Sekunde. Wenn sie nun die Koordinaten der Position der Großen Pyramide eingeben, werden sie feststellen, dass sie genau 29.9792458°N liegt. Zufall?

Ich könnte ihnen noch dutzende solcher Zufälle zeigen, die entweder auf Pi oder Phi, die göttlichen Zahlen hindeuten oder auf das Pyramidion, das in seinen Abmaßen genau einen Meter beträgt. Da das Pyramidion die maßgebliche Einheit für den Bau der restlichen Pyramide bot, ist davon auszugehen, dass die alten Ägypter sogar das metrische System bereits kannten. Am Ende reiht sich ein Zufall an den Nächsten. So viele Zufälle können kein Zufall mehr sein." Professor DeVries war außer Atem, aber dann holte er schnell wieder Luft und mit anhaltender Begeisterung fuhr er fort: „Aber wissen sie, was die absolute Sensation ist?"
Er schaute von seinen Kritzeleien auf und rannte zu seinem Computer.
„Schauen sie sich das einmal an!"
Jan sah ein Foto von der Cheopspyramide, das aussah, als wäre es mit einer Wärmebildkamera aufgenommen worden.
„Schauen sie!" Professor DeVries fuchtelte und gestikulierte wild mit seinen langen, dünnen Fingern vor dem Bildschirm

und konnte es nicht glauben, dass sein Besucher so begriffs-
stutzig war. „Was sehen sie da?"
Jan starrte auf den Bildschirm. Irgendwo oberhalb der Kö-
nigsgruft schien ein heller Fleck zu sein. „Da ist eine Verfärbung", antwortete Jan recht unfachmännisch.
„Ja, ja, ja....genau...eine Verfärbung! Und wissen sie auch, was
das bedeutet?"
DeVries Stimme überschlug sich fast.
„Hier muss ein Hohlraum sein. Eine weitere, noch nicht entdeckte Kammer: Die Kammer des Horus - so habe ich sie ge-
tauft."
Jan traf der Schlag.
„Eine weitere, nicht entdeckte Kammer?" Wie konnte das
sein?
„Aber Professor, ich dachte, die Pyramide sei so gut durchleuchtet, wie kein anderes Objekt?"
„Ja, das stimmt, aber sie ist auch eines der größten Bauwerke
der Welt und die Technik - die Möglichkeiten - werden immer
besser. Leider sind keine Bohrungen oder andere substanz-
verändernde Maßnahmen erlaubt, so dass wir wahrscheinlich
nie das Innere dieser Kammer erblicken werden. Die Behörden sind da ganz strikt und es wird mit Sicherheit keine Aus-
nahmen geben. Aber es muss sie geben, die Kammer. Soviel
steht fest. Aber wofür war sie gut - was war in der Kammer?
War sie ein weiterer Raum für einen weiteren Sarkophag?
Auch hierfür habe ich schon eine Antwort. Sie werden staunen, lieber Freund...sie werden wirklich staunen."
Prof. DeVries verschränkte die Arme hinter seinen Nacken,
lehnte sich zufrieden in seinem alten Bürostuhl zurück,
streckte die Beine unter den Tisch und sah Jan triumphierend
an. Sein großer Mund lächelte und seine riesigen Augen funkelten.

Siebenundsiebzigstes Kapitel

Das Neonlicht war hart und hell und tat nach einiger Zeit den Augen weh. Die Männer hatten einige Sicherheitsschleusen durchlaufen müssen. Ihre Identität wurde überprüft, sie wurden gescannt, abgetastet und untersucht und schließlich von zwei bewaffneten Sicherheitskräften hierher geführt. Das Zimmer war karg und fensterlos. In der Mitte des Raums stand ein abhörsicherer Glaskubus, den sie wortlos betraten. An einem langen Tisch saßen noch acht weitere Männer, die sich nur mit einem kurzen Nicken begrüßten. Als alle Platz genommen hatten, ergriff ein junger, athletisch wirkender Mittvierziger das Wort. „Die ganze Operation ist ein Desaster! Wieder haben wir die Spur verloren. Es ist absolut inakzeptabel! Wir müssen das Buch unter allen Umständen in die Hand bekommen. Nach der kläglichen Vorstellung meiner Vorgänger, hat die Organisation nun mich damit beauftragt, alles zu einem guten Ende zu bringen. Sie werden verstehen, dass ich keine Misserfolge - und seien sie noch so klein - dulden werde." Sein energischer Gesichtsausdruck ließ keinen Zweifel an der Ernsthaftigkeit seiner Worte.

Die anderen Männer saßen mit versteinerten Mienen da und hörten den Ausführungen schweigend zu.
„Die Spur verliert sich in Kairo. Wir haben alle Fluglinien seit diesem Tag aus Ägypten überprüfen lassen. Auf diesem Wege konnten sie nicht das Land verlassen haben. Allerdings scheint in der Nacht ein Privatflugzeug nach Assuan geflogen zu sein. Hier sollten wir ansetzen. Überprüfen Sie bitte wieder die Verbindungsdaten der Telefon- und Handygespräche. Sie müssen sich irgendwo dort aufhalten. Außerdem haben uns unsere Freunde im Innenministerium alle Ein- und Ausreisedaten zur Verfügung gestellt. Einer von Ihnen hat auf jeden

Fall das Land verlassen. Er muss sich irgendwo in Deutschland aufhalten. Ich will, dass sie herausfinden, ob dieser Kerl das Buch versucht hat, heimlich wegzuschaffen. Findet ihn und wenn er das Buch hat, wisst Ihr, was zu tun ist. Hat er es nicht, beschattet ihn und lasst ihn nicht mehr aus den Augen. Wir haben nichts davon, durch eine Liquidation unnötig Aufsehen zu erregen. Wenn wir alle beisammen haben, werden wir für einen entsprechenden Unfall sorgen."

Achtundsiebzigstes Kapitel

Ella hatte sich für den Abend mit Tilo verabredet. Er war gerne gekommen. Sie kannten sich ewig. Lange redeten sie über Ellas Pläne, sich mit diesem seltsamen Menschen zu treffen, von dem sie nichts wusste, der sie aber anzog, wie ein Magnet. Jedes Mal, wenn sie Hermann Hesse las, sah sie sein Gesicht und wie sie seine braunen Augen ansahen. Tilo hatte ihr von einem Treffen abgeraten. Er war sogar, ganz gegen seine Art, fast heftig geworden. Aber schließlich hatte er, wie immer, eingewilligt. Er wusste, dass Ella sowieso tat, was sie wollte - weil sie es musste. Er regte sich zwar immer wieder über sie auf und konnte vieles nicht verstehen und gut heißen aber aus inniger Verbundenheit und Freundschaft, hielt er ihr immer den Rücken frei und würde auf ihre Tochter in dieser Nacht aufpassen.

Noch in der Nacht schrieb sie Jan, dass sie sich in zwei Tagen in Bottrop treffen könnten. Sie empfahl ihm das *Arcadia* Hotel - es sei auch in unmittelbarer Nähe ihrer Wohnung. Auf keinen Fall wollte sie sich mit ihm bei sich treffen. Sie schämte sich ihrer Wohnung - sie war klein, die Einrichtungsgegenstände alt und abgewohnt. Sie würden sich in einem Café treffen. Vielleicht im *Da Rino* am *Berliner Platz*. Da könnten sie unverfänglich plaudern. Sie merkte, wie ihr Herz bei dem Gedanken heftiger schlug und sie dieses seltsame Gefühl im Magen spürte. Als sie die Nachricht abgeschickt hatte, umspielte ein süßes Lächeln ihre Lippen.

Neunundsiebzigstes Kapitel

Professor DeVries holte tief Luft und schnellte mit seinem Oberkörper nach vorne. „Sagt Ihnen Erdmagnetismus etwas?" Jan verschluckte sich. "Was?" Erschreckt starrte er Professor DeVries an. Dieser missverstand ihn zunächst. Doch bevor Jan erläutern konnte, dass auch sie sich aufgrund ihres mysteriösen Fundes genau mit dieser Thematik beschäftigten, fuhr der Professor mit seinen Ausführungen fort.

„Ja, ich weiß, sie sind wegen der Architektur hier. Aber Architektur hat in der Regel eine Funktion. Und hier haben wir es mit höchst eigenartigen Entdeckungen im näheren Umfeld der großen Pyramide zu tun."

Jan setzte sich auf und starrte wortlos sein Gegenüber an.
„Ich habe in den letzten Tagen einige meiner Kollegen angeschrieben und Informationen gesammelt, die ich dann, wie ein Puzzle zusammengesetzt habe. Die *crux* der Wissenschaften besteht darin, dass sich jede Fakultät als eine eigene Welt betrachtet, die keine oder nur geringe Berührungspunkte zu anderen „Welten" aufweist. Dies führt oft zu abstrusen Ergebnissen. Schauen sie sich bitte diese Bilder an!"
Der Professor reichte ihm Fotos von seltsam behauenen Steinen. Sie sahen aus, wie Bauteile für Maschinen: Schrauben, Zahnräder, Zylinder, fast wie Motoren. Fragend blickte Jan auf.
„Die Archäologen beschreiben diese Artefakte als liturgische Gegenstände, die kultischen Zwecken dienten." DeVries schüttelte heftig den Kopf
„Wieder einmal muss die Religion für alles herhalten, was wir uns nicht erklären können und nicht in das Bild passt, das wir uns gemacht haben und von dem wir nicht abrücken wollen. Religiöse Erklärungen erzeugen genug Rauch, um das zu ver-

schleiern, was nicht sein darf. Schauen sie sich die Gegenstände nun noch einmal genauer an."

„Ich weiß, was Sie meinen. Das sind mechanische Gegenstände. Ganz eindeutig."

„Sehen sie!", wieder hatte er diesen jugendlichen Überschwang im Blick.

„Ein befreundeter Kollege vom physikalischen Institut hat mir eindeutig bestätigt, dass es sich mit an Sicherheit grenzender Wahrscheinlichkeit um irgendeine Art von Trafo oder Gerät zur Erzeugung elektrische Energie handeln müsse."

Jan atmete tief aus. Dieser Termin sprengte alles. Zuerst der Anruf von Ella und nun dies.

"Habe ich sie recht verstanden, dass sich die alten Ägypter tatsächlich mit der Herstellung elektrischer Energie beschäftigt haben?"

Professor DeVries sah ihn mit einem breiten Lächeln an.

„Sie haben ganz Recht, mein Freund. Und wenn wir uns den Verlauf der erdmagnetischen Strahlung in Kairo anschauen, dann führen sie geradewegs durch das Zentrum der großen Pyramide und in diesem Zentrum liegt die Kammer des Horus. Ich sage Ihnen, ein Blick in das Innere der Kammer würde unser ganzes Verständnis über die Menschheit, deren Entwicklung im Allgemeinen und die ägyptische Zivilisation im Besonderen, auf den Kopf stellen."

„Den Satz habe ich doch irgendwo schon einmal gehört", dachte Jan und musste lächeln.

„Ach übrigens", Professor DeVries lehnte sich zurück und verschränkte die Arme hinter seinem Kopf, „worum geht es eigentlich in diesem seltsamen Buch, von dem Prieux noch sprach?"

Jan holte tief Luft. „Es geht um Erdmagnetismus, Professor und wie man daraus Energie gewinnen kann."

DeVries Augen wurden noch größer, sein Gesicht verlor mit einem Mal den Rest seiner wenigen Farbe. „Machen Sie keine Witze! Das ist unmöglich.'

Achtzigstes Kapitel

Anna war langsam wieder aufgewacht. Sie erinnerte sich nur schemenhaft an das, was geschehen war. Düster hingen ihre Gedanken im Nirgendwo und nur Schritt für Schritt kehrte Sie in das Hier und Jetzt zurück. Was war passiert? Was war das, was da mit Ihr geschah? Sie bemerkte, dass sie lang ausgestreckt auf dem Boden eines kleinen Raumes lag. Das Licht war gedämpft. Nur mit Mühe, konnte Sie ihre Augen öffnen. Grell erschien ihr das Licht und schmerzte auf der Netzhaut, Tränen rannen an ihren Wangen herab. Im Hintergrund hörte sie Gemurmel und versuchte, sich ruckartig zu erheben. Doch ihre Gliedmaße schienen ihr auf unerklärliche Weise den Dienst zu verweigern.

„Seien sie ohne Furcht, Madame!"

Eine tiefe Stimme drang dumpf und fern an ihr Ohr. Irgendwoher kam sie ihr bekannt vor.

„Hier treffen wir uns also wieder."

Mit größter Anstrengung schaute sie zur Seite und konnte verzerrt die Umrisse eines markanten Kopfes erblicken. Das spitze Gesicht und die nach hinten gekämmten und zu einem Zopf gebundenen grauen Haare hatte sie schon einmal gesehen. Langsam kam die Erinnerung wieder.

"Rue Nemo" hörte sie sich lallen. Ihre Zunge war wie festgeklebt.

„Was ist mit mir?"

Hilflos und flehend, blickte sie in Richtung der Stimme.

„Alles ist gut, Madame. Sie sind noch sehr schwach. Bald werden sie wieder bei Kräften sein. Wir sind bei ihnen. Ihr Buch ist in Sicherheit. Machen sie sich keine Gedanken."

Anna versuchte mit aller Willenskraft ihren Körper zu bewegen und sackte schließlich endgültig zusammen. Die Anstrengungen waren so groß, dass sie wieder in einen tiefen Schlaf fiel. Mit einem Lächeln holte ein, in indische Tracht gekleideter Mann eine Decke und legte sie sorgfältig über Ihren Körper. Anna atmete tief und ruhig.

Einundachtzigstes Kapitel

Jan schwirrte der Kopf. Das konnte doch nicht möglich sein. DeVries hatte ihm gerade seine wildesten Thesen bestätigt. Und auch der Professor war nach einem Moment des Erstaunens noch aufgekratzter als zuvor. Die Cheopspyramide war allem Anschein nach das größte und gigantischste Kraftwerk aller Zeiten. Nicht die Abmaße der Pyramide und all die mathematischen Besonderheiten waren hier, in diesem tödlichen Spiel, in das sie verwickelt waren, relevant. Sie waren natürlich ein Schlüssel zum Verständnis vieler noch größere Zusammenhänge, doch was Anna und das Buch anging, so ging es um Energie - um unendliche Energie und damit um unendliche Macht. Jetzt wurde ihm Einiges klar. Energie war und ist schon immer ein Grund für Kriege, Intrigen und Ränkespiele gewesen. Wer im Stande war, diese Energiequelle anzuzapfen, der würde über unbeschreibliche Macht verfügen.
War wirklich die Kammer des Horus der Nukleus einer unendlichen Kraft - spirituell wie auch elektrisch? Es wäre nicht auszudenken. Diese Wölfe schienen Bescheid zu wissen und sie hatten gezeigt, dass sie zu allem bereit waren. Jan lief es eiskalt den Rücken herunter.

Er hatte sich mit Professor DeVries für den nächsten Tag zum Mittagessen verabredet. Gemeinsam wollten sie noch Details durchgehen und der Professor wollte ihm noch Dokumente zusammenstellen.

Die ganze Geschichte wuchs Ihm langsam über den Kopf. Er dachte an Anna. Wo war sie jetzt? Hoffentlich ging es ihr gut. Gedankenverloren schaute er auf sein Handy und las die Nachricht von Ella.

„Hallo, ich könnte am Freitag ab 19:00 Uhr. Ich würde vorschlagen, wir treffen uns im *Café* Da Rino am Berliner Platz. Das ist auch nicht weit vom Hotel."

Jan hüpfte auf seltsame Weise das Herz. Umgehend schrieb er zurück.

„Sehr gerne. Ich werde da sein. Und freue mich schon."

Danach ließ er sich über die Auskunft mit dem *Arcadia Hotel* verbinden und bestellte für Freitag ein Zimmer. Als er sein Handy wegsteckte, lächelte er und sein Herz war für einen Moment leicht.

Zweiundachtzigstes Kapitel

Die Männer in dem abhörsicheren „Käfig" verabschiedeten sich, ohne ein Wort miteinander zu wechseln. Nach und nach verließen sie den unheimlichen Bunkerbau. Als Roys Schicht fast zu Ende war, rollten die großen, schwarzen Limousinen gerade aus dem Parkhaus und steuerte Richtung Flughafen. Die nächste Maschine nach Kairo ging in ca. vier Stunden. Das Büro hatte schon Plätze reserviert. Morgen würden die Männer ankommen. Die Jagd ging weiter und sie würden diesmal keine Fehler mehr machen. Das hatten sie sich geschworen.

Dreiundachtzigstes Kapitel

Jan war zu Hause angekommen. Mit leichten Schritten und in Gedanken bei Ella stieg er die knarzenden Holzstiegen zu seiner Wohnung unterm Dach hoch. Er liebte dieses Geräusch, es gab ihm eine Ahnung von einer guten, längst vergessenen Zeit.

Nur noch selten war er in Aachen. Er liebte die Stadt. Sie gab ihm immer ein Gefühl, zu Hause zu sein. Die Stadt hatte für ihn zu jeder Jahreszeit einen besonderen Zauber, den er mit verschiedenen Orten verband.
Im Sommer, war es die Wiese hinter dem Elisenbrunnen, wo sich Alle und Jeder trafen, auf den Stufen plauderten, Eis aßen oder sich einfach nur der Sonne hingaben.
Der Herbst war am schönsten im *Van Halfern Park*, wenn die gelben und roten Blätter der Buchen und Ahornbäume alles mit einem goldenen Teppich bedeckten.
Der Winter hatte in den engen Gassen rund um den Dom einen ganz besonderen Reiz, wenn überall die Schaufenster der Geschäfte herausgeputzt in gold und rot strahlten. Wenn er die *Krämergasse* Richtung Marktplatz herauf schlenderte und der Duft von Printen ihm in die Nase stieg, fühlte er, wie verwachsen er mit der Stadt war.
Nur der Frühling war eine Zeit, in der er keine Ruhe fand. Das war immer die Zeit in der er sich nirgendwo zu Hause fühlte. Dann überkam ihn immer ein Gefühl des Fernwehs, des Aufbruchs und des Sehnens.

Jan schloss die Tür auf und schritt schnurstracks in sein Zimmer. Er war hundemüde und wollte nur noch die Augen schließen und schlafen, doch als er auf seinem Bett lag, jagten tausend Gedanken durch seinen Kopf. Es war, als würde alles

Karussell fahren. All die Ereignisse der letzten Tage über-
stürzten sich, schlugen regelrecht auf ihn ein und ließen ihn
nicht zur Ruhe kommen. Es fühlte sich in seinem Kopf an, wie
ein Schiff auf sturmgepeitschter See. Er versuchte, dagegen
anzukämpfen, seine Gefühle zu kontrollieren, Anna...Ella...das
Buch, die Pyramiden....alles verschwamm....und immer wieder Ella. Ihr Gesicht und ihre Augen brannten wie ein Leuchtfeuer und eine süße Verheißung.

Jan musste Klarheit in seinem Kopf schaffen. Er musste wieder zu sich selber finden. Was war da mit ihm los? Was war
das mit Anna und Ella? Was empfand er noch für Anna, und
warum fühlte er sich so zu Ella hingezogen. Er hatte sie doch
erst einmal kurz gesehen. Aber ihre Augen, ihre Stimme...alles
an ihr zog ihn an, zog ihn in ihren Bann. Anna und er....aber
Anna hatte ihm klargemacht, was sie empfand, er musste sie
loslassen...Das war eine der wenigen Sachen, die ihm mittlerweile klar war. Auch wenn er Anna ewig im Herzen tragen
würde. „Vielleicht war es gut, dass wir uns gesehen haben,
dass wir uns wirklich kennen lernen konnten", sinnierte er.
„Endlich musste ich keinem Phantom mehr hinterherjagen."
Er hatte sich vorgenommen, innerlich mit Anna abzuschließen.

Mit einem Mal war sein Kopf voll von Ella. Er schloss die Augen und sah ihr Gesicht, hörte ihr Lachen und ihre Stimme
und wunderte sich über sich selber. Er war gespannt auf diese
Frau und war bereit, sich wieder einmal von ihr verzaubern
zu lassen.

Jan stand auf und holte sich, gegen seine Gewohnheit, ein Bier
aus dem Kühlschrank. Irgendwie war es jetzt genau das, was
er brauchte. Er nahm die geöffnete Flasche, verzichtete auf

ein Glas und wählte auf seiner Playlist seine Lieblingslieder. Bei U2 und Mozart kam er langsam zur Ruhe. Als sein Handy vibrierte sah er, dass Ella ihm geschrieben hatte. Glücklich darüber, dass sie sich gerade jetzt meldete, schrieb er umgehend zurück. Aus einigen Zeilen, wurde eine lange Unterhaltung. Ella erzählte erst vom „*Demian*", doch schnell waren sie sich so vertraut, dass sie sich gegenseitig ihr Herz ausschütteten. Beide waren „beziehungsgeschüttelt" aber auf seltsame Art und Weise fanden sie im anderen jemanden, dem sie alles, jede Sehnsucht, jeden Wunsch, jedes Verlangen und sei es noch so dunkel, offenbaren konnten. Es war wie eine Befreiung, wie ein Tor, das offen gestoßen wurde.

Während oben gelb das Licht aus seinem Zimmer schien, parkte unten vor dem Haus eine dunkle Limousine. Die getönten Scheiben schluckten jedes Licht und nur von vorne konnte man die zwei Männer sehen, die mit regungslosen Blicken die Haustüre beobachteten.

Vierundachtzigstes Kapitel

Als Anna wieder aufwachte merkte sie, dass man sie in ihr Bett gelegt hatte. Sie hatte vollständig das Gefühl für die Zeit verloren. Entgegen ihrer ersten Befürchtung, konnte sie ihre Gliedmaßen nun wieder uneingeschränkt benutzen und sie fühlte eine angenehme Wärme durch ihren Körper strömen. „Was, um Himmels willen, war das?"

Sie versuchte, sich alle Einzelheiten ihres unglaublichen Erlebnisses wieder ins Gedächtnis zu rufen. Doch ehe sie wirklich zu sich kam, erschrak sie. In der hinteren Ecke saßen auf dem Sofa drei Männer, die ungerührt und ganz selbstverständlich Tee tranken.

„Sie ist aufgewacht", bemerkte einer von ihnen mit tiefer Stimme und starkem französischen Akzent. Dann stellten sie bedächtig ihre Tassen zur Seite, standen auf und traten an ihr Bett. Anna schlug das Herz bis zum Hals.

„Haben Sie keine Angst, Madame. Erinnern Sie sich noch an mich?"

Anna nickte.

„Sie haben mir das Buch verkauft."

Der Franzose lächelte und nickte ebenfalls.

Sie zog die leichte Decke bis zu ihren Schultern hoch, als wenn ihr das bunte Laken Schutz vor etwaigen Angriffen hätte geben können und die noch viel verlockendere Möglichkeit, plötzlich zu verschwinden.

„Was wollen sie von mir? Was soll das alles?"

Anna hatte Tränen in den Augen.

Der Mann mit dem Zopf setzte sich zu ihr auf das Bett. Ihr war diese Art der Nähe gar nicht recht, dennoch beruhigte sie seine tiefe Stimme, als er anfing, zu reden.

„Sie sind jetzt in Sicherheit; sie, Professor Bessier, Professor Prieux und Botschafter Al Fahradi. Es wird Zeit, dass wir uns näher kennenlernen."

Fünfundachtzigstes Kapitel

Als die Sonne langsam über dem Ganges unterging, saß Rajs Mutter an seinem Bett und laß ihm die Geschichte von Hanuman, dem Affenkönig vor. Während seine Augen immer schwerer wurden, hörte er die geliebte Stimme, wie sie ihm wieder einmal die uralte Legende erzählte.

„Wegen einer Jugendsünde, wurde Hanuman von den Göttern mit Vergesslichkeit bestraft und kann sich deshalb auch nicht erinnern, dass er zu halb Gott und halb Mensch ist. Hanuman wuchs zu einem bedeutenden Krieger im Affenclan heran und genoss hohes Ansehen.

Eines Tages begegnete er auf einer Wanderung König Rama und beide wurden auf der Stelle unzertrennliche Freunde. Das große Vertrauen des Königs erwidert Hanuman mit ewiger und unverbrüchlicher Treue.

König Rama hatte eine wunderschöne Frau. Ihr Name war Sita und sie war für Ihre himmlischen Eigenschaften im ganzen Königreich berühmt. Der böse Dämon Ravana war aber eifersüchtig auf die Liebe zwischen Rama und Sita und so voller Wut gegen das Paar, dass er dem Königreich von Rama den Krieg erklärte. Es gelang ihm, nachdem er eine Schlacht gegen Rama gewonnen hatte, die Königin auf die Insel Lanka zu verschleppen.

Rama war geschockt von der Entführung seiner geliebten Frau, konnte sie selbst aber nicht suchen und befreien, weil er als oberster Kriegsherr weiter im Kampf war, um doch noch Ravana niederzuzwingen. Deshalb sollte sein engster Freund, Hanuman, dem er sein ganzes Vertrauen schenkte, Sita suchen.

Hanuman aber war voller Zweifel, ob er dieser großen Aufgabe gerecht werden konnte. Außerdem wusste er nicht, wo er mit der Suche anfangen sollte. Dennoch vertraute er ganz darauf, dass seine Liebe und Treue zu König Rama ihm den Weg zeigen würden und so schüttelte er alle seine Selbstzweifel ab und machte sich auf den Weg. Nach langer Suche, erreichte er schließlich die Küste und vor ihm, in weiter Ferne, lag die Insel Lanka, die ihm zunächst unerreichbar weit weg schien. Wie konnte er nur diesen großen Ozean überwinden? Hanuman sank nieder, schloss die Augen, um für göttliche Gnade zu beten. Dabei spürte er, dass er das Unmögliche meistern konnte. Er war voller Energie und aufgrund seines unerschütterlichen Glaubens an sich und seine Liebe nun bereit, für den großen Sprung.

Tatsächlich erreichte Hanuman mit einem gewaltigen Satz die Insel.

Es dauerte nicht lange und er fand Sita im Garten des Palastes des Dämons. Hanuman, um nicht entdeckt zu werden, verwandelte sich in eine Katze, schlich sich in das Schloss und erzählte Sita, dass sie bald befreit werden würde. Sita gab ihm eine Haarnadel, als Zeichen für Rama. Als der König erfuhr, dass seine geliebte Frau von Hanuman gefunden worden war, war er erleichtert. Sita lebte. Nun konnte er alle seine Kräfte bündeln und besiegte zusammen mit seinem Freund Hanuman Ravana in einer letzten Schlacht. Als der Krieg gewonnen und seine Frau wieder bei ihm zurück war, veranstaltete der König ein großes Fest, um den Frieden in seinem Reich und die Befreiung der Königin gebührend zu feiern. Hanuman war der Ehrengast. Aus Dankbarkeit für seine Treue, wurde ihm vom König persönlich, ein mit Edelsteinen besetzter, goldener

Armreif geschenkt. Hanuman begutachtete sein Geschenk ganz genau und knabberte mit seinen Zähnen daran, bis schließlich ein paar Edelsteine zu Boden fielen. Die Gäste der Feier waren entsetzt über die scheinbare Undankbarkeit und das völlig unangebrachte Verhalten. Rama fragte Ihn, was falsch sei an dem Geschenk und wonach er genau suche. Hanuman erwiderte: "Rama, in jedem wachen Moment singe ich deinen Namen, damit ich immer daran denke, wie sehr ich dich liebe. So oft singe ich deinen Namen, dass er auf allen Fasern meines Herzen geschrieben steht. Dieser Armreif bedeutet mir nichts, wenn nicht dein Name darauf steht. Hier, lass es mich dir zeigen." Hanuman kniete sich vor Rama und Sita nieder, grub seine Finger tief in seine Brust, riss sie auf und ließ sein Herz sehen. In ihm waren Rama und Sita zu sehen und auf jeder Faser in seinem Herzen war der Name Rama geschrieben. Mit jedem Herzschlag ertönte leise der Name "Rama, Rama"."

Raj war eingeschlafen und in seinen Träumen tauchte er ein, in das von der Mutter erzählte Märchen, bereiste fremde Welten und uralte Zeiten. Aber dann ... was war schon Zeit?

Sechsundachtzigstes Kapitel

Jan wollte sich mit Professor DeVries im *La Finestra* treffen. Die kleine Pizzeria in der *Pontstraße* gab es schon so lange er denken konnte. Das Wetter war mies. Es war kühl geworden und in der Luft hing ein leichter Nieselregen. Jan hatte es schon vor dem Aufstehen im Bett gefröstelt. Er hatte am Abend vergessen, die Heizung aufzudrehen und in der Nacht war die Temperatur noch einmal abgekühlt. Missmutig schlug er seine Decke zur Seite, suchte sich frische Kleidung aus dem Schrank gegenüber seinem Bett und schlurfte ins Badezimmer. Eine ausgiebige Dusche brachte ihn wieder auf andere Gedanken.

Nachdem er sich angezogen hatte, schaute er auf sein Handy. Ella hatte ihm geschrieben.

„Guten Morgen.“

Eine kleine Nachricht nur, aber es war wie Balsam auf seiner Seele. Da war jemand, der an ihn dachte. Abgesehen davon, war Ella, ebenso wie Anna, eine wunderschöne Frau. Lächelnd erwiderte er den Gruß und schrieb, dass er sich auf Morgen freue. Er bedankte sich noch einmal für den Tipp bezüglich des Hotels. Prompt, kam eine Nachricht zurück und wieder fingen beide an zu schreiben, ohne ein Ende zu finden. Selbst auf dem Weg von seiner Wohnung zum Restaurant, schrieb er ohne Unterlass und merkte nicht, dass er die ganze Zeit ein dümmliches, verliebtes Grinsen im Gesicht hatte.

DeVries kam eine viertel Stunde zu spät. Jan hatte schon einen Rotwein bestellt und schaute, durch das regennasse Fenster, auf die vorbei eilenden Passenten. Als der Professor eintrat, schüttelte er seinen Regenschirm aus, hängte seinen Mantel an die Garderobe und hielt nach Jan Ausschau. Als er ihn gefunden hatte, winkte er kurz und setzte sich zu ihm. In seiner Hand hielt er eine Aktentasche. Nach einer kurzen Begrüßung fing er an, umständlich die versprochenen Unterlagen hervorzukramen. Strahlend übergab er Jan außerdem einen Stick.

„Hier ist alles drauf", begann er das Gespräch. „Alle Photos und Erklärungen zur großen Pyramide und noch einige andere Bilder von Artefakten und Forschungsreisen. Leider können wir mit den uns zur Verfügung stehenden Mitteln keine präzisen Fotos des Innenraums bekommen. Aber es besteht kein Zweifel mehr, dass es eine Kammer des Horus geben muss. Hier schlug mit an Sicherheit grenzender Wahrscheinlichkeit das Herz der Energieversorgung des Alten Reiches. Stellen sie sich vor: die große Pyramide war das größte Kraftwerk aller Zeiten."

Jan und Prof. DeVries unterhielten sich während des Essens noch ausgiebig. Jan berichtete, was es mit Anna und dem Buch auf sich hatte, dass es Zeichnungen von verschiedenen Apparaturen enthielt und Informationen zu bestimmten, heiligen Orten, an denen offensichtlich ein besonders hoher Erdmagnetismus vorhanden war.
Der Professor staunte und bat, ob man ihm eine Kopie des Buches zukommen lassen könne. Jan versprach, dies mit den anderen zu besprechen, hielt es aber im Hinblick auf ihre Verfolger für sehr gefährlich.

Als sie beim dritten Wein angekommen waren, löcherte Jan DeVries mit tausend Fragen zum alte Reich und den architektonischen Besonderheiten der Anlage von Gizeh. Er war fasziniert von den mathematischen und astronomischen Wundern dieses Bauwerkes und konnte gar nicht genug bekommen.

Es war Abend geworden, als sie sich endlich voneinander verabschiedeten. „Bitte grüßen sie ganz herzlich die Kollegen!" bat Professor DeVries und mit besorgtem Gesicht fügte er hinzu: „Passen sie alle gut auf sich auf."

Siebenundachtzigstes Kapitel

Die Zentrale in New York war zufrieden. Wenigstens einen hatten sie entdeckt. Das Kommando würde ihn nicht mehr aus den Augen lassen und sich an seine Fersen heften. Sobald sie das Buch hatten, würden sie sich noch um ihn kümmern - und zwar endgültig. Sie durften kein Risiko eingehen - und jeder, der etwas wusste, war ein Risiko.

Achtundachtzigstes Kapitel

Die zwei Stunden Fahrt zu Ella waren wie im Flug vergangen. Von Aachen ging es zunächst mit dem Zug nach Essen, dann von Essen nach Bottrop. Die ganzen Zeit über hatten sich beide geschrieben; über Hesse über das Leben und am Ende, über ihre intimsten Wünsche. Es war, als kannten sie sich schon ewig, als hätten sie seit Jahren genau auf diesen Moment gewartet, sich endlich wiederzusehen. Wie uralte Freunde, Geliebte, die sich wiedererkannt hatten und nun auf das lange ersehnte Wiedersehen freuten. Jedes Wort war eine Offenbarung und jeder Satz, wie ein süßes nach Hause kommen. Nie hatte er sich auf Anhieb einem Menschen näher gefühlt als bei ihr. Dabei hatte er sie nur ein einziges Mal gesehen und kurz mit ihr telefoniert.

Als er in Bottrop ankam, konnte er es nicht mehr erwarten, sie endlich zu treffen. Schon eine Station vor dem Hauptbahnhof postierte er sich an der Tür und sprang, als der Zug endlich hielt, heraus, um möglichst vor dem Pulk der ganzen Berufspendler die Treppe zu erwischen. Leider musste er feststellen, dass die wenigen Meter, die er noch bis zum Ausgang zurücklegen musste ausreichten, um nicht mehr vor der Masse den Treppenabgang erreichen zu können.

So schnell es ihm die vielen Menschen erlaubten, eilte er die Stufen hinab und die wenigen Meter zum Taxistand. Glücklicherweise standen noch zwei Wagen abfahrbereit parat. Jan hatte eigentlich vorgehabt, die Strecke vom Bahnhof zum Hotel zu laufen, entschied sich aber aufgrund des schlechten Wetters dann doch, ein Taxi zu nehmen. Erleichtert, noch eine Mitfahrgelegenheit bekommen zu haben, stieg er ein und ließ sich, geradeaus, den lang ansteigenden Hügel hinauf, Richtung Innenstadt fahren. Selbst während der Fahrt schrieben sie sich immer noch und es war, als gäbe es nichts, worüber sie sich nicht austauschen und reden wollten.

Das *Hotel Arcadia* lag sehr zentral, direkt am *Berliner Platz.* Er checkte ein. Sein Zimmer war im fünften Stock. Nachdem er seine Reisetasche auf einer Ablage neben dem Fernseher gestellt und seine wenigen Kleidungsstücke im Schrank verstaut hatte, schaute er aus dem Fenster. Er konnte auf das Gebäude der Agentur für Arbeit und den großen Kauflandkomplex schauen. Direkt dahinter schloss sich der *Berliner Platz,* mit der Post und dem Zentralen Omnibusbahnhof an, den die Bottroper einfach ZOB nennen. Es war erst 17:00 Uhr. Jan entschied die Gelegenheit zu nutzen und ein heißes Bad in der überaus großzügig dimensionierten Wanne zu nehmen, sich dann gemütlich fertig zu machen und nach einem Bummel durch Bottrop, sowie einem kleinen Abendimbiss, endlich mit Stelle zusammen zu treffen.

Es dämmerte, als er aus der Drehtür des Hotels in den nasskalten Spätoktoberabend trat. Die Straßen waren rutschig und glitschig von nassem Laub. Keine hundert Meter Luftlinie, lag der *Berliner Platz und* an dessen Ende das *Da Rino.* Die lange, gläserne Fassade leuchtete hell und einladend. Hier also würde er gleich Ella treffen. Er fühlte ein seltsames Kribbeln im Bauch, das er lange nicht mehr gespürt hatte.

Während er die Hauptpost links liegen ließ ging er schnellen Schritts Richtung Fußgängerzone. Ein seltsames Gefühl, beobachtet zu werden, veranlasste ihn, sich immer wieder nach irgendwelchen Personen umzuschauen, die ihn möglicherweise beschatteten. Zu seiner Beruhigung konnte er aber auch nach mehreren Haken und Richtungswechseln keinen Verfolger ausmachen.

Nach einer weiteren, eher lustlosen „Runde um den Block", an der Alten Apotheke vorbei, wusste er selbst nicht mehr, was das Herumlaufen für einen Sinn machte. Zum bummeln fehlte ihm die Muße und das ziellose, hektische Umherirren, war auch nicht gut geeignet, die Zeit, totzuschlagen. „Eine dumme Übersprungshandlung", dachte er bei sich und musste über sich selbst lachen. „...aufgeregt, wie ein verknallter Teenager."

Jan steuerte schnurstracks auf den Eingang zu. „Hier muss es ja auch irgendwas zu essen geben.", Er zog die Tür auf. Das Café war gut gefüllt. Dennoch fand er im hinteren Bereich noch einen freien Tisch, direkt am Fenster. Von hier aus hatte er einen wunderbaren Blick auf das Treiben auf dem Platz. Vor dem Kaufland saß eine Meute von abgerissenen und verlorenen Existenzen, die sich gegenseitig zuprosteten, wild gestikulierend miteinander redeten oder rauchten. Ab und an entluden sich Enttäuschungen über das Leben in verbale Auseinandersetzungen und kleinen Handgreiflichkeiten, die aber genauso schnell wieder beendet wurden, wie sie anfingen.

Vor dem *Da Rino* fuhren Jungs mit Ihren Rädern und versuchten, mit kleinen Kunststücken, Mädchen zu imponieren.
Jan nahm den *Demian*, den er immer in der Tasche hatte, heraus. Wahllos schlug er eine Seite auf und begann zu lesen:

Mein gemalter Traumvogel war unterwegs und suchte meinen Freund. Auf die wunderlichste Weise kam mir eine Antwort.
In meiner Schulklasse, an meinem Platz, fand ich einst nach der Pause zwischen zwei Lektionen einen Zettel

*in meinem Buche stecken. Er war genau so gefaltet,
wie es bei uns üblich war, wenn Klassengenossen zu-
weilen während einer Lektion heimlich einander Bil-
letts zukommen ließen. Mich wunderte nur, wer mir
solch einen Zettel zuschickte, denn ich stand mit keinem Mitschüler je in solchem Verkehr. Ich dachte, es
werde die Aufforderung zu irgendeinem Schülerspaß
sein, an dem ich doch nicht teilnehmen würde, und legte den Zettel ungelesen vorn in mein Buch. Erst während der Lektion fiel er mir zufällig wieder in die Hand.
Ich spielte mit dem Papier, entfaltete es gedankenlos
und fand einige Worte darein geschrieben. Ich warf
einen Blick darauf, blieb an einem Wort hängen, erschrak und las, während mein Herz sich vor Schicksal
wie in großer Kälte zusammenzog:
„Der Vogel kämpft sich aus dem Ei. Das Ei ist die Welt.
Wer geboren werden will, muss eine Welt zerstören.
Der Vogel fliegt zu Gott. Der Gott heißt Abraxas.“*

Jan gingen die Worte sehr nah. Es beschrieb genau seine Situation. Er wusste, dass er an dem Punkt angelangt war, an
dem er seine alte Welt hinter sich lassen musste. Er musste in
dem ganzen Schlamassel, endlich zu sich selbst finden.
„Was jetzt Ella dazu sagen würde? Auch ihr ging das, was
Hesse schrieb zu Herzen und ließ sie alles in einem neuen
Licht sehen.“ Gedankenverloren schaute er auf sein Handy
und fand Nachrichten von ihr: „Ich bin auf dem Weg“, hatte sie
geschrieben und „Ich freue mich.“
Er lächelte und fühlte ein süßes Stechen im Herzen. Dann las
er sein Buch weiter.

Ganz vertieft in seine Lektüre merkte er plötzlich, dass jemand ihm gegenüber Platz nahm. Er blickte auf und ihm

stockte der Atem. Er hatte Ella nicht so wunderschön in Erinnerung gehabt. Sie hatte eine schwarze Jacke an und einen dunklen Schal um den Hals. Ihr Haar leuchtete auf dem dunklen Stoff wie pures Gold. Ihre Augen strahlten, als sie ihn ansah und sie lachte.

„Wieder in ein Buch vertieft? Man könnte meinen, du tust nichts anderes, als lesen."

„Ella, wie schön, dich zu sehen".

Jan konnte seinen Blick nicht von ihr lassen.

„Wie war dein Tag?"

„Und wie deine Reise?"

Sie schauten sich beide tief in die Augen und es war, als würden Sterne explodieren. Noch bevor Ella ihre Jacke ausgezogen hatte, hatte Jan sie bei der Hand genommen, sie zu sich über den Tisch gezogen und geküsst. Ella hatte sich nicht einmal gewehrt sondern seinen Kuss erwidert, zaghaft zunächst und dann ebenso leidenschaftlich. Noch bevor sie etwas bestellen konnten, hatte Jan seine Jacke angezogen, ließ genug Geld auf dem Tisch und verließ mit ihr das Lokal Richtung Hotel.

Als sie das Zimmer betraten, presste er sie noch im Flur an die Wand, schaute ihr tief in die Augen und küsste sie leidenschaftlich. Dann zogen sie beide ihre Jacken aus und Jan setze sich auf das Bett. Wieder schaute er Ella in die Augen und befahl ihr, einem Instinkt folgend, sich langsam auszuziehen. Sie schluckte. Als sie seinem Befehl nicht nachkam schubste er sie auf das Bett, streifte ihre Schuhe ab und zog ihr die Hose aus. Als er mit seiner Hand langsam ihren Schenkel hochfuhr zitterte sie vor Erregung. Jan krabbelte auf das Bett zwischen ihre Schenkel und öffnete ihre Bluse und ihren BH. Dann küsste er sanft ihre Brüste, umspielte ihre Brustwarzen mit seiner Zunge, bis sie hart waren, dann biss er immer fester zu. Ella stöhnte auf. Wieder küsste er sie.

Ihre Schenkel umfassend, streifte er ihr Höschen ab. Dann spreizte er ihre Beine und legte sie auf seine Schultern währen sie auf dem Rücken lag. Langsam drang er in sie ein. Zunächst nur mit seiner Eichel - immer wieder rieb er sein Glied über ihre Schamlippen und merkte, wie nass sie war. Als er es selber kaum mehr aushielt glitt er vollständig in sie ein. Ella schloss die Augen. Er konnte förmlich die Stellen fühlen, die sie immer wieder zum Höhepunkt brachten.
„Du bist mein!", flüsterte er, doch Ella nahm alles nur noch schemenhaft wahr. Sie schwebte in einer Wolke aus Glück und Lust und wollte nie wieder, dass diese Gefühl aufhörte.
Jan drehte und knetete ihre Brüste, so dass sie immer heftiger aufstöhnte. Sie liebte diesen Schmerz. Woher wusste er, dass sie es so mochte? Konnte er ihre Gedanken lesen? Sie liebte es, genommen und benutzt zu werden. Immer heftiger und tiefer drang Jan in sie ein. Sie stöhnte und kam..und kam und kam.....

Neunundachtzigstes Kapitel

„Es tut uns leid, dass wir uns unter diesen Umständen kennen lernen, Madame."
Der Mann mit dem Pferdezopf sprach mit tiefer Stimme beruhigend auf Anna ein. Die drei anderen Männer hielten sich einen Meter hinter ihm und lächelten sie freundlich an.
„Madame, wir lassen sie jetzt alleine und warten draußen, damit sie sich in aller Ruhe anziehen können. Bitte geben sie uns Bescheid, wenn sie soweit sind. Wir werden im Nebenzimmer auf sie warten. Bitte, haben sie keine Angst. Alles ist gut. Sie sind nicht alleine."

Die Stimme des Alten ließ sie ein wenig zur Ruhe kommen. Auf irgendeine Art vertraute sie ihm sogar - trotz all der seltsamen Umstände. Nichts in ihr schrie, wie etwa bei den Wölfen. Ganz im Gegenteil. So verwirrend es für Anna war; diese Männer gaben ihr von Minute zu Minute ein Gefühl der Sicherheit. Anna nickte.
„Ich sage Bescheid, wenn ich soweit bin. Vielen Dank!"
Alle drei lächelten sie aufmunternd und freundlich an, verließen den Raum und schlossen die Tür hinter sich. Anna war alleine.

Neunzigstes Kapitel

Als Ella aufstand, ging sie nackt zum Fenster, öffnete es und lehnte sich hinaus. Das Licht der Stehlampe hüllte sie in einen Laken aus Schatten. Sie zog eine Zigarette aus der Schachtel, die auf der Fensterbank lag, zündete sie an und nahm einen tiefen Zug. Sie schloss ihre Augen und spürte die kalte Luft auf ihrer nackten Haut. Ella hörte, wie Jan das Laken zur Seite schob und aus dem Bett stieg. Seine Schritte kamen näher und näher. Wieder schoss ein Schauer der Lust durch ihren Körper...Jan schob sich von hinten an sie heran. Mit den Füßen spreizte er ihre Beine, bereitwillig beugte sie sich tiefer über den Fensterrahmen. Sie liebte das Gefühl des Risikos, entdeckt zu werden...ausgeliefert zu sein..genommen zu werden...

Ihre Schamlippen waren triefnass, als Jan langsam mit tiefen Stößen erneut in sie eindrang. Seine Hände umfassten ihre Brüste und drehten sie heftig, so dass sie wieder vor lustvollen Schmerzen aufstöhnte. Ihr Becken erwiderte Jans Takt. Sie spürte, seine Eichel in sich...genau da, wo sie es brauchte...immer wieder und wieder...

Als sie heftig kam, zitterten ihre Beine...Ihre Zigarette war auf die Straße gefallen. Ihr war es egal. Jan drehte sie um und küsste sie. Ihre Zungen liebkosten sich. Sie schloss die Augen. Es war, als würde sie den Boden unter den Füßen verlieren.

Er nahm sie bei der Hand und führte sie zurück ins Bett. Von der Anrichte nahm er zwei Weingläser und öffnete eine Flaschen roten Bordeaux. Dann reichte er Ella ein Glas und stieg zu ihr unter die Decke.

„Ich muss dir ein Geständnis machen", sagte Ella und nahm einen großen Schluck aus dem Glas. Jan küsste ihre Schultern und ihren Hals. Oh wie sie das liebte..

„Scheiße", dachte sie. "Ich könnte jetzt wieder." Doch sie drehte sich im Bett zum ihm um. Dann sah sie ihm tief in die Augen und fing an. „Ich bin eine komplizierte Frau. Du weißt wirklich nicht, was du dir mit mir antust",

Jan stutzte.

„Was meinst du?" Auch er setzte nun sein Glas an seinen Mund und schaute ihr in die Augen.

„Ich habe eine schwierige Vergangenheit und eine noch schwierigere Gegenwart. Ich bin eine echte Zumutung."

„Ich bin gespannt."

„Da ist Berny...ich habe dir von ihm erzählt. Aber ich weiß nicht, ob ich das noch will..noch kann..und da ist dieser andere...ich hatte dir auch schon von ihm erzählt...Es ist nicht die große Liebe...aber er ist der Mann, für den ich Berny immer verlassen hätte...."

„Schläfst du mit ihm..mit Ihnen?"

„Ja"

Jan schluckte"...es war schwer für ihn schwer vorstellbar, sich Ella mit jemand anderem zu „teilen". Er spürte einen schweren Stich in seinem Herzen und Zorn in sich aufsteigen...

"Was war das für eine Frau? Was sollte das hier?"

„Du bist ein Wunder für mich, Jan"..ich habe noch nie solche Gespräche geführt, wie mit dir. Noch nie so tief, mich selbst so sehr gespürt - selbst in dieser kurzen Zeit. Noch nie habe mich so verstanden gefühlt - und der Sex ist phantastisch." Sie schaute ihn mit gesenktem Kopf an. Ihre Augen suchten nach Hilfe.

Jan wusste, was jetzt gleich kommen würde..und es gab ihm einen noch größeren Stich ins Herz....

"Liebst du ihn? Ich meine den neuen Typen?"

„Ich weiß es nicht Ich weiß nicht, ob ich überhaupt lieben kann. Aber irgendetwas in mir sagt, dass ich es tun muss, dass ich es mit ihm versuchen muss…"

Sie sah in an. Er wendete seinen Blick von ihr ab.

„Ich weiß, dass du der Mann bist, mit dem für mich Wunder geschehen. Aber das muss ich jetzt tun…kannst du das verstehen?"

Jans Blick wurde leer. Nein - er wollte nicht verstehen. Er konnte es schon, in gewisser Weise - aber er wollte einfach nicht.

Einundneunzigstes Kapitel

Anna war kurz unter die Dusche gesprungen und hatte dann unwirsch und wahllos irgendwelche Kleidungsstücke aus dem Koffer gerissen. Sie konnte im Moment keinen klaren Gedanken fassen.

„In was für einen Scheiß bin ich denn da rein geraten?! Mann!", sie trat mit dem Fuß nach einem am Boden liegenden Paar Socken. „...und wo ist Jan, wenn man ihn braucht....und die anderen Kerle? Wenn es drauf ankommt, bin ich allein." Anna seufzte.

„Was solls. Ich habe nichts mehr zu verlieren - alles wird gut." Sie atmete noch einmal tief durch, nahm alles Mut zusammen, bevor sie aus der Tür trat und im Nebenzimmer anklopfte. Unmittelbar danach wurde die Klinke gedrückt und das Gesicht des Inders erschien.

„Bitte, Madame, treten sie ein!"

Der Raum war ebenso groß, wie ihrer. Auf dem Sofa, in der Mitte des Zimmers, saßen die anderen Männer, die jetzt aufstanden und auf sie zukamen.

„Mein Name ist Maurice Duval." Der Alte mit dem Pferdeschwanz gab ihr die Hand und lächelte sie charmant an.

„Ich darf ihnen noch Professor Tibi Tanjit von der Banaras Hindu University in Varanasi vorstellen." Der Inder legte die Hände zusammen und verbeugte sich kurz. „Namaste". „Und dies ist", er drehte sich etwas zur Seite und zeigte auf den anderen älteren Herr, „dies ist Monsieur Jules Verne."

Anna riss die Augen auf. „Wie der Autor? Das ist ja lustig."

Verne machte einen Schritt auf sie zu, gab ihr galant einen Handkuss. Dann lächelte er und schaute sie verschmitzt an. „Ich bin der Autor."

Annas Lächeln gefror. Ihre Augen blickten fragend von Maurice zu Verne und wieder zurück zu Verne. Die Männer lachten.

Das musste ein schlechter Scherz sein. „Sie veräppeln mich!"
dachte Anna und lachte irritiert mit. „Natürlich sind sie es
nicht. Jules Verne ist schon lange tot. Aber was für ein lustiger
Zufall."
„Glauben sie mir, Madame! Ich bin es wirklich." Verne schaute
sie freundlich aber bestimmt an. „Ich weiß, dass es schwer
vorstellbar ist."

„Wir haben viel zu besprechen.", ergriff Maurice das Wort.
„Ich kann verstehen, dass sie insbesondere auf Monsieur Verne ein wenig irritiert reagieren und kaum glauben können,
was hier geschieht. Aber wir bitten sie, haben sie vertrauen
und keine Angst. Bitte setzen sie sich. Wir wollen ihnen alles
erklären."
Anna folgte ihnen zu der in der Mitte des Raumes befindlichen Sitzgruppe.
„Wo sind denn Jan, Professor Prieux und Jean-Luc?"
Ihr Blick ging fragend von einem zum andern.
„Jan ist in Deutschland, Anna. Er muss dort einige Informationen sammeln. Machen sie sich keine Sorgen um ihn. Der Professor und Jean-Luc sind hier im Haus. Wir haben uns mittlerweile kennen gelernt. Wir haben uns außerdem erlaubt, für
sie ein Frühstück zu bestellen. Ich bin sicher, dass sie Hunger
haben."
Anna schaute den Mann mit dem Pferdeschwanz an.
„Danke", erwiderte sie und merkte tatsächlich, dass sich ihr
Magen immer wieder mit leisem Grummeln bemerkbar
machte.
„Ein Frühstück wäre jetzt großartig."
Sie zwang sich zu lächeln und war mehr als gespannt, was
diese seltsamen Männer Ihr jetzt erzählen würden, aber eigentlich war sie nicht im Geringsten gewillt, auch nur ein

Wort von dem zu glauben, was man ihr jetzt erzählen würde....

Zweiundneunzigstes Kapitel

Ella hatte sich angezogen während Jan schweigend im Bett saß und den Rest von seinem Wein trank. „Es tut mir so leid", hatte sie ihm gesagt, als sie sich verabschiedete und die Tür hinter sich zuzog. Jan hatte sein Handy genommen und ihr eine Nachricht geschrieben:

> *Meine liebe Ella,*
> *warum etwas passiert, wissen wir beide nicht. Es ist aber tröstlich, dass am Ende alles einem Plan folgt, der uns zu uns selber führt. Was du tun musst, musst du tun. Ich hoffe, du tust es aus aus Liebe. Denn die Liebe sollte uns führen und keine „Möglichkeiten". Es ist keine hohle Floskel: Man sieht nur mit dem Herzen gut. Ich hoffe, dass er dir Flügel verleiht und mit dir Wunder erschafft, dass er dich tanzen lässt und strahlen.*
>
> *Dies ist definitiv das Letzte, was du von mir Lesen oder hören wirst. Wenn es sein soll, wirst du zu mir zurück finden. Wenn nicht, wird die Erinnerung an mich bald verblassen.*
>
> *Aber wenn du ein Wunder brauchst, dann denke an mich.*
>
> *Dein Jan*

Jan atmete tief durch. Er fühlte sich alleine.

Dreiundneunzigstes Kapitel

Anna fühlte sich auch alleine.

Das Frühstück war gekommen und obwohl sie extrem großen Hunger hatte, bekam sie kaum einen Bissen hinunter. Die drei Männer tranken Kaffee und nahmen sich ab und an eines der kleinen, extrem süßen Gebäckstückchen, die zwei sehr schweigsame Hausbedienstete ihnen auf einem Servierwagen gebracht und dann mit flinken und geschickten Händen auf dem Tisch aufgedeckt hatten. Immer wieder musterte sie die Männer. Sie versuchte, sich das Bild von Jules Verne ins Gedächtnis zu rufen, aber ohne Erfolg.
"Konnte er es wirklich sein? Aber quatsch! Jules Verne ist schon lange tot. Aber was sind das für Typen? Was wollen die von mir?"
Ihre Gedanken schossen wieder wild in ihrem Schädel umher. Allerdings, so stellte sie erneut fest, dass sie nicht das Gefühl der Panik hatte, wie bei den Wölfen.

Vierundneunzigstes Kapitel

Jan hatte noch am Abend gepackt und entschieden, seinen Aufenthalt in Bottrop nicht noch unnötig in die Länge zu ziehen. Am nächsten Tag würde er wieder im Flieger Richtung Assuan sitzen - im Gepäck den Stick von Professor DeVries und in seiner Brust ein schweres Herz.

Am nächsten Morgen machte er noch einen Spaziergang. Er wollte wenigsten einmal sehen, wo Ella wohnte. Es war gar nicht weit weg von hier. Er würde einfach rechts abbiegen und dann bei der Tankstelle über die Kreuzung. Er merkte, wie mit jedem Meter seine Schritte schwerer wurden. Als er vor ihrer Tür stand, empfand er es als das Natürlichste, jetzt klingeln zu müssen. Sie würde ihm aufdrücken und er würde die Treppe hochsteigen und bei ihr sein. Aber so war es nicht.

Mit einem Klos im Hals schaute er an der Fassade hoch. In der Küche brannte Licht und es bewegte sich jemand. Ob sie das war oder Ihre Tochter - oder er?

Jan überquerte die Fahrbahn und ging einen kleinen Weg entlang, der zu der Wiese führte, auf der Ella immer mit Rocky, ihrem Hund, spazieren ging. Davon hatte sie ihm erzählt und es war, als wäre er hier schon hunderte Male mit ihr gewesen. In einem Blumenkübel leuchteten ihm noch Herbstblumen entgegen. Jan pflückte eine lila Blüte. Ella liebte lila Blumen, auch das hatte sie ihm am Telefon gesagt. Dann drehte er um und steckte sie ihr in den Briefkasten - ein letzter Gruß.

Als er die Straße, in der Ella wohnte zurückging und seine Schritte zum Bahnhof lenkte, waren seine Augen voll von Tränen.

"So ein Unsinn", dachte er bei sich.

„Du fällst aber auch immer wieder auf dieselbe Scheiße rein."

Doch immer, wenn man denkt, dass man in einer Sache oder mit einem Menschen am Ende ist, ist es nur das Ende eines Kapitels einer viel größeren Geschichte. Ella war in sein Leben getreten und sie war nicht nur eine jener flüchtigen Begegnungen, sie war keine Statistin. Sie hatte sich in sein Herz geätzt. Ihm war, als hätte sie schon lange dort ihren Platz gehabt und sie sei nur wieder dort eingezogen. Was Ella für eine Rolle in seinem Leben spielen sollte, ahnte zu diesem Zeitpunkt weder er noch sie. Im Gegenteil, für beide war die Angelegenheit erst einmal beendet.

Fünfundneunzigstes Kapitel

Anna war die ganze Situation sehr unangenehm und sie wusste nicht, was sie von all dem halten sollte. Sie saß am selben Tisch mit Jules Verne - einem Menschen, der schon über hundert Jahre tot war. Das war irre...das war abstrus!
„Diese ganze Sache ist wie ein schlechter Traum." krampfhaft versuchte sie die surreale Situation zu fassen, während sie, in kleinen Bissen, an einem Blätterteiggebäck knabberte und dazu starken Kaffee trank.

„Madame", begann der Mann, der sich als Jules Verne vorgestellt hatte.
„Ich kann mir denken, dass dies alles für sie sehr befremdlich und seltsam ist. Ich bin mir auch durchaus bewusst, dass sie mehr als berechtigte Zweifel an der Echtheit meiner Existenz haben."
Anna schaute ihn schweigend an und nickte vorsichtig.
„Ich wünschte, ich hätte irgendetwas, mit dem ich mich legitimieren könnte aber die Umstände sind einfach zu phantastisch."
„Das glaube ich auch", dachte sich Anna. „Schön, dass ich nicht die Einzige bin, die denkt, sie hätte die falschen Medikamente bekommen."
„Sie haben etwas in ihrer Tasche, dass der Schlüssel zu vielen ihrer Fragen ist, die Ihnen jetzt mit Sicherheit durch den Kopf gehen. Dieses Buch beinhaltet wichtige Aufzeichnungen, die ich im Zuge von Recherchen für einen neuen Roman gemacht habe. Dieser Roman sollte sich mit der Gewinnung von Energie aus dem Erdmagnetfeld beschäftigen."
„Das hatten Jean-Luc und Professor Prieux uns bereits mitgeteilt", erwiderte Anna.

„Ebenso, dass die große Pyramide eine nicht unerhebliche Rolle in dieser ganzen Sache spielt."

Verne lächelte.

„Sie haben Recht. Ein guter Bekannter von mir, der im Ägyptischen Museum in Kairo arbeitete, war bei Restaurationsarbeiten über einen bisher unbekannten Text von Herodot gestoßen. Der Text war eine Abschrift in Hieroglyphen und eine Übersetzung aus dem Altgriechischen. Er muss also aus der Zeit nach 500 vor Christi stammen. Das Papyrus war Teil einer Beigabe in einem relativ unbedeutenden Grab eines ägyptischen Beamten."

Anna lauschte den Ausführungen.

„Das Buch, Madame, dass ihnen anvertraut wurde, enthält eine Abschrift dieses Textes sowie zahlreiche Zeichnungen."

Anna erschrak. Hatten sie ihr das Buch weggenommen? Waren diese Männer Teil des Wolfsrudels? Unwillkürlich griff sie zu ihrer Tasche. Sie konnte, ohne sie zu öffnen, den kantigen Inhalt spüren. Verne bemerkte ihre Reaktion und lächelte.

„Machen sie sich keine Gedanken, Anna...Ich darf sie doch Anna nennen?" Sie nickte.

„Das Buch ist immer noch da."

Sie merkte, wie sie ein wenig rougierte. Ertappt schaute sie Verne ins Gesicht und lächelte verlegen.

„Sie können uns vertrauen, Madame. So unglaublich sich auch alles anhört - es ist die Wahrheit."

Anna entschied sich, den Männern eine Chance zu geben. Sie versuchte, sich zu entspannen und sich erst einmal alles in Ruhe anzuhören.

„Wir sind, wenn sie so wollen, die Guten." Verne lächelte sie warmherzig an. „Dieses Buch ist ein großes Geheimnis und wir hatten es lange versteckt gehalten, weil wir sicher sind, dass seine Entdeckung der Welt mehr Schaden als Nutzen bringen würde. Ihnen ist ja bekannt, dass es um die Gewinnung von Energie aus dem Erdmagnetfeld geht."

Anna nickte kurz.

„Eine verantwortungsvolle Nutzung dieser Ressourcen könnte das Problem der nachhaltigen Energiegewinnung unserer Welt mit einem Schlag lösen. In den falschen Händen, hätte dieses Wissen jedoch fatale Folgen. Am Ende würde das gesamte Energiefeld der Erde zerstört und die Menschheit würde sich selbst ausrotten. Bis vor kurzem haben wir gedacht, dass wir die Aufzeichnungen sicher versteckt hätten. Allerdings ist man uns auf die Spur gekommen."

Annas Blick ging fragend von einem zum anderen.

„...und dann übergeben sie mir das Buch? Gibt es da nicht mehr als eine Milliarde Menschen auf der Welt, die geeigneter dafür wären, als ich?"

Die Drei lächelten.

„Sagen sie so etwas nicht, Madame. Was in uns steckt, wissen wir oft selbst am allerwenigsten. Außerdem hat sie das Schicksal ausgewählt. Sie sind in die *Rue Nemo* gekommen. Und sie haben bisher jeder Herausforderung bravourös gemeistert."

„Was hat denn das Schicksal damit zu tun? Und außerdem habe nicht ich das alles geschafft, sondern wir. Ohne alle anderen und ohne unser Glück wären wäre ich schon längst tot und das Buch in den Händen dieser...dieser Menschen."

Verne nickte und ergriff wieder das Wort.

„Sie haben vollkommen recht, Madame, natürlich waren sie nie alleine. Aber das sind wir nie. Und was das Schicksal anbelangt - hierauf will ich ihnen gerne später antworten.

Doch lassen sie mich ihnen zunächst etwas über das Buch und meine Entdeckungen sagen. Schließlich sind meine Notizen der Grund für all diese Unannehmlichkeiten."

Anna schaute auf, nahm einen Schluck aus ihrer Tasse und wartete auf das, was Verne ihr zu sagen hatte.

„Sie wissen, dass die Aufzeichnungen auch detaillierte Zeichnungen und Anweisungen zu Maschinen enthalten, die man zur Zeitreise nutzen kann?" Anna nickte, „...und dies ist uns zum Verhängnis geworden."

„Ja, das hatte Professor Prieux erwähnt. Aber das ist doch nicht möglich. Völlig ausgeschlossen! Wie soll das gehen? Und dann, wie konnte ihnen das zum Verhängnis werden?"

„Oh, es ist nicht unmöglich. Glauben sie mir! Wir sind der lebende Beweis."

Anna schaute ungläubig und verwirrt.

„Madame, Zeit ist etwas, was es eigentlich nicht gibt. Es ist das Ergebnis einer dreidimensionalen Betrachtungsweise unserer Welt, die Ereignisse immer nur als eine Abfolge von Geschehnissen - und zwar in einer Art Einbahnstraße sieht - eins nach dem anderen. Wir gehen außerdem davon aus, dass es nur eine Wahrheit und nur ein Universum gibt. Alle diese Annahmen sind falsch. Zeit ist keine Einbahnstraße und es existieren zahlreiche Universen nebeneinander. Die „Realität", in der sie sich gerade befinden, ist genau die, die sie sich selbst geschaffen haben."

Verne lächelte, als er ihr erstauntes Gesicht sah.

„Ich schweife ab, entschuldigen sie. Fakt ist, dass es uns möglich ist, mit unserer Maschine, verschieden Zeiten zu bereisen. Dies haben wir auch getan. Allerdings ist es einer - sagen wir „Macht" - gelungen, sich ebenfalls die Zeitmaschine nutzbar zu machen. Jedenfalls ein Mal. Damit haben sie zum ersten Mal Kenntnis von der Existenz des Buchs und dessen Inhalt erlangt, das wir bis dahin immer vor dem Zugriff der Gegenwart in der Zukunft versteckt gehalten haben."

Anna schwirrte ein wenig der Kopf.

"Sie meinen, sie hatten das Buch immer „in der Zukunft" versteckt gehabt?"

„Ja, so war es. Wir hatten es immer mindestens hundert Jahre vor der Zeit - unserer Zeit und ihrer Gegenwart - aufbewahrt. Aber dadurch, dass nun jemand von dem Buch Kenntnis erlangt hatte, war es Teil der Gegenwart und der Vergangenheit geworden."

„Die Wölfe…", flüsterte sie.

Verne stutzte.

„Ja, ich glaube, so nennen sie diese Leute. Sie haben im Schlaf oft von „Wölfen" gesprochen. Sie sind hinter dem Buch her und sie wollen es um jeden Preis."

„Was sie nicht sagen. Ich rede im Schlaf?" Anna war peinlich berührt. Was mochte sie sonst noch unfreiwillig preis gegeben haben?

„Ja, Madame, wir wissen, was sie durchgemacht haben." Er nickte anerkennend. „Und ich fürchte, es werden noch weitere Strapazen auf sie zukommen."

Anna schauderte. Sie hatte gehofft, nun von ihrer Herkulesaufgabe befreit worden zu sein. Dies hörte sich nach noch mehr an. Das war überhaupt nicht, was sie hören wollte.

„Madame, wir bitten sie, uns zu helfen. Dieses Buch darf diesen Menschen nicht in die Hände fallen. Die Folgen wären eine Katastrophe."

Anna schluckte.

„Ich denke, ich habe überhaupt keine Chance aus dieser Sache heraus zu kommen, ohne dass wir es zu Ende bringen. Habe ich recht?"

Die Männer schauten sich an und nickten stumm.

Anna merkte, wie sie anfing, die Situation mehr und mehr zu akzeptieren. „Können sie mir sagen, was passiert ist? Ich bin kollabiert. Und dann waren da diese Stimmen. Es war so fürchterlich - und dann auch wieder nicht…

Sechsundneunzigstes Kapitel

Das Geräusch der Autos drang nur als dumpfer Geräuschteppich an Jans Ohren und die nichtssagenden Fassaden der Häuserzeilen gaben ihm keinen Anlass, seine Gedanken an dieser Stadt, diesem Ort kleben zu lassen.
Wie anders war der Rückweg, als das verheißungsvolle Ankommen. Voller Zauber und süßem Anfang war seine Ankunft, nun war es, als wollte der nicht enden wollende Regen alle seine falschen Hoffnungen und Sehnsüchte von ihm abwaschen. Doch sie klebten an seinem Gemüt wie ein schmutziger Film.

Der Vormittag war so grau wie seine Gedanken. Immer neue Wolkenbänke schluckten das fade Licht. Es war, als wollte der Tag nicht richtig beginnen. Immer noch fuhren die Autos mit Licht. Rote und weiße Lichtkegel spiegelten sich in der nassen Fahrbahn.

Er wollte Ella vergessen, sie aus seinem Gedächtnis streichen - ihr Gesicht, ihre Gedanken, ihr Zärtlichkeiten. Aber wie sollte das gehen? Sie hatte ihren heißen Stempel auf seine Seele gedrückt.

Als er endlich am Bahnhof angekommen war, entschied er sich, statt des Zuges ein Taxi zum Flughafen zu nehmen. Der Ausflug zu Ella war ohnehin nicht eingeplant und hatte seinen Rückflug nach Assuan bereits verzögert. Aber er musste einfach zu ihr. Er musste sie sehen. Und am liebsten hätte er kehrt gemacht, sie in den Arm genommen, geküsst und sie aufgeweckt.

Siebenundneunzigstes Kapitel

Bereits am Abend, nachdem Ella gegangen war, hatte er noch ein Ticket für den Flug um 14:30 Uhr nach Kairo mit Anschlussflug nach Assuan gebucht und Jean-Luc informiert.

Als er im Flugzeug Platz genommen und die Maschine abgehoben hatte, sah er unter sich die Lichter des Ruhrgebiets langsam im Nebel und Regen verschwinden. Nach wenigen Minuten hatten sie die Wolken durchstoßen. Mit einem mal strahlte die Sonne von einem blauen Himmel. Unter ihm verschloss eine dichte Wolkendecke jede Sicht auf das, was da am Boden vor sich ging. Seine Gedanken flogen zu Ella, er malte sich aus, was sie jetzt gerade tat? Dachte sie auch an ihn? Wie lange würde sie noch an ihn denken, wenn er weg war? Würde er bald nur noch eine blasse Erinnerung an eine flüchtige Episode in ihrem Leben sein? Jan merkte, wie ihm wieder Tränen in die Augen schossen. „Hör auf mit dem Selbstmitleid, du Idiot!", sagte er sich und entschloss sich, die Zeit des Fluges konstruktiver zu nutzen.

Er stand auf und holte seine Tasche aus der Ablage. Dann nahm er den Stick von Professor DeVries und öffnete die Dateien auf seinem Laptop, den er vor sich auf den Ausklapptisch stellte.

Immer und immer wieder schaute er sich die Aufnahmen der großen Pyramide und Bilder von steinernen Maschinen an. Und tatsächlich, sie sahen wirklich aus wie Trafos oder große Elektromotoren. Die Photos mussten sehr alt sein. Es waren schwarz-weiß Bilder und die Männer darauf trugen die typische Garderobe des ausgehenden 19. / Anfang des 20. Jahr-

hunderts. Einer hatte sogar einen Tropenhut auf dem Kopf.
Jan schmunzelte.

Dann schaute er noch einmal genauer hin. Irgendetwas hatte
ihn stutzig gemacht. Die Bilder schienen zunächst aus dem Innern einer Grabkammer oder eines Tempels zu stammen. Es
sah aus, als wenn eine Maschine in einem Tabernakel stehen
würde. Die Wände waren über und über mit Hieroglyphen
und Bildern bemalt.

Das Bild, das seine besondere Aufmerksamkeit erregt hatte
war jedoch eines, das die Forschergruppe mit Beduinen vor
dem Eingang zeigte - und der Eingang war eindeutig eine
Höhle. Die Artefakte mussten in einer Höhle stehen oder zu-
mindest dort photographiert worden sein.

Achtundneunzigstes Kapitel

Anna hatte mittlerweile etwas Vertrauen zu den Dreien gefasst. Aufmerksam und immer wieder verblüfft, lauschte sie den Ausführungen von Jules Verne.

„Die, die sie die Wölfe nennen, waren sehr nah, Madame. Sie hätten sie beinahe in ihre Gewalt gebracht. Sie haben lange geschlafen Madame, sehr lange, mehrere Tage."

Anna erschrak. "Waaaas? So lange? Was...was ist denn passiert?", stotterte sie vor Aufregung und verschluckte sich fast.

Verne räusperte sich.

„Man hat versucht, sie aus dem Weg zu räumen und an das Buch zu gelangen. Aber wir konnten noch rechtzeitig eingreifen."

Anna merkte, wie ihr schwindelig wurde. Sie begriff langsam, dass sie in größter Lebensgefahr geschwebt hatte.

„Das Gift muss bereits in Kairo in ihre Zahnpasta gespritzt worden sein."

„Sie sind jetzt in Sicherheit, Madame. Erinnern sie sich noch an den Brief? Den, den sie im Buch gefunden haben? „J" - das war ich."

Verne sprach beruhigend auf sie ein.

„Ich hatte Ihnen versprochen, da zu sein, wenn alles hoffnungslos erscheint. Sie haben sich sehr wacker geschlagen, Anna. Wir sind sehr dankbar und stolz auf sie."

Anna wusste nicht, was sie sagen sollte, sie war immer noch entsetzt, dem Tod gerade so von der Schippe gesprungen zu sein.

„Was ist mit den Kerlen passiert? Wo sind sie? Kommen sie wieder?", stammelte Anna.

„Wir haben uns bereits um die Männer, die dafür verantwortlich waren, gekümmert."

Er zwinkerte ihr zu. Doch diesmal lachten seine Augen nicht.

„Ich kann mit Sicherheit sagen, dass diese Wölfe nie mehr zurückkommen werden. Ihr Verschwinden wird den Rest des
„Rudels" eine Weile beschäftigen. Die anderen werden versuchen, sie - uns - zu finden. Und wenn sie dann die Suche er-
gebnislos abgebrochen haben, werden sie einen neuen Angriff starten. Dieser Sieg verschafft uns nur Zeit. Wir brauchen
eine endgültige Lösung.

Neunundneunzigstes Kapitel

„Jules Verne? Du willst mich verarschen?"
Jan hatte laut losgelacht. Aber Jean-Lucs Gesicht blieb ernst.
„Was soll das? Das kann doch nicht dein Ernst sein? Jules Verne ist tot. Seit über hundert Jahren."
„Ich weiß", erwiderte Jean-Luc, „Es ist schwer zu verstehen
und ich habe es am Anfang auch nicht geglaubt. Aber es ist
so."
Jan schaute seinen Freund ungläubig an. Jean-Luc hatte ihn
vom Flughafen abgeholt. Jetzt saßen beide auf dem Rücksitz
eines klapprigen, schwarzen Renault. Aus dem Radio dröhnte
Musik, und der gut gelaunte Fahrer ließ seinem Temperament
und seiner guten Laune freien Lauf. Immer wieder sang er
ziemlich falsch aber inbrünstig Passagen der, Jan völlig unbekannten Lieder mit und trommelte fröhlich auf sein Lenkrad.
Am Rückspiegel wackelte eine riesige Hand der Fatima.

Jan konnte es immer noch nicht glauben, was ihm sein Freund
da erzählt hatte. Was war das für eine unglaubliche Sache, in
die sie da hinein geraten waren.
 „Aber wie ist das möglich?" nahm er das Gespräch wieder
auf.
„Du erinnerst dich an die Zeichnungen in dem Buch? Eine da-
von war eine Zeitmaschine und wie es scheint, funktioniert
sie auch."
„Das ist nicht möglich." Jan schüttelte erneut den Kopf.
„Geht es Anna gut? Weiß sie Bescheid?"
„Anna geht es gut - wieder - und ja, sie weiß Bescheid"
„Was heißt „wieder"?"
„Sie hätten Anna um ein Haar erwischt. Wir konnten sie gera-
de noch retten. Aber, mach dir keine Sorgen. Es geht ihr gut."
Jan schaute entsetzt.

„Verdammt, was ist denn passiert? Warum hat mir keiner Bescheid gegeben?"

„Anna ist vergiftet worden. Wir glauben, mit ihrer Zahnpasta aber wir haben sie noch rechtzeitig gefunden."

„Ich hätte zurückkommen müssen. Warum habt ihr nichts gesagt?"

„Du hattest eine Aufgabe und hättest nichts tun können. Sie hat die ganze Zeit geschlafen. Aber als sie aufgewacht ist, hat sie sofort nach dir gefragt." Jean-Luc zwinkerte ihm zu. Jan grinste verlegen zurück. Er war immer noch bestürzt aber letztendlich beruhigt, dass Anna nicht mehr in Lebensgefahr zu schweben schien.

„Ein Gutes hat die Sache.", merkte Jean-Luc an, während sie den Stadtrand von Assuan erreichten,

„Wir sind endlich die lästigen Kletten los - fürs erste jedenfalls."

Jan spürte einen Stich im Herzen. Er war in der Überzeugung los geflogen, dass Anna in Sicherheit gewesen sei. Jetzt musste er feststellen, dass er sie beinah nie wieder gesehen hätte. Ein seltsames Gefühl bemächtigte sich seiner. Seine Brust schien sich zuzuschnüren. „Ich hätte Anna nie allein lassen dürfen, ich Idiot."

Als sie am Haus ankamen, wurden sie von zwei Hausangestellten begrüßt und in das Speisezimmer geführt.

„Dinner is ready", hatte der eine ihnen freudestrahlend verkündet. Jan merkte, wie ihm der Magen knurrte. Seine letzte Mahlzeit hatte er im Flugzeug zu sich genommen, eine lustlose Pampe aus Gemüse und Reis. Jetzt hoffte er auf liebevoller zubereitete Speisen und etwas mehr Geschmack.

Als er den Raum betrat und Annas Gesicht sah, war es, als fielen tausend Steine von seiner Brust. Auch Anna strahlte; sie war aufgesprungen und kam ihm entgegen. Beide fielen sich in die Arme und hielten sich fest.

„Geht es dir gut?", fragte Jan besorgt. „Ich habe von dem schrecklichen Anschlag gehört. Ich hätte dich nicht alleine lassen dürfen. Es tut mir so leid."

Anna schüttelte den Kopf.

„Es ist alles gut. Mach dir nicht immer so viele Gedanken. Ich bin eine erwachsene Frau."

„Das hast du mir auch gesagt, bevor du mich das letzte Mal abgeschossen hast. Ich hoffe, dass ich nicht wieder kurz vor dem „Aus" stehe."

Jan lachte sie frech an.

„Verdient hättest du es schon! Hättest ja wenigstens eine Nachricht hinterlassen können, du Idiot. Selbst ich habe dir immer noch „Auf Wiedersehen" gesagt."

Jan schaute zerknirscht.

Nachdem die beiden sich begrüßt hatten, stellte Jean-Luc Jan die drei anderen Männer im Raum vor. Jan konnte es immer noch nicht fassen, dass er gerade Jules Verne - dem Jules Verne - die Hand geschüttelt hatte. Das Ganze war so abstrus, dass sein Kopf die ganze Zeit mit seinen Gedanken Flipper spielte.

„Lasst uns zu Tisch gehen. Wir werden bereits erwartet", lud Verne sie mit einer Handbewegung ein, sich an die bereits gedeckte Tafel zu setzen.

„Sie müssen alle hungrig sein und es gibt viel zu besprechen."

Jan nahm neben Anna Platz. Immer wieder sah er sie an und er war von tiefstem Herzen dankbar, dass sie wieder wohlauf und in seiner Nähe war.

Hundertstes Kapitel

In New York hatten sich zwölf Personen in dem abhörsicheren Raum versammelt. Jeder hatte sich stumm auf den für ihn vorgesehen Platz gesetzt. Vier Stühle blieben leer.

Als alle saßen, erhob sich einer der Männer. Sein Gesicht war kantig und grob. Seine Wange war durch eine lange Narbe entstellt. Sein bulliger Kopf schien ohne Hals auf seinem Oberkörper zu sitzen. Seine Stimme knarzte.
„Meine Herren, die Situation ist dramatisch. Wir haben den Kontakt zu unseren vier Männern in Ägypten verloren. Keiner weiß, wo sie sind. Sie haben die verabredeten Zeiten für die Kontaktaufnahme nicht eingehalten. Wir können sie auch nicht mehr über ihre implantierten chips orten. Sie sind wie vom Erdboden verschwunden."

Alle schauten sich betreten an.
„Wir konnten allerdings eine Spur wieder aufnehmen. Wir wissen, dass sie sich in Assuan aufhalten müssen. Ich brauche umgehend ein Team, das sich auf den Weg nach Ägypten macht und endlich den Job zu Ende bringt."
Seine Stimme klang jetzt rau und drohend.
„Nr. 3?"
„Yes, Sir?"
„Sie werden die Aktion leiten. Suchen sie sich fünf Männer. Enttäuschen sie mich nicht auch noch! Sie werden heute noch losfliegen. Wir haben keine Zeit zu verlieren. Sollten sie auch dieses Mal keinen Erfolg haben, haben wir noch ein As im Ärmel. Dieser Kerl scheint sich mit einer Frau getroffen zu haben." Er schmiss zahlreiche Fotos von Ella und Jan auf den Tisch und lächelte grausam.

„Finden sie alles über sie heraus und lassen sie sie nicht mehr aus den Augen! Nr. 2?"

„Yes Sir?"

„Sie werden mir in dieser Sache täglich Bericht erstatten. Stellen sie zwei Männer ab! Auch sie sollen sich umgehend auf den Weg machen! Nach Deutschland."

Hunderterstes Kapitel

„Wie ist ihr Plan, Monsieur Verne? Was können wir tun?", begann Jean-Luc das Gespräch nachdem sie am Tisch Platz genommen hatten.
„Können wir überhaupt etwas tun? Keiner von uns möchte ein Leben lang vor diesen... diesen..."
„Wölfen" warf Anna ein.
Jean-Luc nickte.
„Ja, den Wölfen, weglaufen."

„Wir haben die Sache erst vor kurzem besprochen", antwortete Verne. „Es gibt nur einen Weg: wir müssen diese „Wölfe" mit in die Vergangenheit nehmen. Zu einem Zeitpunkt, an dem es das Buch noch nicht gab. Dann müssen sie für uns die letzte Zeit- und Energiemaschine in London vernichten. In Varanasi haben wir bereits alles unbrauchbar gemacht und vernichtet."
Verne schaute in die Runde, dann fuhr er fort.
„Wir müssen alle Maschinen zerstören, auch wenn das für uns das Ende bedeutet. Es war schön, das, was wir als „Zeit" wahrnehmen, überlistet zu haben und dass wir uns diese Zeit „genommen" haben. Aber es ist irgendwann Zeit zu gehen."Er grinste.

„All the world's a stage.", zitierte der Inder Shakespeare, „and all men and women are merely players, they have their exits and their entrances..."

Die Freunde schauten sich betreten an.

„Keine Krokodilstränen bitte! Wir haben schon lange genug unser Unwesen getrieben." Jetzt stimmten die anderen mit in sein Lachen ein.

„Wir werden die Wölfe mit in die Vergangenheit nehmen und das Buch bei ihnen lassen, Madame."

Jules Verne schaute Anna an.

„Sie werden die Hüterin des Geheimnis des Buches sein - sie und ihre Freunde. Das letzte Buch von Jules Verne. Wir müssen wieder ein wenig Zeit zwischen diese „Wölfe", wie sie sie nennen und diesem Objekt der Begierde bringen. Tuen sie damit, was sie für richtig halten."

Jules Verne lachte. Aber sein Lachen hatte nichts Fröhliches. Es war wie ein Schlachtruf, eine Kampfansage an die Macht, die sich seiner Aufzeichnungen bemächtigen wollte.

„Sobald wir wieder in der Vergangenheit sind, müssen sie such entscheiden. Entweder sie halten das Buch an einem sicheren Ort versteckt oder sie vernichten es. Die Maschinen in London sollten sie auf jeden Fall zerstören. Dies wird auch unproblematisch sein. Es gibt da allerdings einen Haken."

„...das haben wir uns fast gedacht, Monsieur Verne", warf Jean-Luc ein.

„Verraten sie uns, wo es ein Problem geben wird?"

Verne nickte kurz.

„Das Problem ist, dass es einen Urgenerator geben muss. Irgendwo hier in Ägypten. Mit diesem Generator könnte man ebenso Energie gewinnen, wie mit den von uns konstruierten Maschinen."

Wir müssen auch diesen Urgenerator zerstören. Ich weiß, es ist ein Frevel an der Archäologie im Allgemeinen und der Ägyptologie im Besonderen aber es geht nicht anders. Erst wenn dieser Urgenerator und damit die Vorlage für den Nachbau möglicher anderer Generatoren zerstört ist, können wir sicher sein, dass eine unkontrollierte Nutzung durch die falschen Leute ausgeschlossen ist. Dies wird unsere letzte Aufgabe sein. Dann ist unsere Zeit gekommen."

„Aber wissen sie, wo wir suchen müssen? Wo steht dieser Ur-Generator?"

„Herodot hat keinen genauen Ort genannt. Nach meinen Aufzeichnungen müssen wir vom Urhügel starten, und Osiris in Seths rotes Reich folgen."

„Nach Heliopolis also...", warf Jan ein.

Anna schaute ihn erstaunt an.

„Ganz recht", nickte Jules Verne, „nach der ägyptischen Mythologie war Heliopolis der Urhügel, der als Erster aus der Urflut auftauchte und hier sind auch die Götter entstanden. Heliopolis liegt bei Kairo. Wir müssen also so geräuschlos wie möglich wieder zurück und von da aus der untergehenden Sonne folgen, also nach Westen - in die Wüste. Das heißt, der Trafo ist irgendwo in der Libyschen Wüste."

„Und er muss in einer Höhle sein."

Jan zog seinen Laptop aus der Tasche.

Jules Verne schaute überrascht.

„Woher wissen sie das?"

„Ich habe Photos gesehen, alte Photos. Ich bin sicher, dass es sich dabei um den Trafo handelt, den sie beschrieben haben. Die Bilder sind älter, aber man kann sehr gut sehen, dass sie vor einer Höhle aufgenommen worden sind." Jan hatte mittlerweile den Laptop hochgefahren und zeigte sie den Anwesenden.

„Und es gibt noch eine weitere Überraschung. Es muss noch eine weitere Kammer in der großen Pyramide geben."

Dem Inder fiel die Gabel aus der Hand und Jules Verne verschluckte sich. Auch Jean-Luc und Professor Prieux schauten ihn erstaunt und mit fragenden Blicken an.

„Seht es euch an!"

Jan zeigte ihnen, was Professor DeVries ihm an Aufzeichnungen, Photos und Beweisen mitgegeben hatte und erklärte: „Sehen sie diese hellen Verfärbungen?" Einige nickten.

„Nun, nach Professor DeVries ist dies der Beweis dafür, dass es sich um eine weitere, noch nicht entdeckte Kammer handeln muss. Er nennt sie die „Kammer des Horus"."

Jules Verne hatte sein Besteck zur Seite gelegt und dachte nach. Dann ergriff er erneut das Wort.

„Liebe Freunde. Wir wissen nicht, was in dieser Kammer ist. Es ist gut möglich, dass sich dort ein weitere Generator befindet. Aber das wird nicht mehr unsere Aufgabe sein. Ich kann mir nicht vorstellen, dass es in absehbarer Zeit gelingen wird, sich Zugang zu diesem Raum zu verschaffen. Sollte dies irgendwann der Fall sein, wird es Ihre Aufgabe sein, als Hüter des Geheimnisses dafür zu sorgen, dass kein Unglück geschieht."

Mit ernstem Gesicht blickte er wieder in die Runde.

„Diese, sicherlich sensationelle Entdeckung, wird an unseren Plänen nichts ändern. Übermorgen werden wir aufbrechen. Wir haben keine Zeit zu verlieren."

Hundertzweites Kapitel

Das Abteil war vollgestopft mit Menschen. Überall stand Gepäck, Taschen, Tüten, Kartons; eine Frau hatte auf ihrem Schoß eine Gans, die jeden gefährlich anfauchte, der ihr zu Nahe kam. Die alte Dame hatte Mühe, das Tier fest zu halten. Kinder schrien, Männer unterhielten sich lauthals über den Gang. Es schien, als wollte jeder jeden niederschreien. Glücklicherweise hatte der Schaffner ihnen gegen ein paar Dollar Trinkgeld Plätze frei gehalten. Anna und Jan waren froh, auf der Ostseite zu sitzen, gegenüber Jean-Luc und Professor Prieux. Jules Verne und seine zwei Begleiter hatten den undankbaren Platz an der Westseite des Zuges. Unbarmherzig brannte auf dieser Seite seit dem Nachmittag die Sonne in das Abteil. Botschafter Al Fahradi war bereits einen Tag vor ihnen nach Kairo gereist. Er würde dort alles vorbereiten, die Reise in die Wüste aber nicht mit antreten.

Jan hatte auf sein Handy geschaut, ob Ella sich gemeldet hatte. „Keine Nachricht...", murmelte er ein wenig enttäuscht. Versonnen steckte er es wieder in seine Tasche und schaute aus dem Fenster.
Anna hatte ihren Kopf auf seine Schulter gelegt. Draußen zogen fruchtbare Äcker, die den Nil säumten, an ihnen vorbei, während ihm ein Blick aus dem westlichen Fenster eine erste Ahnung von dem gab, was ihnen in Kürze bevorstand. Wenige hundert Meter reichte ein grüner Streifen des Lebens in die Wüste. Da, wo die uralten Bewässerungsgräben aufhörten, begann die Ödnis: Geröll, Steine, Sand und Hitze. Die Wüste hatte für Jan etwas Bedrohliches. Es gab keinen Schutz vor der Sonne. Sie würden mehrere Tage, vielleicht sogar Wochen unterwegs sein, ohne zu wissen, wo genau ihre Ziel war. Die

Nächte würden bitterkalt werden und tagsüber würden sie Temperaturen von 50 Grad und mehr aushalten müssen.

Gestern hatten sie noch einiges erledigt. Sie hatten über die Botschaft für Anna einen vorläufigen Pass beantragt, den sie in Kairo abholen wollten und ihre Familien benachrichtigt. Annas Chef hatte zunächst wenig Verständnis für ihre lange Abwesenheit gezeigt und ihr nur sehr widerwillig ihren Urlaub noch einmal verlängert.

Jan hatte seinen Kindern und Christine erzählt, dass er in die Wüste müsse und wahrscheinlich für einige Zeit nicht erreichbar sein würde. Louisa war begeistert und wollte ein Foto von Papa auf einem Kamel. Als er sich von Sophie am Telefon verabschiedet hatte, spürte er, dass sie wusste, dass dies keine Spaßreise war. Ihre Stimme klang ängstlich und auch Christine machte einen sehr besorgten Eindruck.
Den Kopf gegen das Fenster gelehnt, kramte er sein Handy wieder hervor und schrieb seinen Kindern, wie jeden Tag, eine kurze Nachricht. Sophies Antwort kam prompt, mit vielen Herzen und Küssen. Jan lächelte.

Er spürte Anna neben sich atmen, tief und ruhig und roch ihr Haar. Was würde auf sie zukommen?

Hundertdrittes Kapitel

Als sie am Bahnhof in Kairo ankamen, tauchten sie wieder ein in das charmante Chaos einer orientalischen Großstadt. Zwei Taxen brachten sie zum vereinbarten Treffpunkt.

Heliopolis, der Ausgangspunkt für die Suche, liegt heute unter dem nordöstlichen Stadtteil der Hauptstadt, *Matariya*. Der einstige heilige Ort ist mittlerweile entweder von wilder Bebauung überwuchert oder versinkt im Schutt und spielt deshalb im obligatorischen Besuchsprogramm der Ägypten-Reisenden so gut wie keine Rolle mehr.
Es scheint, als habe die Regierung beschlossen, diesen Teil ihrer Geschichte im wahrsten Sinne des Wortes auf den Müll zu werfen.

Da man ausschließen konnte, das Versteck, insbesondere eine Höhle, auf dem Stadtgebiet Kairos zu finden, hatten die Freunde beschlossen, die Suche außerhalb der Stadt, auf Höhe des dreißigsten Breitengrads zu starten. Irgendwo dort, in westliche Richtung, musste die Höhle liegen. Jean-Luc hatte noch von Assuan aus mit Botschafter Al Fahradi telefoniert. Dieser hatte dafür gesorgt, dass für sie eine Karawane, Ausrüstung, Dromedare und Führer bereit standen. Sie hatten Proviant für 40 Tage.

Der Treffpunkt lag am westlichen Stadtrand, in den Ruinen einer alten Karawanserei. Sie hatten sich entschieden, bei ihrer Expedition auf Dromedare, statt auf Autos zu setzen. Sie wussten nicht, wo und wie lange sie unterwegs sein würden und sie wollten vermeiden, auf einmal mitten in der Wüste ohne Benzin oder Diesel verloren dazustehen oder in einer

Sanddüne festzustecken. Ebenso hätte eine größere Autopanne fatale Folgen gehabt.

Sie hatten nur diesen einen Anlauf, diesen einen Versuch, um ihr Vorhaben zu realisieren. Es musste gelingen. Einen Fehlschlag durfte es nicht geben. Die Wölfe waren ihnen zu dicht auf den Fersen.

Als die Taxen vor der Ruine hielten, warteten dort schon zehn Männer und mindestens zwanzig Tiere. Sie waren mit Gepäck und Proviant beladen und lagen im staubigen Platz vor einer halb eingestürzten Mauer. Der Botschafter hatte es tatsächlich geschafft, in kürzester Zeit alles für ihre Reise bereit zu stellen.

Die Männer saßen auf dem Boden und tranken im Schatten Tee. Als die Freunde ausstiegen, stand einer der Männer auf und kam auf sie zu.

„Salam alaikum, ich heiße Omar und stehe ihnen zu Diensten."

„Alaikum salaam", erwiderte Verne.

„Ich freue mich, sie kennen zu lernen. Schön, dass sie uns begleiten werden. Lassen sie uns kurz die Einzelheiten besprechen und nachschauen, ob wir alles haben. Dann brechen wir auf."

Während Verne und der Inder die Ausrüstung und die Vorräte überprüften und mit Omar den weiteren Ablauf besprachen, schlenderte Jan in der Ruine umher. Auf einer Mauer stehend, schaute er Richtung Westen. Sein Blick verlor sich in der Weite und brach sich im flimmernden Horizont. Ein leichter Wind wirbelte Staub auf, der sich heiß auf seinem Gesicht absetzte. Unwillkürlich schlug er die Hände vor die Augen und versuchte, sich die feinen Sandkörner von der Haut zu wischen aber sie blieben in seinem Gesicht kleben, wie ein Menetekel. „Ein kleiner Vorgeschmack auf das, was noch kommen wird." Er wusste nicht, wie Recht er damit hatte.

Der Horizont verlor sich in gleißendem Licht. Die Sonne brannte sich feuerrot durch seine geschlossenen Lider. Es war, als stünde er auf einem Deich und vor ihm war ein Meer - ein Meer aus Glut, Hitze und Staub.

„Können sie mit Waffen umgehen, Sir?"
Die Frage riss Jan aus seinen Gedanken. Vor der Mauer stand Omar. In seiner Hand hielt er ein Gewehr und Munition. Jan sprang herunter und stellte sich zu Omar in den Schatten.
„Ich habe mal geschossen, ja aber das ist lange her." Er war verwirrt. „Wieso fragen sie?"
„Weil wir im Falle eines Falles jeden Mann brauchen werden. Die Wüste ist nicht so leer wie sie denken, Sir. Da sind eine Menge von Menschen da draußen - und die Aussicht auf ein paar Kamele und Lösegeld, weckt bei vielen Begehrlichkeiten.
„Na prima", dachte Jan. „Jetzt haben wir nicht nur die Wölfe im Nacken." Er hatte ganz vergessen, dass es immer wieder in der Wüste zu Entführungen gekommen war.
Jan beschloss, vorerst mit Anna nicht über die möglichen Gefahren zu sprechen. Sie sollte sich nicht noch mehr Sorgen machen. Die letzten Tage waren schon genug für sie.
„Hier, Sir, ihr Gewehr."
Mit einem Lächeln drückte er Jan die Waffe mit einer Kiste Munition in die Hand. Aufmerksam musterte er die Flinte.
„Eine Winchester, sehr gut", sagte er. „Mit der kann ich umgehen."
Er bedankte sich bei Omar und fing an, die Funktionen zu überprüfen. Zufrieden stellte er fest, dass alles in Ordnung war. Dann lud er die Waffe, sicherte sie und hängte sie sich über die Schulter. Von nun an, würde das Gewehr sein ständi-

ger Begleiter sein. Jan beschloss, bei der nächsten Gelegenheit, wieder das Schießen zu üben. Zu lange war es her, dass er den Abzug betätigt hatte. Wenn es wirklich drauf ankäme, wollte er sich und die anderen verteidigen können.

Hundertviertes Kapitel

Bevor sie auf die Dromedare stiegen, wollte Jan sich noch um-ziehen. Den letzten Abend in Assuan hatte er genutzt, um für sich und Anna angenehme Kleidung für die Reise zu kaufen, Statt seiner Jeans trug er jetzt eine weite Baumwollhose und eine Galabija, ein traditionelles afrikanisches Gewand. Zum Schutz gegen die Sonne hatte er sich ein Tuch wie einen Tur-ban um den Kopf gewickelt.

Anna lachte, als sie ihn sah. „Du wirst noch froh sein, wenn du diese Klamotten trägst. Du solltest auch in passendere Klei-dung schlüpfen."

Mit einem Lächeln warf er ihr eine Tüte in die Arme.

„Was ist das?", fragte sie erstaunt.

„Das sind die Kleider, die du jetzt besser anziehst."

„Und wo, du Nase?"

Sie zeigte vorwurfsvoll umher. Überall standen Männer und es schien keine Möglichkeit zu geben, dass sie sich umziehen konnte, ohne den Blicken der Führer ausgesetzt zu sein.

„Ich habe eine Idee", sagte Jan. „Zieh als erstes die Galabija über. Die ist so weit, dass du ohne weiteres darunter alles wechseln kannst."

Anna schaute ihn fragend an.

„Versuch es einfach. Lass uns da drüben hingehen!" Er zeigte auf die Ruine. „Ich schicke dann die Männer weg."

„Du kommst aber mit und passt auf!"

Gemeinsam verschwanden sie hinter der Mauer und nach ei-nigen Minuten, war auch Anna in das traditionelle, wallende Gewand der Beduinen gekleidet.

„Jetzt brauchst du noch was für den Kopf. Du kannst wählen: Mütze oder Hijab?"

Jan hielt in der einen Hand eine weiße Baseball Kappe und in der anderen ein klassisches Kopftuch.

„Mütze natürlich. Du glaubst doch nicht, dass ich in Vollverschleierung gehe."

Jan lächelte.

"Ich wette, du wirst noch ganz schnell auf das Tuch umsteigen."

Anna lachte zurück.

„Im Leben nicht."

„Ich halte es mal bereit aber wir sollten jetzt langsam zu den anderen zurück. Wir brechen gleich auf."

Sie packten ihre Kleidung zusammen und verstauten sie in einer der Satteltaschen ihres Dromedars.

Anna schaute skeptisch auf das am Boden liegende Tier, war dann aber ganz verliebt in die großen Augen.

Jan hatte sich in der Karawane hinter Anna eingereiht. Immer wieder schaute sie sich zu ihm um. Das starke Schaukeln machte am Anfang noch Spaß, nach zwei Stunden war es aber nur noch anstrengend und jede Pause, war eine willkommene Unterbrechung und Erholung für das geschundene Hinterteil.

Am Abend schlugen sie ihr Lager auf. Anna und Jan tat alles weh. Sie waren froh, sich im Wüstensand ausruhen zu können.

In Windeseile hatten Ihre Führer mehrere Zelte in einem Kreis errichtet und sie mit Teppichen ausgelegt. In der Mitte des Lagers brannten rasch vier Feuer an denen sich die Ägypter in Gruppen versammelt hatten, Tee tranken und redeten.

Nach dem gemeinsamen Essen hatte Jan sich sein Gewehr umgehängt und war eine Düne hinaufgestiegen. Er wollte sich ein wenig die Beine vertreten. Von oben schaute er auf das Lager, hörte die Stimmen der Männer und blickte dann in den klaren Nachthimmel. Noch nie hatte er so viele Sterne erkennen können. Es war, als würde der ganze Himmel voll davon sein. Er lies sich auf den Rücken fallen und atmete tief durch. Der Sand fühlte sich noch warm an in seinen Händen.

„Hier bist Du also. Ich hoffe, ich störe dich nicht."
Anna war zu ihm heraufgestiegen und setzte sich neben ihn.
„Nein, Du störst ganz und gar nicht. Ganz im Gegenteil."
Anna lächelte ihn an.
„Dann frag mich doch das nächste Mal, ob ich mit will."
Sie sah ihn mit gespielter Traurigkeit an.
„Was hat es denn mit diesem Urhügel und Horus und Seth auf sich? Du wolltest mir das schon die ganze Zeit erzählen. Ich will doch nicht doof sterben." Sie grinste.
„Willst du das wirklich wissen? Dann bin ich wieder der Klugscheißer vor dem Herrn."
Jan zwinkerte ihr zu.
„Ich werde artig zuhören", lachte sie, setzte sich hin, zog die Knie an und stütze sich auf ihre Arme.

„Es gibt mehrere unterschiedliche altägyptische Legenden und Mythen, die sich mit der Schöpfung der Welt und den ersten Göttern beschäftigen. Dies ist eine der gängigsten Versionen", er lachte und ließ sich wieder in den Sand fallen. „Du willst das wirklich hören?"
Anna nickte.
„Okay, dann stell dir Ägypten vor, wie es lange vor Christi Geburt, lange vor den Römern und alten Griechen war. Ägypten war ein blühendes Reich, zusammengehalten durch den Pharao und die Religion. Die Religion war nicht nur Bestandteil des damaligen Lebens, sie war ihr bestimmender Faktor. Der

Glaube an die Götter und alle Mystik, die damit einher ging, waren Atem und Herzschlag für den Alltag sowie alle großen und kleinen Entscheidungen der Menschen. Eine ganz besondere Rolle spielten deshalb neben dem Herrscher die Priester. Sie waren, als Hüter der kosmischen Ordnung und aller göttlicher Geschichten, das Fundament der ganzen Gesellschaft.

Und wie für jede hochstehende Zivilisation, war auch für die Ägypter nicht nur die Bewältigung der Gegenwart, sondern auch die Frage nach dem „Woher kommen wir?" von extremer Wichtigkeit; und so gab es auch im alten Ägypten Geschichten über den Anfang der Welt.

Die Priester der Stadt Heliopolis - zur damaligen Zeit das Hauptzentrum des Sonnenkultes - richteten die Schöpfungsgeschichte ganz auf Atum, die altägyptische große Urgottheit, aus. Er und acht seiner Nachkommen bildeten die sogenannte „Neunheit von Heliopolis".

Im Moment der Schöpfung soll Atum aus der Urflut geboren worden sein. Durch seine Schöpfungskraft erhob sich dann aus dem Urgewässer ein Hügel. Dieses Land ist der Urhügel, bei Heliopolis."

Anna nickte. Sie hatte die Augen geschlossen und sich neben ihn gelegt. Sie genoss einfach seine Stimme.

„Nach der Legende brachte er danach aus seinen Körperflüssigkeiten seine zwei Kinder hervor. Schu den Gott der Luft, und Tefnut, die Göttin der Feuchtigkeit.

Dieses Paar wiederum gebar eigene Kinder, nämlich Geb, den Gott der Erde, und Nut, die Göttin des Himmels. Diese ersten drei Generationen stellen die Grundelemente der Schöpfung für die Ägypter dar.

Geb und Nut ihrerseits zeugten die Urenkel des Atum, die Gottheiten Osiris und Isis und das Paar Seth und Nephthys, die im Schöpfungsmythos das fruchtbare Nilschwemmland und die umgebende Wüste repräsentieren. Wobei wir beim spannenden Teil der Geschichte angekommen wären."

Anna hatte ihren Kopf auf seine Brust gelegt. Jan war zunächst verwundert über so viel Nähe - aber er genoss es.

„Wie in jeder guten Familie, so gab es auch hier die Guten und die Schlechten, Lieblinge und weniger geliebte Kinder. Gebs Favorit jedenfalls, war Osiris. Ihn sah er als den geschickteren und talentierteren seiner beiden Söhne an. Also übergab er Ihm die Regierung über Ober- und Unterägypten. Sein Bruder Seth erhielt die Herrschaft über das Wüstenland. Das sollte im Weiteren noch für reichlich Ärger sorgen."

Jan hatte unwillkürlich angefangen, Annas Haar zu streicheln. Es war ein Moment der absoluten Harmonie und Nähe.

„Als es ans Heiraten kam, gab es nicht viel Auswahl. also nahm Seth sich seine Schwester Nephthys zur Frau. Isis heiratete ihren Bruder Osiris. Eine reduzierte Auswahl erleichtert die Partnerfindung", witzelte Jan.

„Beide Geschwisterpaare führten eine glückliche Ehe und Osiris machte seine Sache als König gut. Er galt als gerecht und er verhalf seinem Volk zu Wohlstand. Bis dahin läuft alles gut - aber jetzt kommt das Drama."
Anna lachte. "Drama, gab es wohl schon immer."
„Absolut. Und vor allem in königlichen und göttlichen Familien. Seths Neid und Missgunst gegen seinen Bruder steigerte sich immer mehr zu glühendem Hass. Er beschloss, Osiris zu

töten. Da er sich nicht traute, ihn in einem Zweikampf herauszufordern, dachte er sich eine List aus. Er besorgte sich die Körpermaße seines Bruders und lud ihn zu einem Fest ein. Auf dem Fest präsentierte er den prächtigen Sarkophag, den er demjenigen zum Geschenk machen wollte, der ausgestreckt genau hinein passen würde. Alle Gäste probierten es aus, doch - oh Wunder - nur Osiris passte hinein. Als der nun in der Kiste lag, verschloss Seth diese sofort und umgab sie mit einer Bleischicht, damit sein Bruder nicht entkommen konnte. Dann versenkte er die Kiste im Nil.
Tja, Brüder können grausam sein."
Anna hatte Jans andere Hand genommen.
„Osiris Frau, Isis, die zu dieser Zeit bereits schwanger war, konnte aus diesem Grund nicht mit Seth kämpfen, so dass es nun für ihn ein Leichtes war, die Macht über Osiris Reich an sich zu reißen.

Nun musste Isis sich verstecken, weil auch sie um Ihr Leben und vor allem, das Leben ihres Sohnes Horus fürchtete, den sie im geheimen zur Welt brachte. Angeblich ließ sie ihn in einem Schilfkörbchen den Nil hinab treiben, da sie befürchtete, Seth könne auch ihn ermorden.
Einige Hundert Jahre später haben die Juden dann die Geschichte wohl abgekupfert; Moses ist ja auch in einem Schilfkörbchen versteckt worden.
Und auch Horus, wurde von Menschen gefunden und von ihnen aufgezogen.

Isis hatte sich mittlerweile auf den Weg gemacht, um ihren Mann wieder zu finden. Bis nach Byblos im heutigen Libanon konnte Isis die Spur der Kiste verfolgen, wo diese in einen Baumstamm eingeschlossen worden war, den König Melkart in seinen Palast als Pfeiler integriert hatte. Isis verdingte sich am Hofe des Königs als Dienerin und gewann so das Vertrauen der Königin. Als sie ihr die ganze Geschichte erzählt hatte, überredete die Königin ihren Mann, die Kiste freizugeben. So konnte Isis den Leib von Osiris wieder nach Ägypten bringen und ihn dort durch mächtige Zaubersprüche wieder ins Leben zurückholen."

„Dann hat ja alles doch noch ein gutes Ende gefunden", sagte Anna. „Wie schön."

„Leider, nein. Die Story geht ja noch weiter. Seth bekam von der Wiedererweckung des Osiris Wind und mit seiner ganzen Macht, die ihm nun innewohnte, tötete er Osiris erneut. Diesmal zerstückelte er den Leichnam seines Bruders und verteilte ihn über das ganze Land. Er wollte sichergehen, dass Isis ihren Mann nicht noch einmal ins Leben zurückholen würde ."

„Unglaublich", warf Anna ein.

„Isis gab aber nicht auf. Sie versuchte erneut, ihren Mann zu retten. Was wären die Männer nur ohne Frauen. Und jetzt kommt der echt tragische Part. Als sie alles beisammen hatte, musste sie feststellen, dass Osiris bestes Stück von einem Krokodil verspeist worden war."

Anna kicherte.

„Sie hat dann wirklich versucht, das Teil durch eine Holzkopie zu ersetzen." Beide lachten laut los.

„Der klägliche Versuch schlug dann aber fehl und Osiris konnte nicht wieder ins Leben zurück geholt werden."

„Tragisch." Anna lachte immer noch.

„Osiris wurde dann aber zum Herrscher über das Totenreich.

Damit ist aber noch lange nicht Schluss.

Horus, der ja bei den Menschen aufgewachsen war, erfuhr irgendwann, dass er göttlicher Herkunft war und wer seine Eltern waren.

Also fing er an, Rachepläne zu schmieden und startete einen grausamen Feldzug gegen Seth. Am Anfang hatte er noch unglaublich viele Verbündete - sogar Nephthys, die ehemalige Gemahlin des Seth, Thot und Anubis sowie natürlich seine Mutter Isis.

Als Isis jedoch Kriegsgefangene ihres Sohnes befreite, reagierte dieser so bösartig, dass er ihr den Kopf abschlug."

„Sowas macht man auch nicht." Anna schüttelte ihren Kopf.

„Thot konnte durch seine heilenden Kräfte zum Glück Isis Tod verhindern aber nun wandten sich alle übrigen Götter von Horus ab. Tja - böser Horus - von nun an hatte er die „Arschkarte" gezogen", setzte Jan seine Erzählung fort.

„Wie in jedem Krieg, waren es jedoch die Menschen, die die Suppe auslöffeln durften, denn die Götter kämpften ja nicht selber. Das hat sich wohl bis heute so erhalten. Mit einer Ausnahme: Als Horus Nubien angriff, das Land, in dem Seth herrschte, schaffte er es mit seinen besonders ausgerüsteten Kriegern – den Mesinu - fast das komplette Heer des Seth zu vernichten. Als Seth dies sah, bekam er Angst, griff selber in den Kampf ein und forderte Horus persönlich heraus. Und obwohl das Duell mit Ihm keinen Gewinner hatte, fiel Nubien in den Herrschaftsbereich des Horus.

Im Verlaufen dieses legendären Zweikampfes zwischen Seth und Horus wurde Horus übrigens ein Auge ausgestochen. Seine Mutter hat es ihm dann wieder eingesetzt und ihn geheilt. Manche erzählen auch, dass es Gott Thot war - auf jeden Fall gilt das Auge das Horus deswegen als Symbol der Heilung und als Schutz vor Gefahren. Das Udjat-Auge wurde seit dem Alten

Reich als Amulett verwendet. Wenn du irgendwann mal eine Nilkreuzfahrt machst," merkte Jan an, „wirst du sehen, dass das Auge des Horus bis heute bei allen Schiffen vorne am Bug aufgemalt ist.

Aber zurück zu unserem ägyptischen „Denver Clan". Als Gott Re die Verwüstung der Welt kommen sah, da keiner der beiden bereit war, vernünftig zu werden und den Kampf einzustellen, rief er alle anderen Götter zu einer Beratung zusammen. Alle sollten zusammen entscheiden, wer von beiden nun der Pharao über die Welt sein sollte. Diese bestimmten, dass die Göttin der Weisheit, Neith, entscheiden sollte, wer die Krone bekäme. Sie entschied sich für Horus, so dass nach langem hin und her die Welt geteilt wurde. Horus herrschte ab sofort über das „schwarze Land", Ägypten und Seth bekam, als neues Reich, das „rote Land", die Wüste, zugeteilt."

Anna lehnte ihren Kopf auf seine Schulter. Sie atmete tief und ruhig.

Hundertfünftes Kapitel

Es war gegen Mittag des dritten Tages ihrer Reise, als die Tiere plötzlich anfingen, unruhig zu werden. Mit einem Mal stießen sie laut gurgelnde Laute aus und wollten nicht mehr weiter gehen. Urplötzlich kam Leben in die eher lethargisch wirkenden Beduinen „عاصفة رملية....„easifat ramalia" riefen sie immer wieder.

„Schnell", rief Jean-Luc, „ein Sandsturm. Geht in Deckung und wickelt euch ein Tuch um das Gesicht. Es wird jetzt gleich sehr unangenehm. Bleibt eng beieinander und passt auf euch auf!"

Einer der Führer half ihnen, ihre Reittiere vor sich in den Sand zu bringen. Anstatt sich hinter ihr Dromedar zu ducken, war Anna zu Jan herüber gekommen und hatte ihr Tier alleine gelassen. Sie wollte gemeinsam mit ihm den Sandsturm überstehen.

Annas Mütze war von einer Böe fortgerissen worden. Jan kramte in seiner Tasche. Dann zog er den Hijab heraus.
„Ich wusste doch, dass wir das hier noch mal brauchen würden."
Während er ihr den Stoff über den Kopf zog, schärfte er ihr ein: „Halte dir das Tuch vor dein Gesicht und halte dich um Gottes Willen fest. Das wird jetzt äußerst ungemütlich."
Angespannt und mit bangem Blick auf die Wand aus Sand und Staub, die sich vor ihnen aufbaute, kauerten sich alle nieder und warteten angespannt. Von Westen her kam das Getöse immer näher. Immer lauter war das Schreien des Windes, immer heftiger peitschte ihnen der Sand ins Gesicht.

Jan griff Annas Hand und zog sie fest an sich. Dann schluckte sie der Sturm mit all seiner Urgewalt. Beide klammerten sich aneinander fest. Staub drang nach kürzester Zeit in alle Öffnungen ihrer Kleider. Auch die Tücher vor ihrem Gesicht konnten nicht verhindern, dass sich der Dreck in ihren Nasen und Mündern festsetzte. Jan tat alles, Anna mit seinem Körper Schutz zu bieten. Doch es schien absolut vergebens zu sein. Nach und nach türmte der Sand sich immer höher vor ihnen auf, schien sie begraben zu wollen. Anna hustete heftig. Ihre Hände klammerten sich an seinen Umgang und auch er versuchte, sie mit all seiner Kraft festzuhalten. Der Sturm war so heftig, dass sie von Ihren Freunden, die nur wenige Meter neben ihnen lagen, nichts mehr sehen konnten.

„Lass nicht los, Anna! Egal, was kommt!" Doch sie konnte ihn, obwohl sie direkt neben ihm hockte, nicht mehr hören. Seine Stimme wurde von dem Sturm und dem Sand regelrecht zerfetzt. Es war, als habe sich eine schwarze Wolke des Todes auf sie herabgesenkt. Immer heftiger tobte die Urgewalt...immer schwärzer wurde es...immer schwieriger zu atmen ..überall war Sand. In ihrem Gesicht, ihrer Kleidung...Sand über ihnen...überall...

Jans Hände verkrampften sich in Annas Kleidung. Er merkte, wie sich ihr Körper immer wieder aufbäumte. Sie musste heftig husten. Immer dunkler wurde es um ihn...immer dunkler....dunkler...dunkler...

Hundertsechstes Kapitel

Als Jan erwachte, tat ihm alles weh. Er blickte sich um. Er war in einem Zelt und lag auf einer Art Pritsche. Auf dem Boden waren Teppiche ausgelegt. Von draußen drangen Stimmen herein. Er sprang auf und bemerkte, dass man ihm neue Kleidung angezogen hatte. Er trug die weite, wallende Bekleidung der Nomaden.
Als er aus dem Zelt trat sah er, dass es Nacht geworden war. Vor dem Eingang standen zwei Männer. Beide redeten auf ihn auf Arabisch ein. Jan verstand, dass er ihnen folgen sollte. Er war verwirrt. Was war geschehen? Er konnte sich an nichts mehr erinnern. Wo war Anna und wo waren die anderen?

Nach wenigen Minuten waren sie an einem großen Zelt angekommen. Von innen konnte er Stimmen hören. Nach einem kurzen Moment baten die beiden ihn mit eindeutigen Gesten, einzutreten. Das Innere war prunkvoll ausgestattet. Auf prachtvollen Teppichen und Kissen saßen Jean-Luc, Jules Verne, der Inder, Maurice und Anna. Jan atmete auf. Ohne auf irgendetwas zu achten trat er die drei Schritte auf sie zu. Anna war, als sie ihn gesehen hatte, aufgesprungen. Nun lagen sie sich in den Armen.
„Gut, dass du noch da bist", flüsterte er ihr ins Ohr." Ich hatte doch gesagt: Nicht loslassen!"
Er lächelte und sie knuffte seinen Oberarm.
„Idiot! Schön, dich auch zu sehen."
Er gab ihr einen Kuss auf die Stirn. Dann wandte er sich an seine Freunde und begrüßte jeden von Ihnen mit einer herzlichen Umarmung.
„Wo ist Professor Prieux?"

Jean-Luc schaute bedrückt, „Er...er hat es nicht geschafft.. Er ist tot. Er und vier unserer Führer. Der Sandsturm hat sie verschüttet. Sie hatten keine Chance. Die Beduinen haben sie gefunden. Als wir Anna und dich sahen, dachten wir auch, dass wir zu spät gekommen wären."

„Professor Prieux - tot?...und noch vier andere Menschen? Das ist .... Oh Gott." Jan setzte sich. „Das tut mir so leid. Wo sind wir? Wer hat uns gefunden?"

„Nomaden", erwiderte Jean-Luc. „Sie kamen eine Stunde, nachdem der Sturm zu Ende war. Sie haben uns geholfen, euch auszubuddeln und die Toten zu bestatten.

Die Führer, die überlebt haben, haben sich mit den Kamelen aus dem Staub gemacht.

Ohne die Beduinen, wären wir verloren gewesen. Als wir euch geborgen hatten, haben sie uns mit zu ihrem Lager genommen. Wir werden gleich ihren Sheikh treffen. Du wirst überrascht sein. Er spricht fünf Sprachen und hat in England studiert."

„Was macht er dann in der Wüste?"

„Eine gute Frage. Ich weiß es nicht." Jean-Luc zwinkerte ihm zu.

"Vielleicht ist er auch ein Herumtreiber, ein Vagabund - oder jemand, der sich und seinen Platz gefunden hat."

Hundertsiebtes Kapitel

Der November brachte noch einmal ein paar wärmere Tage. Die tiefe Sonne blendete die Autofahrer. In der *Prosperstrasse* hatten Bauarbeiten begonnen. Die Stadt musste noch Gelder zum Jahresende abfließen lassen.

In der Trinkhalle neben der Schule hatten sich Günther und Bernd wieder zum Kaffee verabredet. Wie immer saßen sie, wenn das Wetter es erlaubte, auf zwei alten Stühlen vor der kleinen Treppe, die in den Verkaufsraum führte.

Beide hatten auf der Zeche malocht, Prosper-Haniel. Sie hatten seit der Lehre praktisch jeden Tag zusammen verbracht und kannten sich in- und auswendig; wie ein altes Ehepaar. Wenn sie da saßen und sich gegenseitig das Leben erklärten, sich trösteten und über Fußball und die große Weltpolitik unterhielten, ging der Tag immer schnell vorüber. Sie kannten jeden in der Straße und jeder kannte sie. Sie kannten auch Ella. Wie oft hatten sie sie schon morgens gesehen, wenn sie sich noch einen Kaffee und ein Thunfischbaguette vor der Arbeit besorgt hatte oder wenn sie abends noch mit Rocky eine Runde drehte. Sie mochten sie. Ella war eine Frau, die einem das Gefühl gab, gemocht, gebraucht und geliebt zu werden. Ihre Nähe war wie ein Feuer in einer dunklen Nacht, an dem man sich wärmen aber auch verbrennen konnte.

„Ein seltsamer Typ", meinte Bernd, als er einen ihm vollkommen fremden Mann musterte, der gerade die Bude betrat. „So ein seltsamer Schlipsträger. Hat uns nicht mal angeschaut. Aber Hauptsache Sonnenbrille…"

Als er wieder aus der Trinkhalle trat, mit zwei Flaschen Saft und belegten Brötchen in den Händen, beobachteten sie, wie er in ein Auto stieg, das auf dem Parkplatz gegenüber dem Schulhof stand.

„Ob die überhaupt nochmal weg wollen?", witzelten die beiden, als das Auto nach drei Stunden immer noch am selben Ort stand. „Ob das Spanner sind?"

Hundertachtes Kapitel

„Gibt es Neuigkeiten, Nr. 3?"
Der Mann ohne Hals starrte auf die Bildschirme hinter seinem Schreibtisch und drehte der Person, die eben den Raum betreten hatte, den Rücken zu.
Sichtlich durch das Verhalten irritiert und eingeschüchtert, stand Nr. 3 verloren im Büro von Nr. 1. Er wagte kaum zu atmen oder sich unnötig zu bewegen. Vor Anspannung begann er leise zu zittern. Schweiß trat ihm auf die Stirn. Mit dünner Stimme gab er Rapport: „Unser Informant hat uns mitgeteilt, dass sie auf dem Weg nach Kairo sind. Sie haben eine Karawane zusammengestellt. Wir werden sie verfolgen und versuchen, mit einer Drohne zu orten. Der Hubschrauber wird unsere Leute dann in der Nähe absetzen."
„Was ist mit der Frau aus Bottrop?"
„Unsere Männer sind an ihr dran. Sie warten nur auf den Befehl."
„Gut, Nr. 3." Der Mann ohne Hals drehte sich um. Seine Lippen umspielte ein grausames Lächeln.

Nr. 3 fröstelte es. Er wollte nur noch raus hier, doch der Halslose schien die Situation zu genießen. Ohne ein weiteres Wort zu sagen, fixierte er ihn mit eiskalten Blicken, wie ein Raubtier, dass sich jeden Moment zähnefletschend auf ihn stürzen würde. Langsam stand er auf, schritt bedächtig um seinen Schreibtisch und umkreiste sein „Opfer" zweimal. Dabei musterte er ihn von oben bis unten und atmete dann, mit geschlossenen Augen tief ein, als wenn er das Aroma einer gut duftenden Blume genießen würde.. Nr. 3 merkte, wie ihm der kalte Schweiß in den Nacken lief. „Was wollte der Kerl von ihm? Es war doch alles gut gelaufen."

„Sie haben Angst, Nr. 3. Ich kann Angst riechen…und sie stinken vor Angst." Er lachte heiser. „Das ist gut so, Nr. 3. Angst hält sie wach. Angst treibt sie an. Angst lässt sie Dinge tun, die sie nie für möglich gehalten haben. Ich verrate Ihnen etwas, Nr. 3. Es gibt nur zwei Dinge, die Menschen bewegen. Das eine ist Lust und das andere ist Leid. Beides treibt die Menschheit an. Und wer Lust oder Liebe schafft, der führt. Aber diese Art ist Mühsam, denn sie schafft unabhängige Geister. Ich bevorzuge das Leid. Leid peitscht die Menschen vor sich her und macht sie abhängig. Außerdem lässt es sich einfach kreieren, leicht und beliebig verstärken und gut steuern. Am Ende machen sich die Menschen gegenseitig Angst. Ängste machen aus Menschen willfährige Sklaven."

Der Halslose ließ sich wieder zufrieden in seinen Stuhl sinken.dann nahm er eine Zigarre vom Tisch, köpfte das Ende und verschwand in einer grauen Wolke von Tabakrauch.

Hundertneuntes Kapitel

Wenige Minuten nachdem Jan das Zelt betreten hatte, öffnete sich erneut der Eingang und ein Mann in weißen Gewändern betrat den Raum. Er mochte Anfang oder Mitte vierzig sein. Mit einer charmanten, angedeuteten Verbeugung begrüßte er zunächst Anna auf Deutsch, dann den Rest der Freunde auf Englisch und Französisch. Jan staunte.

„Salaam alaikum, mein Name ist Ahmed Al Nami Al Beduni, ich bin das Oberhaupt meiner Familie und Sheikh dieses Stammes."

„Wir danken ihnen noch einmal für unsere Rettung und ihre zuvorkommende Gastfreundschaft", erwiderte Jean-Luc die Begrüßung.

Der Mann bat sie, sich erneut zu setzen. Dann klatschte er in die Hände und man brachte mehrere Speisen und Tee in das Zelt.

„Ohne sie, wären wir verloren gewesen. Wir stehen tief in ihrer Schuld."

„Allah sei mit ihnen", erwiderte der Mann. „Es ist mir eine Ehre, sie in meinem bescheidenen Zelt beherbergen zu dürfen. Was treibt sie in die Wüste? Wissen sie nicht, dass dies ein gefährlicher Ort ist?"

„Oh", erwiderte Jean-Luc. „Das ist uns sehr wohl bekannt. Uns treibt nicht die Lust auf Abenteuer oder irgendein Sport hierher. Wir haben eine wichtige Aufgabe zu erledigen, von deren Erfüllung sehr viel abhängt."

Der Nomade musterte Jean-Luc mit abschätzigem Blick.

„Graben sie nach Schätzen, suchen sie Statuen und Mumien? Schänden sie Gräber im Namen einer Wissenschaft, die mehr auf Sensation als auf Erkenntnis aus ist? Rauben sie unserem Land und der Allgemeinheit die Zeugnisse unserer Kultur, um sie dann an reiche Amerikaner, Europäer oder Asiaten zu verkaufen? Was ist ihre wichtige Aufgabe?"

„Nein!" antwortete Jean-Luc entschieden. „Wir sind keine Räuber ihrer Zivilisation. Aber wir sind auf der Suche nach einer Höhle, in der wir etwas finden und zerstören müssen."

Der Nomade schaute erstaunt. Sein Blick wanderte von einem zum anderen. Dann wandte er sich wieder an Jean-Luc.

„Ihr müsst etwas zerstören? Etwas zu zerstören ist in den seltensten Fällen richtig. Zu viel wird derzeit an zu vielen Orten zerstört. Und immer sind die Gründe unverzichtbar und oft sogar „gottgewollt"."

Er lachte verbittert.

„Täuschen sie sich nicht! Nur weil ich die Kleidung eines Nomaden trage weiß ich sehr wohl, was in der Welt vor sich geht. Ich habe Medizin in Cambridge studiert und danach an der Royal Infirmary in Edinburgh als Arzt praktiziert."

Die Freunde schwiegen.

„Ich werde es nicht zulassen, dass ein Zeugnis unserer großen Vorfahren unter dem Vorwand irgendeiner Ideologie oder wegen Geld zerstört wird!" Sein Gesicht wurde hart und mit energischen Bewegungen seiner Arme verlieh er seinen Worten Nachdruck.

„Bitte!", versuchte Jean-Luc den Stammesfürsten zu beschwichtigen: „Bitte, hören sie uns an! Ich will ihnen genau berichten, warum unser Vorhaben von existenzieller Wichtigkeit für uns alle - nicht nur uns, sondern auch alle anderen Menschen ist. Anna, würdest du mir bitte das Buch geben?"

Anna zuckte zusammen. Das Buch? Er wollte das jetzt nicht diesem Wüstensohn geben? War Jean-Luc verrückt geworden? Wie konnte er nur an so etwas denken?

„Bitte!" Jean-Luc schaute sie ernst an und streckte seine Hand aus.

Anna schluckte und nestelte in ihrer Tasche. Dann gab sie ihm widerwillig ihren Schatz.

Der Nomade nahm es verblüfft in Empfang und öffnete den Riemen. Jean-Luc suchte den Blickkontakt mit dem Sheikh. „Ich will Ihnen berichten, was es mit dem Buch auf sich hat. Glauben sie mir. Es geht um Leben und Tod."

„Oh", sagte der Sheikh. „Geht es das nicht immer? Am Ende müssen wir alle sterben."

Hundertzehntes Kapitel

Der junge Mann hatte ein triumphierendes Lächeln auf dem Gesicht. Endlich konnte er Nr. 1 eine positive Nachricht überbringen.

Als er den Raum betrat, saß der Mann ohne Hals hinter seinem Schreibtisch mit dem Rücken zur Tür. Der junge Mann konnte nur ein Stück seines Kopfes sehen, der über die hohe Rückenlehne des Lederstuhls ragte.

„Wir haben sie gefunden, Sir. Eine unserer Drohnen hat sie gesichtet. Wir wissen, wo sie sind. Unsere Männer in Ägypten sind unterwegs. Sie werden sie bald mit einem Helikopter erreicht haben."

Der Mann ohne Hals drehte sich langsam in seinem Stuhl um. Seine blauen Augen musterten ihn. Dann nickte er anerkennend. Seine Lippen formten ein Lächeln aber seine Augen fixierten ihn, wie eine Schlange, die zum Schlag ausholt."

„Gut, sehr gut."

Seine rauchige Stimme klang gefährlich. Alles an ihm strahlte Gefahr aus und flößte jedem Furcht ein, der in seine Nähe kam.

„Ich habe es gerade auf dem Bildschirm gesehen. Gute Arbeit. Halten sie mich auf dem Laufenden. Sie dürfen gehen."

Der junge Mann drehte sich um. Mit stolzgeschwellter Brust schloss er die Tür hinter sich. Ein Lob von Nr. 1 - das war ein Ritterschlag - der erste Schritt auf dem Weg nach oben...

Hundertelftes Kapitel

Es dauerte mehr als eine Stunde, bis Jean-Luc alles Notwendige erzählt und unzählige Erklärungen gegeben hatte. Immer wieder hatte der Nomadenfürst alle eingehend gemustert und Fragen gestellt.

„Ich danke ihnen, für ihr Vertrauen. Ich werde es nicht enttäuschen. Ich werde mit den Stammesältesten beraten. Sie sind meine persönlichen Gäste und sie stehen unter meinem Schutz. Selbstverständlich können sie sich frei im Lager bewegen. Allah sei mit ihnen!"

Mit ernstem Gesicht verließ er das Zelt. Die Freunde blieben schweigend sitzen.

„Es war weise von ihnen, Jean-Luc, dass sie ihm die Wahrheit erzählt haben. Al Beduni ist ein kluger Mann. Er hätte gemerkt, wenn wir ihm etwas Falsches erzählt hätten. Auch wenn unsere Geschichte an Wahnsinn grenzt, so ist sie doch immer noch die Wahrheit."

„Wenn wir die Unterstützung der Nomaden bekommen, wird das unsere Suche extrem beschleunigen."

„Sie haben recht", pflichtete ihnen der Inder bei. Die Beduinen kennen hier jeden Stein und jeden Strauch. Ich würde mich wundern, wenn sie nicht auch die Höhle kennen, die wir suchen."

„Uns bleibt nichts übrig, als abzuwarten."

„Sie haben recht. Lassen sie uns doch erst einmal ein wenig essen. Wir sind die ganze Zeit gar nicht richtig dazu gekommen, diese wunderbaren Köstlichkeiten zu probieren."

Hundertzwölftes Kapitel

„Ich möchte mir noch ein wenig die Beine vertreten. Kommst du mit?"
Anna sah ihn kurz an und nickte.
Als Jan aufgestanden war, gab er ihr die Hand, um ihr aus den Kissen und auf die Beine zu helfen. Sie lächelte ihn an. Beide verabschiedeten sich und verließen das Zelt. Es war kühl geworden, doch der Sand fühlte sich noch warm an ihren Füßen an.

Hinter dem Lager stieg eine Sanddüne steil an. Die beiden kletterten Seite an Seite den Hügel empor. Von dort oben hatte man einen Blick weit in die Wüste hinein.

Der Schein der Lagerfeuer ließ den Stoff der Zelte auf magische Weise leuchten und tauchte alles in einen rotgoldenen Schein. Funken stoben in den Nachthimmel und fremde Stimmen in einer Sprache, die sie nicht verstanden, wehten zu ihnen herüber.

Lange saßen sie Rücken an Rücken schweigend auf der Düne und blickten auf die zauberhafte Szenerie und in den Himmel, der voller Sterne war.
„Was meinst du?", unterbrach Anna die Stille. „Werden wir die Wölfe jemals los?"
„Ich weiß es nicht", antwortete Jan. „Ich habe mir auch abgewöhnt zu überlegen, was alles werden wird. Es hat wenig Sinn. Vor drei Wochen hatte ich noch nicht einmal zu hoffen gewagt, dass du dich überhaupt meldest und jetzt sitzen wir hier zusammen auf diesem Sandhügel irgendwo in der Libysche Wüste."
Anna nickte.

"Ja, das ist alles schon mehr als unglaublich. Ich frage mich, wie mein Leben sein wird, wenn das alles hier vorbei ist. Werde ich einfach so weiter machen? Kann ich einfach so weiter machen?"

Jan schwieg. Er nahm eine Hand voll Sand und ließ ihn durch seine Finger rieseln.

„Was wird aus uns, wenn das alles vorbei ist? Wird es je vorbei sein?"

Anna stupste Jan an.

„Kannst Du mal was sagen?"

„Was du tun wirst, wird von dir abhängen, Anna. du entscheidest, ob du alles *ad acta* legst oder ob du neue Träume hast, sie zulässt und lebst. Das ist alles deine eigene Entscheidung. Und was aus uns wird.." Jan lachte. „Ich dachte, da ist alles klar? Das Leben bewegt sich immer in Kreisen. Manche sind groß und manche klein und wenn wir den selben Mittelpunkt haben, dann werden sich unsere Wege immer wieder kreuzen. Wir brauchen nie Angst zu haben, die Menschen zu verlieren, die uns wirklich wichtig sind, die denselben Herzschlag, die denselben Fixstern haben, wie wir. Wir sind wie Planeten, die sich um die selbe Sonne drehen. Auch wenn wir unendlich voneinander entfernt scheinen, so sind wir doch schon wieder auf dem Weg zueinander."

Jan griff Annas Hand und hielt sie fest. Über Ihnen strahlten Millionen Sterne und die Welt und alles darin schien mit einmal Mal so klein und unbedeutend.

Hundertdreizehntes Kapitel

In dieser Nacht fand Jan keinen Schlaf. Unruhig wälzte er sich von einer Seite auf die andere. Anna wollte nicht alleine in ihrem Zelt sein und so ließ er sie auf seiner Pritsche schlafen. Er selbst hatte sich aus Kissen eine eigene, mehr oder weniger kuschelige Schlafstelle gebaut.

Morgen würden sie erfahren, was die Ältesten des Stammes beraten und beschlossen hatten. Abhängig vom Ausgang, konnte sich ihre Sache extrem beschleunigen oder sie würden vor unglaubliche Schwierigkeiten gestellt werden.
Draußen waren die Stimmen der Wachen zu hören, die an den Feuern saßen, erzählten und leise lachten.

Als Jan wieder versuchte die Augen zu schließen, bemerkte er ein Geräusch. Jemand machte sich an dem Zelt zu schaffen. Vorsichtig drehte er sich um. Das Dämmerlicht der Petroleumlampe ließ weite Teile des Zeltes im Schatten, so dass er kaum etwas sehen konnte. Er lauschte angestrengt und versuchte herauszufinden, woher das Geräusch kam. War es vielleicht ein Tier - eine Schlange, ein Skorpion?..oder...
Jan griff sein, neben sich stehendes und durchgeladenes Gewehr, das er seit dem Beginn der Reise immer in seiner Reichweite hatte, entsicherte es und richtete sich lautlos auf. Dann sah er, woher das Geräusch kam und es verschlug ihm den Atem: ein Messer, das sich durch den Zeltstoff arbeitete. Der Schnitt war schon fast so groß, dass ein erwachsener Mann hindurch passte.
Jan legte an. Sein Puls raste, Adrenalin schoss in sein Blut.
Es dauerte nur wenige Sekunden und ein Kopf erschien in der Öffnung. Jan wartete, bis der Mann bis zu den Hüften im Zelt war.

„Auf den Boden, du Arsch!", seine Stimme überschlug sich. Doch anstatt einfach liegen zu bleiben, hatte der Angreifer wie aus dem Nichts eine Pistole in der Hand und schoss in seine Richtung. Die Kugel verfehlte Jan und surrte knapp an seinem Kopf vorbei. Dann drückte er ab und lud direkt wieder durch. Der Körper des Mannes wurde zur Seite gerissen und sackte zusammen. Jan hechtete nach vorne. Sein Lauf war auf den Kopf des Angreifers gerichtet.

Anna war schon aufgeschreckt, als Jan den Eindringling ange-brüllt hatte. Jetzt schrie sie vor Panik auf. Auch draußen wur-de es mit einem Mal laut. Rufe gälten durch das Lager. Männer liefen; dann fielen auch dort Schüsse...drei...sechs...immer mehr. Dann war Stille - gespenstische Stille.

Anna starrte abwechselnd auf Jan und den leblosen Körper. Es dauerte keine Minute, bis ihre Zelttür aufgerissen wurde. Jean-Luc, Jules Verne und der Sheikh kamen herein gestürmt. Al Beduni hatte sein Messer gezückt.

„Lassen sie mich sehen!", bat er Jan und kniete neben dem leblosen Körper nieder. Nachdem er seinen Puls am Hals ver-sucht hatte zu ertasten, drehte er sich ruhig zu Ihm um.

„Er ist tot. Sie können die Waffe nun runter nehmen."

Erst jetzt realisierte Jan, dass er immer noch mit dem Finger am Abzug auf den Toten zielte. Sein Körper zitterte. Er hatte einen Menschen getötet.

„Seid ihr verletzt? Geht es euch gut?" Jean-Luc kam auf sie zu und umarmte beide. „Das war wieder sehr knapp."

Der Sheikh kniete noch immer bei der Leiche und versuchte irgendetwas zu finden, das einen Hinweis auf den Namen oder die Herkunft der Ganoven geben könnte. Aber außer sei-nem Handy, in dem keinerlei Daten gespeichert waren, dem

Messer und der Pistole, trug er keine Gegenstände bei sich. Als der Sheikh wieder aufgestanden war, nahm er ein Tuch und legte es über das Gesicht des Leichnams.

„Bitte entschuldigt mich. Ich bin gleich wieder bei euch."
Eilig verließ er das Zelt. Draußen schien er sich von seinen Männern Bericht erstatten zu lassen und gab Anweisungen. Wenige Minuten später war er zurück.

„Es waren insgesamt sechs Männer. Alle sind tot. Genau wie der hier, hatten auch die anderen nichts dabei, was auf ihre Identität hinweisen würde. Glücklicherweise ist keinem unserer Leute etwas passiert." Dann wandte er sich zu Anna. „Sie hatten auch versucht, bei ihnen in das Zelt einzudringen, Madame. Ich muss mich entschuldigen, so ein schlechter Gastgeber zu sein, dass ich nicht für die Sicherheit meiner Gäste garantieren konnte. Ich stehe tief in ihrer Schuld."
Al Beduni verneigte sich vor den Freunden und verließ das Zelt.

Anna liefen Tränen über die Wangen und auch Jan war der Schreck anzumerken. Er starrte immer noch auf den leblosen Körper unter dem, nach und nach, Blut in einem Rinnsal über den Teppich floss und im Sand versickerte. Ihn schauderte es.

„Was ist passiert?" Jules Vernes Stimme holte ihn zurück.
„Ich ...ich konnte nicht schlafen.." stotterte Jan, „Dann habe ich bemerkt,
dass sich jemand am Zelt zu schaffen gemacht hat....ich habe noch gerufen, dass er sich hinlegen solle....warum hat er das nicht gemacht...hat sogar noch geschossen....so ein Idiot."

Hundertvierzehntes Kapitel

Der Sheikh hatte an jeder Ecke des Zeltes Wachen aufgestellt. Anna und Jan konnten die Schatten durch die Zeltplane sehen. Auf der einen Seite gab es ihnen ein gewisses Gefühl der Sicherheit, auf der anderen Seite fühlten sie sich nun unter ständiger Beobachtung. Außerdem mussten sie jederzeit mit einem neuen Angriff rechnen. Die Wölfe waren ganz nahe und wieder waren sie nur um Haaresbreite ihren Fängen entkommen. Einige tausend Kilometer weiter nördlich rottete sich ein anderes Rudel zusammen und ihr Opfer sollte nicht so viel Glück haben wie sie.

Erst in den Morgenstunden fielen beide in einen kurzen Schlaf, aus dem sie schnell wieder geweckt wurden, als sich die Beduinen zum Morgengebet versammelten.

Übernächtigt und immer noch mitgenommen von den Geschehnissen der Nacht, wuschen sie sich und traten aus dem Zelt. Blutrot stieg die Sonne über den mächtigen Sanddünen auf.

Jan schaute auf sein Handy. Sein Akku war schon lange leer. Er wollte seine Bilder anschauen, seiner Kinder und von Ella. Was sie wohl gerade tat? War sie mit ihm zusammen? Lag sie gerade in seinen Armen? Vielleicht hatte sie Jan schon längst vergessen. Doch wenn sich wirklich alles in Kreisen bewegt, dann waren sie jetzt schon wieder auf dem Weg zu sich. „Es braucht alles seine Zeit", dachte er.
Aber dann... was war schon Zeit?

Hundertfünfzehntes Kapitel

Der Mann ohne Hals schäumte vor Wut.
„Wie kann das sein? Kein Kontakt mehr. Es waren sechs Männer, da wird doch einer dabei sein, den man erreichen kann. Alles Versager!!!"
Wütend nahm er seinen Brieföffner und schleuderte ihn in die Richtung des jungen Mannes. Mit einem Krachen blieb die Spitze im hölzernen Türrahmen stecken.
Der Mann ohne Hals wusste, was das bedeutete. Kein Kontakt hieß, dass die Mission gescheitert war - wieder einmal.

Diese „Drecksäcke" hatten sich gegen alle Erwartungen mehr als gut gehalten. Er musste davon ausgehen, dass alle seine Männer tot oder - was viel schlimmer war - gefangen genommen worden waren. Jetzt musste sein letzter Trumpf stechen.

„Geben Sie Nr. 2 Bescheid! Ich will diese Frau! Lebend!"

Hundertsechszehntes Kapitel

Es war fast Mittag, als sie der Sheikh aufsuchte. Sie waren wieder alle in dem Zelt versammelt, in dem Jan die anderen nach dem Sturm zum ersten Mal wieder gesehen hatte. Es herrschte eine angespannte Atmosphäre.

Das Gesicht des Fürsten war ernst.

„Salam alaikum, Friede sei mit ihnen!", begrüßte er die Freunde. „Bitte nehmen sie Platz!"

Bedächtig setzte er sich auf eines der Sitzkissen und ließ sich und den anderen Anwesenden erst einmal Tee einschenken. Dann blickte er jedem fest in de Augen.

„Wir haben beraten", fing er an. „Vor dem Angriff waren wir noch der Meinung, dass wir ihnen nicht helfen werden und dass dies nicht unsere Sache sei. Es ist nicht so, dass wir ihnen nicht geglaubt haben. Tatsache ist, dass wir ganz genau wissen, wovon sie geredet haben."

Jan verschluckte sich.

„Sie wussten schon von dem Generator?"

„Unser Stamm weiß von dem, was sie als Generator bezeichnen, seit wir denken können. Diese heiligen Stätten sind uns anvertraut und wir schützen und behüten sie seit Generationen."

„Werden sie uns helfen, sie zu zerstören?"

Jules Verne schaute den Sheikh ernst an.

„Meine lieben Freunde, morgen werden wir zu der Höhle aufbrechen, die ihr sucht. Ich bitte sie aber erst eine Entscheidung zu treffen, ob sie den Generator zerstören wollen, wenn sie alles gesehen haben."

Hundertsiebzehntes Kapitel

In der Schule wunderte man sich. Ella war nicht zum Unterricht erschienen. Franzi hatte versucht, sie per whatsapp, facebook und Telefon zu erreichen. Aber niemand ging dran oder antwortete.

„Sicher hat sie mit ihrem Kerl die Nacht durchgemacht und ist noch nicht wach. Aber das sieht ihr gar nicht ähnlich. Ella war immer die Zuverlässigkeit in Person."

Als sie dann am Nachmittag immer noch nichts von ihr hörte, war Franzi richtig besorgt. Auch Ellas Mutter, die am Abend Lina, ihre Tochter brachte, war in Sorge, als niemand die Tür öffnete.

Ella war auch für sie nicht zu erreichen. Lina und Rocky, so beschloss die Oma, würden erst einmal die Nacht bei ihr verbringen. Sicher hatte das mit ihrem neuen Freund zu tun. Morgen würde sich sicher alles aufklären. Ein wenig verärgert war sie schon. So etwas hatte sie noch nie gemacht.

Hundertachtzehntes Kapitel

Der Weg zur Höhle war anstrengend und verlangte, trotz ihrer braven Wüstenschiffe, körperlich alles von ihnen ab.

Sand- und Geröllwüste wechselten sich ständig ab und nach etwas mehr als vier Stunden Ritt gelangten sie an eine, plötzlich aus dem Wüstenboden emporragende, Felsformation, deren steile, fast senkrecht in den Himmel strebenden Wände, an einer verdeckten Stelle einen schmalen Durchgang freigaben. Der Spalt, der wie ein dünner Schnitt das Gestein spaltete, war so eng, dass nur jeweils ein Tier mit Reiter hinter dem anderen hindurch passte.

Das musste der Eingang zu der versteckten Höhle sein. Jan merkte, wie eine extreme Nervosität sich seiner bemächtigte. Dieser enge Pfad war ihm nicht geheuer. Kaum hatten sie die Felsen geschluckt, umfing sie ein kühler Schatten. Hoch über sich, konnten sie den blauen Himmel nur noch erahnen. Die Strahlen der Sonne reichten nicht mehr bis an den Boden.

Unheimlich wurde jedes Geräusch von den Wänden hin und her geworfen. Immer wieder schaute sich Anna zu Jan um. Der hatte sein Gewehr in die Hand genommen, entsichert und durchgeladen. Er hielt angestrengt nach verdächtigen Bewegungen Ausschau, bereit, jederzeit wieder seine Waffe einzusetzen.

Nach einer Stunde, die Ihnen wie eine Ewigkeit vorkam, standen sie am Fuß eines leicht ansteigenden Plateaus, das wie eine Rampe in den Berg führte. Dieser natürliche Eingang zu einer Öffnung im Berg war von einem Felsvorsprung überdacht und lag, von oben nicht einsehbar, in der Schlucht versteckt.

Der Sheikh bat sie, abzusteigen.

„Wir sind da. Dies ist die Höhle, nach der sie gesucht haben."

Jan nahm sein Gewehr, übergab die Zügel seines Tieres einem der Beduinen.

„Die Waffe werden Sie nicht brauchen", rief der Sheikh ihm zu. Jan schaute ihn fragend an, doch der Sheikh lächelte nur. „Vertrauen sie mir!"

Immer noch skeptisch, steckte er seine Winchester wieder in die Sattelhalterung. Dann half er Anna vom Dromedar. Gemeinsam folgten sie Al Beduni den Anstieg herauf. Immer deutlicher tauchten die Konturen des Eingangs aus dem Schatten vor ihnen auf und es verschlug allen die Sprache.

Es sah tatsächlich alles so aus, wie auf den alten Fotos. Doch im Schatten des Höhleneingangs wartete eine Überraschung auf sie. Der eigentliche Zugang war ein, aus dem Fels geschlagenes Portal, das von zwei Säulen in ägyptischen Stil gesäumt war. Vor den Säulen wachten zwei Sphinxen.

Als sie sich bis auf drei Meter genähert hatten, traten, wie aus dem Nichts, zwei Wachen aus dem Schatten. Als sie den Sheikh erkannten, begrüßten sie ihn ehrerbietig und gaben den Weg frei.

Jan hatte zu Jean-Luc aufgeschlossen.

„Jetzt weiß ich auch, warum wir keine Waffen benötigen. Schau dich um, wir wären ohne Erlaubnis nie auch nur in die Nähe des Eingangs gekommen. Er zeigte auf den gegenüberliegenden Felsen.

„Siehst du die zwei Nischen auf halber Höhe? Da sitzen mindestens fünf Wachen mit Gewehren. Ohne den Sheikh wären wir alle tot gewesen, ehe wir überhaupt das Portal gesehen, geschweige denn erreicht hätten."

Als Jean-Luc angestrengt die Felsen absuchte, bemerkte auch er die zahlreichen Gewehrläufe, die auf sie gerichtet waren. Die Höhle war stark befestigt und gesichert.

Als sie das Innere betraten, waren sie überwältigt von der Farbenpracht der Wandbemalung. Von einer Vorhalle gingen vier Schächte gerade in den Berg. Die Halle war in einem dunklen Blau bemalt, auf dem tausende von Sternen abgebildet waren.
Der Sheikh gab jedem eine Lampe, die er von einer weiteren Wache überreicht bekam. Dann folgten sie Al Beduni. Der Weg bot gerade so viel Platz, das zwei ausgewachsene Männer nebeneinander her gehen konnten. Nach kurzer Zeit ging es stetig steil bergab. Anna merkte, wie die Luft immer schwerer zu atmen war. Nach ca. zwanzig Minuten sahen sie am Ende das Ganges ein helles Licht. Eine weitere Pforte führte in einen gleißend hell erleuchteten Saal. Die Decken waren mindestens zehn Meter hoch. Jan schätzte, dass der nahezu quadratische Raum von Mauer zu Mauer mindestens vierzig Meter maß. An jeder Wand standen mehrere Säulen und dazwischen standen mannshohe Statuen. Es sah so aus, als ob sie aus purem Gold oder jedenfalls mit Gold überzogen waren. Die Wände waren mit Hieroglyphen und Bildern bemalt. An der Ostseite des Raums war in der Mitte der Wand ein riesengroßes Bild aus dem ägyptischen Totenbuch zu sehen. Woher das Licht kam, konnten sie sich nicht erklären. Nirgendwo konnten sie ein Lichtquelle ausmachen. Es war, als würden die Wände aus sich heraus strahlen.

In der Mitte stand eine Art Tabernakel. Der kleine, rechteckige Bau, der vielleicht drei mal vier Meter maß, war von einem ca. einen Meter breiten Graben umgeben. Ein kleiner Steg führte hinüber auf die andere Seite.

Jules Verne blieb wie angewurzelt stehen. Die Begeisterung war ihm ins Gesicht geschrieben.

„Meine Freunde!", rief er. Wir haben ihn gefunden! Wir haben den Urgenerator gefunden! Hier ist es also."
Verne klatschte vor Begeisterung in die Hände und strahlte über das ganze Gesicht.
„Und ich bin mir sicher, dass er seine Energie aus dem Innern der großen Pyramide erhält, wenn es die Kammer des Horus wirklich gibt. Das ist der Beweis dafür, dass die ägyptische Hochkultur das Erbe einer noch viel höher stehenden Kultur war."
Mit vorsichtigen Schritten, näherten sich alle der Maschine.
„Dürfen wir den Raum betreten?", bat Verne den Sheikh. Dieser nickte.
„Aber natürlich, Monsieur Verne. Bestaunen sie die Wunder unserer Ahnen!"

Freudestrahlend und doch ehrfürchtig betrat Verne den schmalen Steg und verschwand in dem kleinen Raum. Mit glänzenden Augen kam er kurze Zeit später wieder heraus.
„Es ist wunderbar. Noch viel großartiger, als ich es mir gedacht habe."
Auch die anderen gingen nach und nach über den dünnen Steg und bestaunten, die auf einem steinernen Sockel stehende Apparatur. Auch sie schien mit Gold überzogen zu sein. Man konnte nicht viele Einzelheiten sehen, dennoch war unverkennbar, dass es sich bei der Maschine um einen Generator oder Trafo handeln musste.
Als alle wieder draußen waren, wandte sich Verne an Al Beduni.
„Es ist uns eine große Ehre, dass wir diesen Ort besuchen und einen Blick auf eine der erstaunlichsten Apparaturen werfen durften, die je gebaut wurde."
Dann drehte er sich den anderen zu.

„Was, meine Freunde, wollen wir nun tun? Wir wissen, dass die Wölfe alles versuchen werden, um diese Maschine in ihren Besitz zu bekommen. Allerdings wäre es eine Schande und ein Frevel, dieses Wunderwerk zu zerstören." Verne wandte sich an den Sheikh. „Ich für meinen Teil, vertraue ihnen und ihrem Stamm, dass dieser Ort gegen jeden Eindringling verteidigt wird und ich bin mir sicher, dass kein Wolf es schaffen wird, einen Fuß in diese Halle zu setzen."

Al Beduni nickte. Auch Jan war zufrieden und glücklich, dass sie nicht dieses unwiederbringliche Zeugnis einer unbekannten, uralten Kultur zerstören mussten und als er sich die Gesichter der anderen anschaute, las er auch hier Erleichterung. Vor allem hätte Jan beim besten Willen nicht gewusst, ob der Sheikh überhaupt in eine Zerstörung eingewilligt hätte.

„Sie wissen, dass nach der Entdeckung der Kammer des Horus das Interessen an der großen Pyramide wieder zunehmen wird. Es werden viele Forscher, Journalisten und Neugierige einfallen und jeden Stein umdrehen. Sie werden sehr wachsam sein müssen", mahnte Jules Verne.
„Das werden wir, mein Freund. Wir haben überall sehr einflussreiche Freunde. Wir werden eine weitere Untersuchung der Pyramide mit allen Mitteln unterbinden. Und sollten doch Bohrungen stattfinden, werden wir rechtzeitig handeln." Entschlossen blickte er von einem zum anderen.
„Wir sind ihnen zu unendlichem Dank verpflichtet." Verne schüttelte dem dem Prinzen die Hand.
„Ich danke Ihnen, meine Freunde. Möge sich Allah ihrer Sache als gnädig erweisen. Geben sie nie auf und vertrauen sie auf Gott. Allah ist immer mit den Mutigen."

Hundertneunzehntes Kapitel

Lina weinte. Sie hatte mitbekommen, dass Ihre Mama weg war und keiner wusste, wohin. Berny war bei ihr und tröstete sie. Auch ihm standen die Tränen in den Augen. Alle waren schockiert und konnten es immer noch nicht glauben, was passiert war. Die Ungewissheit und die Hilflosigkeit zerrte an ihren Nerven.

Das Verschwinden von Ella hatte sich wie ein Lauffeuer herumgesprochen. In der Schule hatten sie über die sozialen Netzwerke Suchaufrufe gestartet.

Franzi hatte Plakate mit Ellas Bild kopiert und verteilte diese in der Innenstadt. Sie war sehr mitgenommen und weinte den ganzen Tag und die halbe Nacht durch. Jetzt, da Ella nicht mehr da war, merkte sie noch mehr, wie viel sie ihr bedeutete.

Linas Oma und Ihr Mann waren bei der Polizei gewesen. Sie hatten eine Verlustanzeige aufgegeben. Jetzt telefonierten sie im Freundeskreis jede Person ab, mit der Ella Kontakt hatte.

Als Berny endlich Tilo erreichte, war dieser komplett aufgelöst. Er erzählte ihm, dass sich Ella mit so einem Kerl aus Aachen getroffen habe. Und er habe ihr noch versucht, alles auszureden. „Aber du kennst sie ja...wenn sie etwas will."

Doch so sehr er sich auch das Hirn zermarterte, er konnte sich nicht mehr an den Namen erinnern. In Bernys Kopf explodierte es: „Wer war dieser Typ? Hatte er irgendetwas mit Ellas Verschwinden zu tun?"

Er wählte die Nummer der Polizei, die mittlerweile eine eigene Ermittlungsgruppe eingerichtet hatte und erzählte ihnen, das Ella sich mit einer Person aus Aachen getroffen habe, die wohl im *Arcadia* abgestiegen war. Die aufnehmende Beamtin bedankte sich für den guten Hinweis und versprach, Kollegen zum Hotel zu schicken. Umgehend setzten sich zwei Polizisten ins Auto. Es dauerte nicht lange und sie hatten die Daten von Jan und eine Spur - doch erreichen, konnten sie ihn nicht.

Hundertzwanzigstes Kapitel

„Hast du dir einmal die Statuen genau angeschaut? Fällt dir nichts auf?", stupste Jean-Luc Jan an, als sie den Saal mit der Maschine wieder verließen.

„Wieso? Was ist denn?" Jan warf einen Blick zurück. Tatsächlich, die Statuen, die zwischen den Säulen standen, passten bei näherer Betrachtung so gar nicht nach Ägypten. „Du hast recht. Aber diese Form, die Art der Darstellung - sehr seltsam."

Jan war verblüfft. „Das ist eher eine Mischung aus antik und supermodern."

Jean-Luc nickte. „Verne hat mich eben darauf aufmerksam gemacht. Also, wenn das Ganze hier keine Inszenierung ist, dann sind dies eindeutig die Zeugnisse einer vorägyptischen Hochkultur. Jeder Archäologe wäre schier aus dem Häuschen."

„Ja", erwiderte Jan, „oder er würde für bekloppt erklärt. Du weißt doch, es kann nicht sein, was nicht sein darf. Ich wüsste zu gern, woher diese Figuren stammen. Aber wir werden keine Fotos machen. Diese Höhle muss so geheim wie möglich bleiben."

„Und hier, diese Hieroglyphen." Jean-Luc war stehen geblieben und deutete mit seinem Finger auf die Wand.

Jan stutze.

„Das sind seltsame Zeichen", murmelte er. „Solche habe ich noch nie gesehen; auf den ersten Blick ägyptisch - aber dann. Genau, wie bei den Statuen. Und schau dir das an! Das sieht tatsächlich wie ein Fluggerät aus."

Jan staunte. Dies war eine Höhle der Wunder und tausend Fragen..

Während sie sich unterhielten, kam Al Beduni zu ihnen.

„Ich denke, es wird das Beste sein, wenn wir die Nacht hier verbringen. Die Wüste ist schon bei Tag gefährlich. Hier sind wir sicher. Die Hinreise war anstrengend. Es ist besser, wir brechen morgen frisch und gestärkt auf."

„Sie habe recht, Sheikh. Wir werden in der Vorhalle unser Lager aufbauen."

Der Beduine nickte.

„Ich werde das Gepäck abladen lassen."

Dann ging er schnellen Schrittes voran und setzte sich an ihre Spitze. Mit jedem Meter, den sie emporstiegen, fiel das Atmen wieder leichter. Als sie in der Halle ankamen, war es bereits dunkel geworden. Vor der Höhle brannten Lagerfeuer. Mehrere Männer waren damit beschäftigt, Decken und Proviant in die Vorhalle zu schleppen.

Als sich alle ihr Nachtlager bereitet hatten, kam der Sheikh wieder zu tun ihnen.

„Die Männer möchten sie zum Essen einladen. Sie haben extra für sie einen Hammel geschlachtet."

„Es ist uns eine Ehre, die Einladung anzunehmen.", erwiderte Jules Verne.

Die Freunde folgten dem Sheikh durch die Halle ins Freie. Dort hatten die Beduinen über einem der Feuer ein ganzes Lamm auf einen Stock gespießt.

„Das sieht ja gut aus", murmelte der Inder und tatsächlich stieg Ihnen ein verlockender Duft von gegrilltem Fleisch in die Nase.

Als sie kamen, bot man ihnen Platz auf einem der vielen Teppiche an. In der Mitte waren bereits zahlreiche Speisen aufgestellt: Couscous, gedörrte Tomaten, Fladenbrote und Soßen.

„Du musst mit der rechten Hand essen, Anna", flüsterte Jan ihr zu. „Besteck wird es nicht geben."

„Klugscheißer", erwiderte sie, „Als wenn ich das nicht selbst wüsste."

Sie setzten sich und bekamen zunächst Pfefferminztee mit einem Pinienkern in kleinen Gläsern eingeschenkt. Die Beduinen waren von ausgesuchter Höflichkeit und sehr darum bemüht, ihren Gästen alles recht zu machen.

„Ich bin gespannt, wen sie sich als wichtigsten Gast ausgesucht haben; den Ober-VIP sozusagen", flüsterte er Anna zu.

„Warum das denn? Warum ist das denn so wichtig?"

„Oh", sagte Jan, „das hat eine Auswirkung auf die Speisekarte."

Anna schaute ihn verblüfft an. „Was meinst du denn damit? Bekommst du Futterneid?", sie lachte ihn an.

„Nein, ganz und gar nicht. Eigentlich ganz im Gegenteil. Der Ehrengast hat nämlich das Privileg, die Augen des Hammels essen zu dürfen."

Anna musste husten. „Waaaas.. du machst Scherze."

„Nein, diesmal nicht."

„Ich kann keine Augen essen", zischte Anna.

„Wenn du es bekommst, solltest du es nicht ablehnen. Es würde sie sehr beleidigen. Das könnte möglicherweise zu Problemen führen."

Anna wurde es mulmig.

„Ich mache den Scheiß nicht! Das kannst du vergessen!" Sie zwang sich, ihre Panik mit einem gequälten Lächeln zu überspielen, denn ständig kamen irgendwelche eifrigen Männer, um ihr neuen Tee einzugießen oder neuen Couscous in ihre Schale zu schaufeln.

„Wehe, wenn du mich hängen lässt! Dann bist du bei mir unten durch - für immer!", zischelte sie Jan zu.

Er grinste und sie starrte entsetzt ins Leere.

Dann kam das Lamm.

Anna rutschte das Herz in die Hose.

Vor ihren Augen wurde es Stück für Stück zerlegt. Mit besonderer Hingabe, schälte einer der Beduinen die Augen aus dem Schädel des Tieres und legte sie behutsam auf einen Teller.

Anna schluckte und bebte innerlich.

„Bitte nicht, bitte nicht", bibberte sie vor sich hin.

Jan musste sich ein Grinsen verkneifen. Ein wenig tat sie ihm leid.

Der Mann mit der Schüssel lächelte breit, drehte sich um und ging direkt auf Jules Verne zu.

Anna atmete auf. Jan lachte und sie knuffte ihm in die Seite. Mit gemischten Gefühlen beobachtete sie, wie Jules Verne ohne eine Miene zu verziehen, die beiden Ballen in den Mund nahm und kaute....und kaute...und kaute... und schluckte.

Anna schloss die Augen. Das war unglaublich. Sie war so dankbar, dass dieser Kelch an ihr vorbei gegangen war.

Verne bedankte sich artig in die Runde und zeigte, wie gut es ihm geschmeckt hatte, dann wurde das restliche Fleisch verteilt.

Anna atmete tief durch und nahm mit zittriger Hand einen Schluck von ihrem Pfefferminztee.

„Na, da haben wir ja nochmal Schwein gehabt", lächelte Jan.

Sie blickte ihn an und beide mussten erleichtert lachen.

„Hast du Vernes Gesicht gesehen?", flüsterte sie ihm zu und kicherte. „Er war sehr tapfer."

Das Fleisch und die restlichen Gerichte waren köstlich und die Stimmung wurde, je länger der Abend wurde, immer gelöster. Erst weit nach Mitternacht verabschiedeten und bedankten sich die Freunde bei Ihren Gastgebern und sanken in einen tiefen und ruhigen Schlaf.

Hunderteinundzwanzigstes Kapitel

Nachdem sie die Nacht in den Räumen der geheimen Höhle verbracht hatten, machten sie sich wieder auf den Weg zurück zum Lager.

Jan saß auf dem Dromedar, das ihn durch die staubige Ödnis schaukelte. Er ließ seinen Gedanken freien Lauf. Immer und immer wieder musste er an Ella denken. Was machte sie jetzt? Dachte sie auch an ihn? Oder war sie froh, ihn so einfach los geworden zu sein? War sie jetzt glücklich? Eigentlich hätten jetzt wieder Eifersucht und Ängste in ihm aufstiegen müssen. Doch diesmal war es anders.

Mit einem Mal wurde ihm klar, dass er sich diese Fragen gar nicht stellen brauchte, dass er sich vielmehr fragen sollte, was ihn glücklich machen würde, was er genau wollte, von sich und vom Leben? Was war mit Ella? Wenn er in ihrem Leben einem Platz haben würde, so würde sie sich melden. Alles andere war, wie das Fischen in einer Fata Morgana. Ihm kamen Ayushis Worte in den Kopf: Was zählt, ist das Hier und Jetzt. Und hier und jetzt war Ella nicht da. Er war mit sich alleine. Immer wieder machte er sein Glück von Personen oder Dingen abhängig. Wenn Ella da wäre, wenn Anna mich lieben würde...wenn, wenn, wenn.....

"Glück ist eine Entscheidung", sagte er sich.

"Was jage ich Menschen hinterher - so wunderbar sie auch sein mögen, ich kann niemanden halten." Sein Blick ging zum Horizont. Die Luft flimmerte und gaukelte ihnen vor, dass der Boden voll von großen Pfützen sei. Mit jedem heißen Lufthauch wurde Staub aufgewirbelt, der sich auf der Haut festsetzte. Die Zunge klebte nach kurzer Zeit im trockenen Mund und die Sonne stach erbarmungslos auf Ihren Kopf.

Stoisch trotteten die Tiere mit ihrer Last hintereinander durch die Ödnis, bewegte sich die Karawane Meter um Meter, Kilometer um Kilometer und die Wüste schien kein Ende zu nehmen.

Es war spät am Abend, als sie im Lager ankamen. Von weitem hatten sie schon die Feuer sehen können und die Düne. Es war eine seltsame Vertrautheit, die dieser Ort mitten in der öden, feindlichen Landschaft auf einmal besaß.

Hundertzweiundzwanzigstes Kapitel

Am nächsten Morgen brachen sie auf nach Kairo. Eine Eskorte der Beduinen sollte sie auf ihrer Reise begleiten. Zwei Tage, so der Scheikh, würde es dauern, bis sie die Ruine der alten Karawanserei erreichen sollten, da würden sie dann erwartet.

Al Beduni ließ es sich nicht nehmen, jeden Einzelnen von ihnen persönlich zu verabschieden, bevor sie die Dromedare bestiegen. Für jeden der Freunde nahm er sich lange Zeit, umarmte und segnete ihn. Dann kam er zu Jan.
„Allah sei mit dir", sagte er und lächelte ihn an. „ich wünsche dir Gelassenheit, Ruhe und Kraft bei der Reise." Seine freundlichen Augen schienen ihn zu durchbohren und Jan fühlte sich, als könnte der Sheikh bis in das Innerste seiner Seele blicken.
„Wisse," fuhr er fort, „die Welt bewegt sich in Kreisen und jedes Ende einer Geschichte, ist nur der Anfang einer viel größeren Geschichte. Habe Vertrauen in dich, das Leben und Allah."
Jan hielt seinem durchbohrenden Blick stand
„Ich danke Ihnen. Sie sind ein großer Mann, Sheikh. Es ist mir eine Ehre, dass sie meinen Weg gekreuzt haben."
„Das, mein Freund, tun alle, die denselben Mittelpunkt haben, die sich um die selbe Sonne drehen." Er zwinkerte und reichte Jan die Hand.
„Solche Menschen müssen sich treffen; einmal und mit Sicherheit immer wieder."
„Inshallah", antwortete Jan. Dann bestieg er sein Dromedar und reihte sich in die Karawane ein.

Als das Lager hinter der große Düne verschwand, auf der er und Anna noch ein paar Tage zuvor gesessen hatten, war es ihm, als ob er mehr als ein Leben in der Wüste zurücklassen würde.

Hundertdreiundzwanzigstes Kapitel

Als sie die alte Ruine der Karawanserei, von der sie vor über einer Woche gestartet waren erreichten, standen dort bereits Fahrzeuge, die sie umgehend zum Flughafen von Kairo brachten. Sie wollten das nächste Flugzeug Richtung London nehmen, um hier die Sache zu einem Ende zu bringen.

Allerdings kostete es sie einige Stunden, bis sie über Botschafter Al Fahradi und seine Kontakte, das Problem der fehlenden Pässe und ihre Ausreise geklärt hatten. Freundlicherweise hatte am Ende die französische Regierung für sie alle gebürgt und Ihnen eine Einreise zunächst nach Paris ermöglicht. In Paris würden sie dann umsteigen und von *Charles de Gaulle* Richtung London weiterfliegen.

„Es ist doch gut, wenn man diplomatische Kontakte hat", lachte Anna, als Jean-Luc mit ihren vorübergehenden Papieren in der Hand auftauchte, die ihm ein Mitarbeiter der französischen Regierung zum Flughafen gebracht hatte.
Jan musste schmunzeln. Das war eine ganz andere Anna, als noch zu Beginn ihres Abenteuers. „Jede Reise verändert die Menschen", dachte er bei sich. „...und ich wette", lächelte er verschmitzt, „du wirst gleich sogar die Business Class genießen."
Anna knuffte wieder seinen Oberarm und lachte.

Da ihr Gepäck im Sandsturm verloren gegangen war, kleideten sich Anna und Jan erst einmal im Flughafen neu ein.

Annas Einkauf machte ihm besonders Spaß und er wünschte sich, dass dies nie aufhörte. Er genoss die Vertrautheit, die sich zwischen ihnen aufgebaut hatte. Das Verstehen ohne

Worte. Jeder Blick war wie in Satz, in jeder Geste, lag eine ganze Geschichte.

Immer wieder ließ er sich neue Outfits von ihr vorführen und immer wieder war er bezaubert von ihr. Ihr Lachen, ihre Stimme waren ihm mittlerweile so vertraut, dass er sich nicht vorstellen konnte, wie es auf einmal ohne sie sein würde - und daran wollte er auch gar nicht denken. Aber vielleicht würde es ja nicht mehr Monate dauern, bis sie ihm wieder schrieb. Jan strahlte, als sie mit Taschen bepackt, in der Business Lounge zu den anderen stießen. Hier wollten sie, bevor ihr Flug ging, noch eine Kleinigkeit essen.

Lachend hatten sie sich am Buffet einen Snack zusammengestellt und sich Getränke geholt. Sie scherzten und flirteten und als sie sich setzten, gab Anna ihm einen Kuss auf die Wange.

„Wofür war das denn?"

„Für alles", grinste sie und knabberte an ihrem Sandwich.

„Dann werde ich auch in Zukunft alles für dich tun", erwiderte Jan und zwinkerte ihr zu.

Hinter dem Sessel fand er in der Wand eine Steckdose und war froh, dass er endlich wieder sein Telefon aufladen und sich bei seinen Kindern melden konnte. Als sie mit dem Essen fertig waren, war auch der Akku wieder zu drei viertel voll. In Erwartung vieler dummer Nachrichten öffnete er seinen Account und stutzte. Er hatte mehrere Mails von Christine und den Kindern. Sei waren verzweifelt. Christine hatte ihm auf die Mailbox gesprochen. Irgendetwas wegen einer Ella. Jan schluckte.

„Ella? Was war da los"

Außerdem war da noch eine Email von der Polizei mit der Bitte, sich umgehend zu melden. Langsam stieg so etwas wie Panik in ihm hoch. Irgendetwas Schlimmes musste passiert sein.

Hastig scrollte er seine anderen Nachrichten. Neben viel Spam stach ihm eine sofort ins Auge - und er wusste, von wem sie stammte.

„Wollen sie Ella Bucho lebend zurück?"

stand im Betreff. Jan war geschockt. Er fühlte, wie sein Herz anfing zu rasen. Sein Puls hämmerte in seinen Schläfen. Das konnte nicht wahr sein. Das durfte nicht wahr sein! Wie konnten sie Ella da reinziehen? Seine Gedanken fuhren Achterbahn. Mit zittriger Hand klickte er den ihm zugeschickten Film an. Obwohl er keine Ahnung hatte, was nun kommen würde, wusste er, dass die Bilder ihn schockieren würden. Als der Film anfing, war es, als würden seine Knie wegsacken. Sie hatten Ella tatsächlich entführt.

Ihre Augen schauten ins Leere und auf ihrem Gesicht stand Verzweiflung und Angst. In ihrer Hand hielt sie ein Schild mit ihrem Namen und dem Datum ihrer Entführung. Ihr Gesicht zeigte Spuren von Schlägen und Misshandlungen.
Eine Stimme bellte im Hintergrund unverständliche Anweisungen. Erschreckt, begann sie die Forderungen der Entführer offensichtlich abzulesen. Immer wieder brach sich ihre Stimme und immer wieder musste sie sich Tränen aus den Augen wischen.
„Bitte!", ihr Flehen war pure Verzweiflung. „Bitte, Jan, sie werden dir, sobald du diese Nachricht gelesen hast, ihre Bedingungen bekannt geben. Bitte, tut, was sie wollen! Bitte!"
Dann brach das Video ab.

Hundertvierundzwanzigstes Kapitel

Der Mann ohne Hals war zufrieden. Endlich hatten sie die Mail abgerufen. Bald schon würden sie sich melden und am Ende musste doch noch alles gut werden. Mit dieser Frau hatten sie das Pfand in der Hand, das ihnen den Weg zum Erfolg ebnen würde. Endlich würden sie das Buch und die Maschinen auf dem Silberteller präsentiert bekommen. „Diese sentimentalen Schwachköpfe", dachte er sich. "Sie werden mir alles im Austausch für diese Blondine geben - alles." Er lachte und rieb sich die fleischigen Hände.

„Versammeln sie alle im Besprechungsraum!", bellte er in den Hörer seines Telefons.

Wenige Minuten später saßen sie zu viert um einen viel zu großen Tisch. „Der klägliche Rest", dachte er sich, „Wie viele Schwachköpfe haben bisher dran glauben müssen. Alle unfähig. Aber wenn ich endlich alles habe, baue ich die Organisation neu auf. Dann werden wir wieder wie Phönix aus der Asche erstehen."

Er wusste, dass er mit dem Buch und den Maschinen zum mächtigsten und reichsten Mann der Welt werden würde. Mit eisigem Blick aus seinen blauen Augen schaute er den Anwesenden in die starren Gesichter.

„Holen sie die Frau! Es wird sie mehr überzeugen, wenn sie ihnen sagt, was wir möchten. Und wir werden es bekommen. Das garantiere ich ihnen, meine Herren. Dann schicken sie die Nachricht los. Ich will endlich das Buch und die Maschine! Und zwar so schnell, wie möglich."

Der Halslose lehnte sich zurück und schnaufte verächtlich.

„Nr. 2, sie werden den Flug für uns nach Europa klar machen. Ich bin sicher, dass wir diese Frau und ihre Freunde in London treffen werden. Dafür muss man kein Prophet sein."

Wieder ging sein Blick in die Runde.

„Packen sie unser Bottroper Paket schön ein und vergessen sie das Serum nicht. Ich bin sicher, dass es den Termin extrem beschleunigen wird. Ach und ehe ich es vergesse, diesmal, werde ich die Aktion persönlich leiten."

Hundertfünfundzwanzigstes Kapitel

Anna hatte, als er die Nachrichten las, immer wieder zu Jan hinüber geschaut und mit wachsender Besorgnis bemerkt, wie sich seine Miene immer mehr verfinsterte.
„Was ist los? Schlechte Nachrichten?"
Jan nickte.
„Ja. Es ist etwas Schreckliches passiert. Wir müssen unbedingt alle zusammen besprechen, was wir nun tun."
Anna schauderte es. Jan war auf einmal so hart und unnahbar. Ein seltsames Gefühl stieg in ihr hoch - ein Gefühl, dass sie lange nicht mehr gekannt hatte und das sie auch nicht zulassen wollte.

Er stand auf und ging von einem zum anderen, um sie zu bitten, ihm in eine ruhige Ecke der Lounge zu folgen. Als sie alle zusammen saßen, begann Jan von Ella zu berichten, was in Bottrop geschehen war und dass sie entführt wurde. Dann zeigte er Ihnen das Video.
Auf Annas Gesicht zeichnete sich eine Mischung aus Verwirrung, Zorn und Trauer ab.
„Was ...wie konntest du? Wieso?", stammelte sie.
Ihr Gesicht war zu einer blassen Maske geworden. Sie stand auf und ohne etwas Weiteres zu sagen, ging sie schnellen Schrittes in Richtung der Waschräume.
Jan schaute ihr kurz nach.
„Was sollen wir tun?", fragte er in die Runde.
„Wir können die Polizei nicht einschalten. Das wäre ihr Tod."
„Alles, was wir tun können, ist abwarten", sagte Verne.
„Du hast es ja gehört. Sie werden uns ihre Wünsche umgehend mitteilen. Aber ich denke, wir wissen alle, was sie wollen. Die einzige Frage, die wir uns nun stellen müssen: Wie kommen wir da wieder raus?."

„Es war dumm von mir, mich mit Ella zu treffen. Es ist alles meine Schuld. Ich habe diese Frau in etwas reingezogen, von der sie keine Ahnung hatte und sie hatte auch keine Wahl, ob sie das Risiko eingeht. Ich habe einen unglaublichen Fehler gemacht."

Jean-Luc schaute ihn kurz an.

„Ja, es war vielleicht ein Fehler, vielleicht wäre es aber auch ein Fehler gewesen, sich nicht mir ihr zu treffen. Das weißt nur du und dein Herz und Ella. Ändern können wir allerdings nichts mehr. Lass uns deshalb nicht überlegen, was wäre, sondern, was wir tun werden."

„Jean-Luc hat vollkommen recht. Aber als erstes sollten sie vielleicht noch andere Dinge klären."

Mit einem dezenten Zwinkern und einer leichten Kopfbewegung deutete er auf Anna hin, die mit langsamen Schritten wieder zu ihnen kam.

Jan stand auf und ging ihr entgegen.

„Können wir reden, Anna?"

„Ich wüsste nicht, was es zu reden gibt." Ihr Gesicht zeigte keine Regung.

„Bitte Anna. Es ist mir wichtig."

„Das ist dein Leben, Jan. Wir sind kein Paar und es geht mich nichts an." Sie hatte die Arme vor ihrer Brust verschränkt und schaute ihn aus wütenden und enttäuschten Augen an.

„Als du mir in Kairo gesagt hattest, dass da nichts sei zwischen uns... ich habe es damals wirklich geglaubt. Aber ich wusste nie, was es wirklich ist." Anna schaute trotzig aus dem Fenster.

„Aber als wir oben auf der Düne lagen, du auf meiner Brust, da wusste ich es."

„So? Was ist es denn? Und komme mir nicht wieder mit: du liebst mich und du weißt es nur nicht."

Jan wollte lachen, doch er verkniff es sich.

"Ach Anna, wir sind einfach auf dem Weg zueinander. Wir sind wie Planeten, die um einen Stern Kreisen und sich immer wieder treffen. Und wenn wir uns treffen ist es, als würden wir für immer zusammen gehören. Dann ist es das Schönste auf der Welt. Und dann kommt immer der Zeitpunkt an dem wir wieder unseren Weg gehen müssen, neue Wege, alleine."

Anna schaute ihn an.

„Vielleicht ist es irgendwann so, dass wir gemeinsam auf einem Orbit sind und ich bin sicher, dass das auch irgendwann so sein wird."

„Du bist ein Phantast."

Jan schaute ihr tief in die Augen.

„Ja, manchmal."

„Halt mich bitte, Anna."

Sie schaute ihn kurz verwirrt an, dann nahm er sie in den Arm. Es fühlte sich gut und vertraut an, richtig und für die Ewigkeit...

Aber dann... was war schon Zeit.

Hundertsechsundzwanzigstes Kapitel

Immer und immer wieder steckten Jean-Luc, Jules Verne und Jan während des Fluges die Köpfe zusammen. Die Entführung von Ella hatte sie vor neue Probleme gestellt. Die Polizei einzuschalten, kam für sie nicht in Frage. Ehe sie den Behörden alles erklärt hätten, hätten die Wölfe alles spitz bekommen. Die Folgen wären katastrophal.

„Sie haben noch keine Forderungen gestellt, aber es ist ja wohl klar, was sie haben wollen. Sie werden alles haben wollen, nicht nur das Buch."

Jules Vernes Gesicht war wie versteinert.

„Deshalb werden sie auf jeden Fall versuchen, auch die Zeitmaschine in ihre Finger zu bekommen. Die Zeitmaschine ist auch die einzige Möglichkeit für sie, uns sauber aus der Welt zu schaffen und in der Vergangenheit Fakten zu schaffen. Da alle anderen Maschinen, mit Ausnahme der in Ägypten, zerstört sind, werden sie nach London kommen. Die Maschine ist auch unbeweglich. Sie müssen also ins Haus und in den Raum."

Vernes Miene hellte sich plötzlich auf.

„Das gibt uns einen unverhofften Vorteil. Aber sie werden uns nicht aus den Augen lassen. Und sobald wir Ihnen gezeigt haben, wo die Maschine ist, werden sie uns liquidieren. Soviel ist klar."

Er schaute mit einem verschmitzten Lächeln in die Runde, was alle anderen irritierte.

„Ja, liebe Freunde. Mit der Entführung von Ella haben sich unsere Wölfe zwar einen kurzfristigen Vorteil verschafft. Doch der Schuss könnte für sie nach hinten losgehen. Nicht nur Beduinen haben Schutzvorkehrungen getroffen", zwinkerte er.

„Auch wir waren uns immer der Gefahr bewusst, entdeckt zu

werden und uns gegen Eindringlinge verteidigen zu müssen. Schon vor langer Zeit haben wir einige Fallen eingebaut und den ganzen Boden unseres Anwesens in London, mit Ausnahme von einigen „Sicherheitsinseln", unter Strom gesetzt. Wenn Sie den Raum betreten wollen, müssen sie mit einer Fernbedienung den Stromkreislauf außer Kraft setzen. Die Spannung, die sonst durch Ihren Körper läuft, ist so hoch dass es jeden förmlich „aus den Socken" haut."

Jules Verne lachte schelmisch.

„Es wird also darauf ankommen, dass mindestens einer von uns in dem Moment, in dem alle im Haus sind, auf sicherem Boden ist. Dann kann er, sobald der Stromkreislauf nach ca. einer Sekunde wieder unterbrochen ist, alle Angreifer unschädlich machen. Die Wirkung wird aber nicht lange anhalten. Der oder die, werden im schlechtesten Fall nur eine Minute Zeit haben, bis alle wieder zu sich gekommen sind."

„Das hört sich doch gut an", schmunzelte Jean-Luc, „Das gibt uns wenigstens eine Trumpfkarte. Und was sind das für andere Fallen, von denen sie gesprochen haben?"

"Warten sie es ab, lieber Freund. Sie werden begeistert sein. Allerdings hoffe ich, dass sie nie zum Einsatz kommen. Denn das hieße, dass der erste Plan nicht funktioniert und mit Sicherheit einige von uns den Tod gefunden hätten."

Jan schluckte. Professor Tanji und Maurice hatten ein kämpferisches Lächeln im Gesicht.

„Ich bin mir sicher, dass wir, trotz der unerhörten Brutalität und Kaltblütigkeit dieser Menschen, eine reale Chance haben sowohl die arme Ella aus den Händen dieser Bestien zu befreien als auch die ganze Sache zu einem guten Ende zu bringen."

Hundertsiebenundzwanzigstes Kapitel

Als sie in Paris ankamen, traf sie der europäische Weihnachts-rummel wie ein Hammerschlag. Aus allen Lautsprechern du-delten ihnen die einschlägigen Festtagslieder entgegen und aus jedem Geschäft grüßte ein rotbekleideter, bärtiger, alter Mann. Das ganze Szenario kam ihnen seltsam und so fern vor, wie aus einer anderen Welt. Es war noch eine Woche bis Weihnachten.

Ihr Weiterflug sollte erst in drei Stunden starten. Noch bevor sie die Lounge erreichten, um dort die Zeit zu überbrücken und dem unerträglichen Weihnachtszirkus zu entkommen, kam die nächste Nachricht der Entführer. Die Forderungen waren die, die sie erwartet hatten. Sie wollten das Buch haben und die Maschinen im Austausch für Ella.

Jan war arg mitgenommen, als er wieder an Ella dachte. Er macht sich wieder Vorwürfe. Wo hatte er sie da mit rein gezo-gen. Was musste sie für Ängste ausstehen - und Lina und ihre Mutter und alle, die sie liebten. Sie mussten sie befreien.
Anna hatte ihn, als er die Mail abrief ganz genau gemustert. Als er sie anschaute war sie zu ihm gekommen und hatte ihn in den Arm genommen. In diesem Moment hatte er sich seit langem wieder zu Hause gefühlt. Wenn es etwas gab, das sei-ne Gefühle für Anna beschreiben konnte, dann war es dieser Moment.

Jan versuchte, alle Sorgen und Ängste aus seinem Kopf zu ver-bannen. „Angst lähmt", sagte er sich. „Und es benebelt den Kopf - und beides kann ich jetzt nicht brauchen."
Er nahm sein Handy, schaute sich Ellas Bild an, atmete tief durch.

„Wir müssen ihnen antworten", sagte er.

„Jean-Luc, würdest du das bitte für mich tun?"

Dieser nahm das Telefon und tippte die Nachricht für die Entführer. Er erklärte, dass man auf ihre Forderungen eingehen und ihnen das Buch sowie die noch einzigen intakten Maschinen übergeben werde. Außerdem schrieb er, dass alle Apparaturen in Varanasi zerstört und die Zeitmaschine in London nicht transportabel sei. Wenn sie die Maschine haben wollten, müssten sie nach London kommen.

„Ich bin gespannt, was sie darauf antworten", sagte er zu Jan gewandt, als er die Nachricht abgeschickt hatte.

Mit ernstem Blick sahen sich alle an. Die letzte Etappe sollte doch schwerer werden, als sie dachten.

Hundertachtundzwanzigstes Kapitel

Als sie in London ankamen, war auch schon die Antwort der Entführer da. Die Übergabe sollte am nächsten Tag um Punkt acht Uhr morgens stattfinden - in dem Anwesen. Man habe alle ihre Informationen überprüft und festgestellt, dass sie die Wahrheit gesagt hatten. Hätten sie gelogen, so die Stimme, wäre Ella jetzt tot gewesen.

„Natürlich sagen wir die Wahrheit", hatte Jean-Luc schmunzelnd bemerkt. "Warum sollten wir auch lügen?" Mit einem zufriedenen Grinsen schaute er sich um.

„Sie sind tatsächlich darauf eingegangen...damit haben wir den großen Vorteil, dass wir das Schlachtfeld bestimmen."

Verne nickte.

„Wir werden ihnen einen heißen Empfang bereiten. Sie scheinen uns immer noch zu unterschätzen...oder sie sind mittlerweile so von Sinnen, dass sie jede Vorsicht in den Wind schlagen."

„Aber dann", bemerkte Jan, „welche Alternative haben sie auch? Sie wollen das Buch und die Maschine. Die Maschine ist nicht transportabel, also müssen sie das Haus in Besitz nehmen."

„Das stimmt und das gibt uns einen riesengroßen Vorteil."

Jules Verne lächelte grimmig.

Hundertneunundzwanzigstes Kapitel

Heathrow war ein riesiger Flughafen, es dauerte ewig, bis sie am Gepäckband ankamen und dann wieder fast dreißig Minuten, bis ihre Taschen endlich da waren. Glücklicherweise mussten sie nicht auch noch auf Taxen warten, hiervon gab es mehr als genug.

Es war schon spät am Abend, als sie auf die lange Einfahrt zu dem alten Herrenhaus einbogen. Düster und unheimlich kam es Anna vor. Die Fenster blickten wie die leeren Augen eines Toten und die Fassade schimmerte im Mondlicht, wie ein blanker Schädel. Es gab nichts, was sie an diesem Anwesen auch nur annähernd einladend oder gemütlich fand. Unwillkürlich hatte sie Jans Hand genommen.

„Seltsam", dachte sie bei sich. "Warum tue ich das jetzt? Was ist ist da los?" Jan erwiderte ihren Blick und lächelte. Sie lächelte müde zurück. Wie gerne wäre sie jetzt in seinem Arm eingeschlafen und dann aufgewacht - und alles wäre vorüber. „Was für ein lächerlicher Gedanke. In seinem Arm einschlafen - soweit kommt das noch." Aber dann dachte sie an den Abend auf der Düne.

Jules Verne öffnete die Tür der Villa, betätigte einige Schalter und sofort war die Eingangshalle hell erleuchtet.

Anna schaute sich um. Die Einrichtung war unglaublich altmodisch. Als wenn sie mindestens hundert Jahre alt war. Aber dann wurde ihr klar, sie war über hundert Jahre alt. Sie staunte. Das Haus war wie ein Kuriositätenkabinett. In Vitrinen standen zahlreiche Modelle und an den Wänden hingen Bildern von technischen Zeichnungen, von seltsam anmutenden Raketen, Fluggeräten, Gebäuden, Booten und anderer Apparaturen.

Als sie alle im Haus waren, bat Verne sie, im Salon Platz zu nehmen.

„Herzlich willkommen auf *Stoke Morangi*. Morgen ist der Tag der Entscheidung und ehe wir zu Bett gehen und hoffentlich ein wenig Ruhe finden werden, möchte ich noch ein paar Einzelheiten mit ihnen besprechen. Unser Plan steht. Wir setzen auf die umwerfende Wirkung von Elektrizität." Er lachte und versuchte Zuversicht zu verbreiten. „Die Spannung wird die Kerle überwältigen. Sie wissen, dass der ganze Boden, mit Ausnahme einiger Stellen komplett unter Strom steht. Ich habe bis Morgen Früh den Stromkreislauf unterbrochen. Morgen werden wir eine Zeitschaltung aktivieren sobald die Ganoven das Haus betreten. Dann haben wir noch acht Minuten, um einen sicheren Platz zu suchen. In dieser Zeit müssen wir so viel wie möglich über den Verbleib von Ella herausbekommen. Schaffen wir es nicht, den Entführern einen Hinweis zu entlocken, werden wir es schwer haben."

Jan schluckte.

"Acht Minuten ist verdammt wenig."

„Ja", bestätigte Verne, „es ist aber dummerweise das Maximum, was die Zeitschaltung hergibt, ohne, dass ich den Strom komplett abstellen muss. Wir haben sichere Stellen auf dem Boden mit Heftzwecken markiert. Können sie sie sehen? Was so aussieht, wie einfache Holzdielen, ist ein super leitfähiges Material."

Alle schauten sich um.

„Im Umkreis von vierzig Zentimetern um einen Heftzwecken sind sie vor dem Strom sicher."

Verne ging mit ihnen durch den Eingangsbereich und machte sie auf alle markierten Stellen im Boden aufmerksam.

„Sollte das alles nicht helfen, haben wir noch einige Überraschungen im Haus eingebaut. Prägen sie sich bitte die sicheren Stellen genau ein. Wenn die Entführer hier sind, sollten wir zum gegebenen Zeitpunkt am richtigen Ort stehen." Verne schaute alle ernst an und gab ihnen Zeit, umher zu gehen und sich alles einzuprägen.

„Wir müssen davon ausgehen, dass nicht alle gleichzeitig das Haus betreten werden, Sie werden erst schauen, ob die Luft rein ist, und wir keine Waffen dabei haben. Lassen sie uns ihnen die Arbeit so einfach wie möglich machen. Wir werden uns alle hier versammeln und uns sehr kooperativ zeigen. Übrigens..ich habe in fast jeder der Schubladen genug Kabelbinder deponiert, um die Kerle dann zu fesseln und unschädlich zu machen. Kümmern sie sich bitte zuerst um die Ganoven. Erst, wenn alle gefesselt sind, helfen sie denjenigen von uns, die nicht wieder bei Bewusstsein sein sollten."

Verne ging im Raum umher und zeigte Ihnen sowohl die am Boden befindlichen Stellen, als auch den Inhalt der Schubladen.

„Sollten alle Stricke reißen, werden wir drei", Verne zeigte auf den Inder und Maurice, „wissen, was wir zu tun haben. Keiner der Angreifer wird dann das Haus lebend verlassen."

Anna schaute Jan schockiert an. So hatte sie Verne noch nie reden gehört und sein Gesichtsausdruck ließ sie erschauern.

Hundertdreißigstes Kapitel

Anna war in der Nacht zu Jan ins Zimmer geschlichen. Sie hatte es alleine nicht ausgehalten. Auch er war froh, dass sie gekommen war. Eng aneinander gekuschelt gaben sie sich gegenseitig Mut und Hoffnung für den nächsten Tag.

Draußen rüttelte ein heftiger Wind an den kahlen Zweigen der Bäume im Park und peitschte Wolkenfetzen über den Nachthimmel. Hell strahlte der fast volle Mond ins Zimmer und tauchte alles in ein fahles Licht.

„Mach dir ja nicht wieder falschen Hoffnung, du Idiot", flüsterte sie, als er ihr Haar streichelte.

„Wo denkst du hin. Ich habe doch keine Lust, mir erneut die Finger zu verbrennen."

Jan zog Anna dicht an sich heran. Seine Hand streichelte ihren Rücken. Ihr Haar, ihre zarte Haut rochen wie eine Versuchung und ihr Gesicht war so vertraut geworden. Wie von einem Magneten angezogen kamen sie sich immer näher. Anna schloss die Augen. Ihre Lippen brannten aufeinander Ihre Zungen suchten sich und tanzten. Anna ließ sich einfach fallen, es war, als ob sie für immer zusammen gehörten. Wenigstens für diesen Moment.

Als Jean-Luc sie am nächsten Morgen weckte, war es immer noch stockdunkel. Eilig machten sie sich fertig und nahmen in der Küche ein kurzes Frühstück im Stehen ein. Keiner hatte die Muße, sich hinzusetzen. Alle waren sehr angespannt, kaum einer sprach ein Wort. Annas Puls raste und es rauschte in ihren Ohren. Ihr Körper schoss Unmengen von Adrenalin in ihr Blut.

Keine fünf Minuten nachdem sie fertig waren, bog ein schwarzer Lieferwagen in das Tor ein und fuhr langsam die Auffahrt bis ca. 15 Meter vor den Eingang der Villa. Es war kurz vor 8:00 Uhr. Sechs Männer in schwarzen Anzügen stiegen aus dem Wagen. In Ihren Händen hielten sie Schusswaffen.

Noch bevor sie den Eingang erreichten, öffnete Verne die Tür. Sofort waren mehrere Pistolenläufe auf ihn gerichtet.

„Weg von der Tür!", bellte einer der Männer. Die Hände hinter den Kopf!"

Verne gehorchte. Auch die anderen, die in der Eingangshalle in der Nähe von sicheren Zonen warteten, hatten die Arme hinter dem Nacken verschränkt. Anna nahm alles nur noch schemenhaft und wie in Trance wahr.

In dem Moment, in dem die Verbrecher das Haus betraten, drückte der Inder an seinem Handgelenk den Timer. Ein Nicken verriet Jan, dass von nun an die Zeit lief.

Noch 7:56 Minuten.

„Zuerst kam einer der Männer in die Eingangshalle, dann der nächste. „Los! Hände hinter den Kopf! Und an die Wand!"

Jan suchte den Boden ab. Keinen Meter von ihm entfernt, war ein Reißzwecken im Boden. Er blickte zu Anna. Ihre Augen waren voll Panik aber auch sie hatte auf dem Boden bereits ihren Platz gesucht. Die Uhr tickte…

Noch 6:04 Minuten.

„Einer der Männer trat an sie heran, während der anderen sie mit der Waffe in Schach hielt. Nachdem er jeden nach Waffen untersucht und keine gefunden hatte, gab er seinem Komplizen ein Zeichen.

Noch 4:07 Minuten.

„Alles Ordnung. Sie können reinkommen."

Der Mann gab ein Zeichen an die noch draußen stehenden Männer. Als letztes betrat ein bulliger, kantiger Mann den Raum.

„Guten Tag, die Herren", die Stimme des Mannes ohne Hals knarzte.

„Es freut mich außerordentlich, sie endlich alle persönlich kennenlernen zu dürfen."

Jan schaute ihn voller Verachtung und zornig an.

„Wo ist Ella?" seine Stimme war trotz seines offensichtlichen Hasses, den er diesem Menschen entgegen brachte, erstaunlich ruhig und bestimmt. Er wollte versuchen, diesen Typen aus der Reserve zu locken.

„Sehen sie diese Fernbedienung?"

Er zeigte auf einen Apparat in seiner Hand, der tatsächlich eine Miniaturtaschenlampe war, die man auch als Schlüssel-anhänger nutzen konnte. Er hoffte, dass sein Bluff nicht auf-fiel - und tatsächlich schien sein Gegenüber verunsichert.

„Sollte Ella nicht frei kommen, werden sich Buch und Maschi-ne in Luft auflösen."

Der Mann stutzte für den Bruchteil eines Augenblicks. Dann fing er sich umgehend.

„Wie unhöflich von Ihnen, Herr Anderson. Noch nicht einmal einen „Guten Tag" haben sie für mich übrig?"

Mit eiskalten Augen musterte er Jan. Dieser erwiderte seinen Blick. Dann zog der Mann ohne Hals einen Display aus seiner Tasche und grinste grausam..

"Und sehen sie das?"

Jan versuchte, aus der Entfernung etwas auf dem Bildschirm auszumachen.

"Ich helfe Ihnen gerne ein wenig auf die Sprünge: Das ist ihre kleine Freundin. Ich habe ihr ein Serum verabreicht. Die Wir-

kung ist tödlich, wenn sie nicht innerhalb von 15 Minuten das Antiserum bekommt, was ich hier in meiner Tasche habe."
Er zog eine Spritze hervor, deren Nadel von einer Plastikkappe geschützt war und lachte bellend.
"Ich denke, wir haben nicht viel Zeit zu verlieren. Habe ich recht?"
„Wo ist Ella?", wiederholte Jan hartnäckig und versuchte, die Panik, die in ihm aufstieg, herunter zu schlucken.
„Sie wartet draußen im Auto", antwortete der Halslose genervt.
„Ich denke, dass sie die kurze Zeit auf unsere Gesellschaft verzichten kann. Und wenn sie kooperieren, haben sie sogar eine kleine Chance, sie lebend zurück zu bekommen."
Der Halslose war sich seiner Sache sicher, denn er missinterpretierte Jans versteinerten Gesichtsausdruck. Er dachte, Jan sei geschockt und jetzt gefügig, doch dieser triumphierte innerlich und versuchte, sich nichts anmerken zu lassen. Ella war ganz in der Nähe und sie wussten praktisch alles, was sie wissen wollten. Ein Blick zu Jean-Luc verriet ihm, dass auch er zufrieden mit der Entwicklung war. Jetzt musste nur noch die Zeitschaltung funktionieren. Er schaute auf die ihm gegenüber auf einem Sims stehende Uhr.

keine Minute mehr....

„Á propos Zeit - Sie haben jetzt noch ziemlich genau 6 Minuten."
Mit seinem fleischigen Zeigefinger tippte er auf seine Armbanduhr.
„Also, meine Herren, wo ist das Buch und wo ist die Maschine?"
Jules Verne trat einen Schritt nach vorne.
„Ich werde es ihnen zeigen."

„So ist es brav. Ich bin sicher, dass wir noch Freunde werden."
Mit einem triumphierenden Lächeln ging er drei Schritte auf
Verne zu. Wir werden alleine gehen! Ihre Freunde und meine
Freunde werden sich hier oben ein wenig näher kennen ler-
nen..."
Jan sah wieder auf die Uhr. Der Sekundenzeiger raste.

noch 13 Sekunden...11, 10,

Er sah Anna an. Auch sie hatte verstanden...

Noch 5, 4, 3, 2....

Jan machte einen Schritt nach vorne. Auch Anna hechtete auf
ihren Punkt. In diesem Moment riss einer der Entführer die
Waffe hoch und wollte abdrücken - doch dann wurde es
schwarz um ihn.
Auch Jean-Luc und der Inder hatten es geschafft, sich in Sicherheit zu bringen.
Alle anderen lagen regungslos auf dem Boden.

„Schnell! Helft mir!"
Jean-Luc war los gesprintet und hatte den Männern die Waf-
fen weg genommen. Währenddessen war der Inder zum
Schrank gestürmt und hatte Kabelbinder geholt. Jan und
Anna nahmen ebenfalls hastig eine Handvoll und banden die
Hände und Beine der Gauner zusammen. Jean-Luc hatte bei
einem der Kerle den Autoschlüssel entdeckt. Mit einem kurz-
en „Hepp" warf er ihn Jan zu.
„Beeil dich, der Typ da hat die Spritze." Er zeige auf den am
Boden liegenden Halslosen. Jan griff in dessen Innentasche
und stürmte mit dem Serum und dem Schlüssel zum Auto.

Noch auf dem Weg öffnete er mit der Fernbedienung den Wagen und schmiss den Schlüssel zur Seite.

Er hatte keine drei Minuten mehr, dann würde Ella sterben. Jetzt musste jeder Handgriff sitzen.

Der Kies knirschte, als er die wenigen Meter bis zum Auto sprintete. Hastig riss er die Tür des Wagens auf. Ella lag gefesselt und geknebelt auf dem Boden im hinteren Teil des Fahrzeugs. Als sie Jan sah, riss sie die Augen auf und versuchte etwas zu sagen.

„Gott sei Dank", dachte er „Sie ist noch bei Bewusstsein."

Er zwang sich zur Ruhe. Noch bevor er ihre Fesseln löste, streifte er ihren Pullover am rechten Arm hoch und suchte die Vene in ihrer Beuge, nahm die Kappe von der Spritze ab und stach zu. Ella spürte einen kurzen Schmerz; dann wurde ihr Arm langsam warm.

Ihr Herz pumpte das rettende Antiserum mit jedem Schlag weiter durch ihren Körper - und die Schläge ihres Herzens wurden immer kräftiger. Nach und nach merkte sie, wie die Schläfrigkeit, die sich ihrer zu bemächtigen begonnen hatte, wieder abnahm.

Tränen liefen ihr übers Gesicht, ihre Gelenke schmerzten und sie war außer sich vor Angst. Jan löste als erstes ihren Knebel. Ella schrie laut los. Dann befreite er sie von ihren Fesseln. Hysterisch weinend, fiel sie in seinen Arm.

„Es ist vorbei, Ella. Es ist alles vorbei. Du hast es geschafft."

Hunderteineunddreißigstes Kapitel

Anna hatte schlecht geschlafen und war gerade aus einem wilden Traum erwacht. Als sie langsam in die Realität zurückglitt und die letzten Fetzen einer anderen Welt abschüttelte, öffnete sie ihre Augen. Sie bemerkte, dass sie vergessen hatte, das Licht auszumachen. Aus der Stehlampe neben dem Fenster ergoss sich gelbes Licht wie ein Schwall Honig und spendete mehr Schatten als Licht. Anna schlug die Bettdecke zur Seite, schlurfte zum Fenster und öffnete es. Dann holte sie tief Luft...Paris!

Sie überlegte, was sie tun wollte. Es sollten erholsame Tage werden. Sie wollte ausspannen, die Seele baumeln lassen und wo könnte man das besser als hier, in Paris.

Nach einem ausgiebigen Frühstück stapfte sie tapfer zu Fuß von ihrem Hotel in Richtung *Champs Élysées*. Der Triumphbogen und die ganzen Geschäfte reizten sie aber nicht im Geringsten. Vielmehr wollte sie abseits der Touristenströme Paris erleben. Sie wollte sich treiben und von der Stadt verzaubern lassen. Bei der nächsten Ampel überquerte sie die große Prachtstraße und bog in die *Rue Presbourg* ein. die nächste Straße wollte sie links abbiegen. Die *Rue Nemo* war eine kleine Straße mit vielen entzückenden Läden. Sie entschloss sich zu einem ausgiebigen Schaufensterbummel.

Sie hatte ja Zeit....

Hundertzweiunddreißigstes Kapitel

Es war einer dieser Tage, die man einfach hinter sich bringen musste. Morgens war Jan gegen vier Uhr aufgestanden damit er mit der Bahn rechtzeitig in Bottrop ankam. Er nahm den Zug um kurz nach 5 Uhr in Aachen und als er um 7:21 Uhr ankam, lenkte er seinen Schritt die nicht enden wollende, stark ansteigende Straße entlang, die er gelangweilt und ohne jedes Interesse abschritt. Für ihn bestand Bottrop aus dem Bahnhof, dem Weg zur Schule und der Schule selber. Was hinter den Mauern war, war belanglos, sinnlos, egal; aber die frische Luft des angehenden Frühlingstages war verheißungsvoll und als er die lange Steigung fast hinter sich gelassen hatte, blinzelten die ersten Sonnenstrahlen verstohlen über die Flachdächer. Der Himmel war wolkenlos. Langsam wich das grauschwarz einem verwaschenen Blau. Jan atmete Aufbruch und Sehnsucht, wie immer um diese Zeit des Jahres. Er blickte auf sein Handy. Darauf war das Bild einer blonden Frau zu sehen. Ob sie gerade an ihn dachte?

Jan hatte eine Stelle als Dozent angenommen. Er unterrichtete angehende staatlich examinierte Pfleger. Heute stand Ethik auf dem Plan. Er hatte sich zurechtgelegt, wie er beginnen würde, wie er seine Gedanken Wort für Wort, Bild für Bild entfalten und ausbreiten wollte; wie eine Schatzkarte; und er wünschte sich nichts sehnlicher, als dass einer von ihnen mit ihm auf Schatzsuche gehen würde.

Wenn seine Schüler nur wüssten, was er mit jedem Gedanken verband. Was jedes Wort für ihn bedeutete. Auch diesmal würde er seine Seele zur Schau stellen und sich heimlich amüsieren, dass es niemand merkte, wie er sich vollständig vor ihnen entblößte; wie ein Seelenexhibitionist.

Wahrscheinlich war es so, weil die meisten schon so viele dieser Exhibitionisten im Fernsehen erlebt hatten. In jedem Vormittagsprogramm, in jeder billigen Realityshow zogen sich Menschen seelisch aus - plump zwar und schauspielerisch so gekonnt und glaubwürdig wie Gummistiefel zum Abendkleid aber man war es gewohnt. Die ganze Fernsehindustrie hatte Jahr für Jahr immer wieder Grenzen überschritten, bis es keine Tabus mehr gab, die man brechen konnte, weder die des Geschmacks, noch des Intellekts. Die Spirale einer seelenlosen Offenbarung hohler Worte schien sich zu einem orgiastischen Orchester sämtlicher Kanäle des Fernsehens verbunden zu haben und eine Kackophonie des Schwachsinns zu zelebrieren. Man schien bewusst auf jede Komplexität, jede Hintergründigkeit zu verzichten, um den Zuschauer nicht zu überfordern. Immer dümmer, immer flacher wurden die Beiträge und immer einfacher und toter die daher gesagten Botschaften, an die schon lange niemand mehr glaubte, geschweige denn, sie lebte - aber ohne jedes Zögern als richtig akzeptierte. Eine paradoxe, kranke Gesellschaft.

Jan gab nicht mehr viel auf tote Worte. Ihn ekelte das Theater an, die Belanglosigkeit der meisten Menschen, die Indifferenz, die Ahnungslosigkeit und das dumme Ergeben eines kollektiven Geistes. Warum schrie keiner auf, warum nahmen die Menschen alles so hin, ergaben sich einer Maschinerie, die sie unmerklich in immer engere Räume einmauerte - nein, die Menschen mauerten sich selber ein. Wo waren die Verrückten, die Wahnsinnigen, die sich noch nicht ergeben hatten, die immer noch auf der Suche nach sich selber waren?

Jan hatte beschlossen, sich nicht mehr diesem Kraken hinzugeben, seinen Geist, sein Feuer nicht auf dem Altar einer Gesellschaft zu opfern, die zwar wusste, was sie zu tun hatte aber ohne Sinn und ohne Ziel; wie Untote, die getrieben von einem kollektiven Zwang, mal in diese, mal in jene Richtung wankten. Er wollte das Leben schmecken, fühlen, sich Wunden holen. Er wollte alle Sterne seines Firmaments zum Erlöschen bringen.

Als er anfing, sich selbst aus seinem alten Leben zu befreien, war es, als ob eine ganze Welt für ihn zerbrechen würde, in tausend Stücke fiel; und das war es auch. Er hatte eine Welt zerstört, um eine Neue zu erschaffen; und seine neue Welt sollte eine authentische sein, eine ohne Lügen und vor allem, ohne Mauern, die ihm einen Weg wiesen, der nicht der Seine war.

Seine Familie und seine Freunde hatten ihn entweder unverhohlen oder hinter seinem Rücken für verrückt erklärt, für verantwortungslos und durchgedreht. Dabei war es das Gefängnis seines alten Lebens, dass ihn um den Verstand gebracht hatte. Aber immer noch klebten Eierschalen seines alten Lebens an ihm und Ängste, die ihn manchmal würgten wie Dämonen.

Als er mit seinen Gedanken wieder in dieser Realität ankam, hatte er das Schulgebäude fast erreicht. Kurz erwiderte er den Gruß einiger, in einer Gruppe vor der Tür stehender, Schülerinnen und mit federnden Schritten nahm er eine Stufe nach der nächsten. Mit einem Pfeifen auf den Lippen betrat er die, im ersten Stock liegenden Räumlichkeiten. Der Nadelfilzboden schluckte den Schall seiner Schritte. Schwungvoll öffnete er die Tür zum Klassenraum.

Er hatte sich, wie immer, gut vorbereitet, wusste, was er sagen wollte, wie er seine – überwiegend - Schülerinnen für das Thema wenn nicht begeistern, so doch wenigstens aufhorchen und interessiert zuhören lassen wollte; doch ihm war klar, dass er nur wenige wirklich erreichen würde und sicher war niemand dabei, der ihn wirklich verstand. Das, was er sagte, hatte er erlebt, durchlebt, jede Silbe und jede Idee war einmal in ihm geboren, hatte Gestalt angenommen und war gereift. Irgendwie war ihm das wichtig, unverzichtbar, gerade bei dem Thema. Ehrlichkeit war die Grundfeste seiner neuen Welt. Er wollte gegenüber anderen und vor allem sich selbst, ehrlich sein. Das Thema Ethik gab ihm die Möglichkeit, über seine neue Welt zu reden. Wie ein Forscher, der neue Kontinente, Urwälder und Tiere entdeckt hatte und mit Begeisterung davon berichtete.

Er begann, wie immer, seine Stunde mit der Frage:
„Was ist überhaupt Ethik?"
Das Schweigen irritierte ihn nicht. Selten kam eine Antwort.

Jan fing an, im Klassenraum umher zu laufen, er konnte nicht still sitzen; zuerst an der Tafel entlang, dann die Gänge zwischen den Stuhlreihen auf und ab. Er wollte in die Klasse eintauchen, sie mitnehmen auf eine Reise. Eine Reise, die er selbst vor einiger Zeit begonnen hatte.
„Was also ist Ethik?"
Er lächelte und beantwortete sich die Frage selbst.
„Ethik ist die Frage nach dem „Was soll ich tun?" Wenn sie meinen, ihr Leben hätte nichts mit Ethik zu tun, dann nur, wenn sie sich noch nie diese eine Frage gestellt haben: „Was soll ich tun? Ihr ganzes Leben ist geprägt und bestimmt von Ethik. Denn wir können uns nur die Fragen beantworten, die wir uns stellen. Trauen Sie sich, Fragen zu stellen? Stellen sie

sich Fragen? Bewusst? Welche Fragen stellen sie sich? Nur wenn wir uns Fragen stellen, können wir uns Antworten geben.

Nur wenn wir uns trauen uns Antworten zu geben, können wir handeln. Und die Antworten bestimmen, was wir tun. Nur dann können wir den nächsten Schritt tun. Nur so können wir unser eigener Herr werden, ein wirklich selbstbestimmtes Leben führen - frei sein."

In diesem Moment merkte er zum ersten Mal, dass ihn ein blaues Paar Augen intensiv ansah. Ihr Blick war ruhig und doch fragend.

„Wenigstens Eine, die das interessiert.", dachte er und fuhr fort:

„Und wer oder was gibt Ihnen die Antwort?"

„Google.", murmelte eine Stimme aus der andere Ecke der Klasse und eine kurzes Gelächter schloss sich an. Das Lachen erinnerte Jan daran, wie Menschen Dinge ins Lächerliche ziehen, weil sie es nicht verstehen. Was wir nicht verstehen, ist immer bedrohlich, vor allem, wenn man spürt, dass es um etwas geht, was das Innerste in uns berührt. Das Lächerliche macht Dinge fassbar, zieht sie aus dem bedrohlichen Zusammenhang, lässt sie schrumpfen und verzerrt sie. Es ist, wie mit einem großen Ballon, aus dem man das Gas herauslässt und der nun schrumpelig und gestaltlos auf dem Boden liegt. Dieses Rühren am Innersten spüren einige. Viele sind aber schon taub, unempfänglich für das, was Jan wollte und nur ganz wenige Menschen würden ihn wirklich verstehen und sich vielleicht auch auf den Weg machen.

Jan lächelte.

„Ja, Sie haben vollkommen recht! Google gibt Ihnen die Antwort, Google ist einer von vielen: ihre Eltern, ihre Freunde,

die Schule, der Kindergarten, RTL und SAT1, Mario Barth und
Ernest Hemingway, Hermann Hesse und Mickey Maus - alle
geben ihnen die Antwort."
Das Gelächter gluckste wieder auf. Diesmal aber nicht so be-
freiend - eher erstaunt und irritiert.

Nur die blauen Augen sahen ihn wieder an, erstaunt und neugierig - fast lauernd.

„Es ist die Moral, die ihnen die Antwort gibt!"
Die Klasse schien ungerührt.
„Was ist Moral?"
Wieder meldete sich niemand.
„Moral ist die Summe all dessen, was sie als richtig und falsch
empfinden. Von Google bis zum Papst, vom Playboy bis zum
Brockhaus - die Moral gibt ihnen immer Antwort, denn ständig, bei jeder Entscheidung, fragen sie sich, was sie tun sollen.
Die Moral ist die Geschworenenbank in ihrem Kopf. Es läuft
immer nach folgendem Schema ab: Der Richter - die Ethik -
fragt: „Wie sollen wir entscheiden?" und die Geschworenen -
die Moral - antwortet. Immer. Aber", und jetzt machte Jan eine
Pause und stellte sich vor die Klasse, „die Moral, das sind
nicht wirklich sie. Ihre Moral ist das Korsett, die Spielregeln
der Gesellschaft. Das, was sie brauchen, um zu funktionieren,
um den Anforderungen, die „man" an sie stellt, gerecht zu
werden. Wenn sie moralisch handeln, sind sie immer „auf der
sicheren Seite". Sie werden nicht oder nur selten anecken.
Aber, das sind nicht sie!
Ich bitte sie, in den nächsten zwei Minuten zwanzig Eigenschaften und Wünsche aufzuschreiben, die sie charakterisie-
ren!"
Die Klasse schaute verblüfft. Irritiert wurden umständlich
Blätter und Stifte hervorgekramt.

„Erwarten sie jetzt ernsthaft, dass ich da jetzt so lächerliche Dinge hinschreibe, wie ehrlich, treu, gewissenhaft?"
Jetzt durchbohrten ihn die Augen für den Bruchteil einer Sekunde. Und auch ihn durchzuckte es, als wenn ihn ein Stromschlag getroffen hätte. Mit einem mal, nahm er diese Augen richtig wahr. Erst einmal hatte er solche Augen gesehen.... und es kam ihm vor, als wäre es in einem anderen Leben gewesen. Es war, als funkelte in ihnen ein Feuer - und diese Flamme war gerade auf ihn übergesprungen. Sie war eine wunderschöne Frau. Ihr ebenmäßiges Gesicht wurde umspielt von goldblondem Haar. Jan schluckte. Er war für einen Moment aus dem Konzept gebracht, doch er zwang sich, seinen Faden nicht zu verlieren.
„Wenn das ihre Eigenschaften sind, dann schreiben sie es!... Wie war nochmal ihr Name?"

Ruhig saß sie da, fast teilnahmslos aber in diesem Moment begann sich ihr Leben auf dramatische Weise zu ändern, in ihr erwachte etwas - wild und frei. Sie schmunzelte und schaute ihm in die Augen:

„Bucho, Herr Anderson, Ella Bucho.

KREISE
(...)
Wenn sich alles in Kreisen bewegt,
dann gehst du links dann geh ich rechts
und irgendwann kreuzt sich der Weg,
wenn wir uns wiederseh'n
Wenn sich alles in Kreisen bewegt,
dann gehst du links dann geh ich rechts
doch wir beide bleiben nicht stehen,
bis wir uns wiederseh'n
(...)

(Kreise, Johannes Oerding)